Curso de Filosofia Jurídica

Jurismestre

FICHA CATALOGRÁFICA
Bibliotecária: Alice Tacão Wagner - CRB 7/RJ 4316

S487d
Serrano, Pablo Jiménez.
Curso de filosofia jurídica. /Pablo Jiménez Serrano.
– Rio de Janeiro: Jurismestre, 2017.

188 p. : Il.

ISBN 978-85-69257-27-1

1. Direito. Filosofia. 2. Direito. I. Título.

CDD – 341.48

***Editoração e Acabamento*:**
Editora Jurismestre – Rua H, n. 173
Fone: (24) 99905-8200 – 27251-223 – Volta Redonda, RJ.
www.loja.jurismestre.com.br
contato@jurismestre.com.br

PREFÁCIO

Nos anos 60 do século passado, ao elaborar o prefácio de sua conhecida obra "Dicionário de Filosofia", NICOLA ABBAGNANO aduzia que "o objetivo de seu dicionário seria colocar à disposição de todos um repertório das possibilidades de filosofar oferecidas pelos conceitos da linguagem filosófica, que vem se constituindo desde o tempo da Grécia antiga até nossos dias". Seu dicionário, de fato, nos mostra "como algumas dessas possibilidades foram desenvolvidas e exploradas à exaustão, ao passo que outras foram insuficientemente elaboradas ou deixadas de lado" apresentando "um balanço do trabalho filosófico do ponto de vista de sua fase atual".

Destarte ao nos explicar o que seria filosofia, o conhecido autor nos lembra que "a disparidade das Filosofias tem por reflexo, obviamente, a disparidade de significações de Filosofia, o que não impede reconhecer nelas algumas constantes. Destas, a que mais se presta a relacionar e articular os diferentes significados desse termo é a definição contida no Eutidemo de Platão: **Filosofia é o uso do saber em proveito do homem (grifos nossos)**. Platão observa que de nada serviria possuir a capacidade de transformar pedras em ouro a quem não soubesse utilizar o ouro, de nada serviria uma ciência que tornasse imortal a quem não soubesse utilizar a imortalidade, e assim por diante. É necessária, portanto, uma ciência em que coincidam fazer e saber utilizar o que é feito, e esta ciência é a Filosofia (Eutid., 288 e 290 d.)".

Assim, no momento atual em que vivemos, em plena sociedade da informação, a obra **CURSO DE FILOSOFIA JURÍDICA** do **Prof. Dr. Pablo Jiménez Serrano,** possibilita ao leitor nos dias de hoje, de forma clara, didática e com a necessária profundidade acadêmica, conhecer de que forma o estudo de jusfilosofia aplicada, propicia o adequado uso do saber em proveito da dignidade da pessoa humana no século em que vivemos e adaptado ao nosso meio ambiente cultural exatamente em obediência ao que determina o Art.1º, III de nossa Lei Maior.

Inserida no referido contexto, a obra, de forma clara, didática e com a necessária profundidade acadêmica, conforme já dissemos anteriormente, se estrutura a partir de Conceitos de Filosofia Jurídica e seus problemas, desenvolvendo os Fundamentos Jusfilosóficos do Saber Jurídico, as Variações Conceituais do Direito, a Dogmática Jurídica e os Critérios Fundamentais da Valoração Jurídica, indicando aspectos relevantes das Doutrinas da Jusfilosofia Contemporânea, abordando autores consagrados como Hans Kelsen, Alf Ross, H. L. A. Hart, Norberto Bobbio, Theodor Viehweg, Chaïn Perelmam, Karl Larenz, Ronald Dworkin, Robert Alexy e Jürgen HABERMAS dentre outros, para afinal, indicar o que seria a Perspectiva da Jusfilosofia Pós-moderna.

Trata-se, por via de consequência, de relevante obra acadêmica, alinhadas às expectativas do leitor em face das teorias que frequentemente são lembradas e debatidas e que em bom momento a EDITORA JURISMESTRE oferece ao leitor para que possa tomar determinadas posturas de cunho analítico durante a leitura do livro.

Em resumo trata-se de trabalho acadêmico que, ao pretender desenvolver o uso do saber em proveito da dignidade da pessoa humana, está em plena harmonia com o Estado Democrático de Direito.

Lisboa, fevereiro de 2017.

Prof. Dr. Celso Antonio Pacheco Fiorillo

É o primeiro professor Livre-Docente em Direito Ambiental do Brasil bem como Doutor e Mestre em Direito das Relações Sociais (pela PUC/SP). Miembro colaborador del Grupo de Investigación Reconocido IUDICIUM: Grupo de Estudios Procesales de la Universidad de Salamanca (ESPAÑA) y Director Académico del Congreso de Derecho Ambiental Contemporáneo España/Brasil-Universidad de Salamanca (ESPAÑA). Professor convidado visitante da Escola Superior de Tecnologia do Instituto Politécnico de Tomar (PORTUGAL) e Professor Visitante/Pesquisador da Facoltà di Giurisprudenza della Seconda Università Degli Studi di Napoli (ITALIA).

SUMÁRIO

INTRODUÇÃO

A Filosofia Jurídica sempre foi e continuará a ser uma das disciplinas fundamentais que permite a compreensão da epistemologia do Direito, questão extremamente importante para resolver os problemas basilares que enfrenta o jurista moderno, surgidos no decorrer dos processos de interpretação, de integração e de aplicação do direito.

Contudo, estudar e investigar os fundamentos jusfilosóficos das decisões jurídicas continua a ser um desafio enfrentado dentro e fora de sala de aula. Caracterizar a cientificidade do conhecimento jurídico possibilita uma melhor clareza do papel e da função (ou finalidades) do Direito, perante as marcantes conjeturas feitas pelas diferentes concepções e "escolas jurídicas".

Na presente obra proporcionaremos o estudo desses fundamentos, cuja contribuição poderá minimizar as incertezas geradas pela escolha dos métodos e conceitos distintos e conflitantes que orientam a crítica jurídica, unicamente possível no contexto da concepção humanista do Direito contemporâneo.

Assim, o presente livro objetiva a enunciação de um novo conceito jurídico, pautado pela compreensão estrutural e funcional dessa importante área do saber humano. Procura-se, pois, colocar em discussão os problemas que enfrenta o jurista teórico e prático. Destacam-se, ainda, os critérios mais apropriados da crítica jurídica que justificam as doutrinas jusfilosóficas contemporâneas.

Finalmente, por meio da presente obra, esperamos poder contribuir para o ensino jurídico e, especialmente, para o melhor desempenho dos atuais discentes e futuros operadores e juristas brasileiros.

Gostaria de agradecer a todos os colegas e alunos que me incentivaram na idealização e na elaboração desta obra.

A todos muito obrigado e boa leitura!

CAPÍTULO 1

Conceitos de Filosofia Jurídica

Neste capítulo procuramos, a partir dos conceitos de Filosofia Jurídica conhecidos, discutir o significado e a importância teórica e prática desta importante disciplina jurídica. Igualmente, pretendemos demonstrar como a jusfilosofia nos auxilia na construção de argumentos e na compreensão dos fundamentos das teorias, conceitos e proposições jurídicas.

1.1 O que é Filosofia Jurídica?

Para entender o que é Filosofia Jurídica, devemos, primeiramente, examinar, a noção etimológica da palavra Filosofia que significa: *philos* - que ama + *sophia* – sabedoria "amor à sabedoria" (que ama a sabedoria). Pois bem, Filosofia pode ser definida como: o estudo crítico das principais questões que governam o mundo, o homem e sua existência, sendo que os problemas fundamentais desse estudo são a compreensão da relação e a determinação da primazia entre o *ser* e o *pensar*, ou seja, entre o mundo *ideal* e o *mundo material*

A Filosofia, assim definida por Miguel Reale (2002, p. 5-7), é a expressão mais alta da amizade pela sabedoria, é não se contentar com uma resposta, enquanto esta não atinja a essência, a razão última de um dado "campo" de problemas. Há certa verdade, continua o nosso autor, quando se diz que a Filosofia é a ciência das causas primeiras ou das razões últimas. Quando se afirma que Filosofia é a ciência dos primeiros princípios, o que se quer dizer é que a Filosofia pretende elaborar uma redução conceitual progressiva até atingir juízos com os quais se possa legitimar uma série de outros juízos integrados em um sistema de compreensão total.

A Filosofia responde às seguintes questões: o *que*? (o que é isso?) *por quê*? (por que isso existe?) e *para quê*? (para que serve?). Assim, filosofar é exercitar a mente, é se voltar para o questionamento da existência natural e humana. Contudo, define-se a Filosofia como a *ciência de todas as coisas pelas suas primeiras causas*. Assim a definiu Aristóteles, em sua Metafísica (A, 1-98bb,27-29). Eis por que se costuma dizer que a Filosofia é uma concepção do Universo, uma ciência da *Unidade do Mundo*, feito da *Diversidade das coisas*. (TELLES JUNIOR, 2004, p. 16)

A "Filosofia é, em princípio: saber racional, saber sistemático, saber metódico, saber causal e lógico" (BITTAR, 2009, p. 53). A Filosofia, assim, tem por objeto a indagação dos pressupostos ou condições de possibilidade de todas as ciências particulares (REALE, 2002, p. 13). Logo, filosofar é indagar, é querer desvendar as causas, as razões ou os motivos dos problemas humanos e da sua existência: Quem eu sou? Por que eu existo? Para onde eu vou? Eis, entre outras, as preocupações fundamentais de um filósofo. Diz-se, assim, que os problemas que servem de reflexão aos filósofos estão relacionados com as formas de abordar, de interpretar e de explicar o mundo. Assim, o pensar filosófico, algumas vezes, se aproxima e se separa do pensar religioso.

A Filosofia, como área abrangente do saber humano, cuida daquilo que tem sentido de universalidade. No entanto, ela se torna específica ou prática (ou aplicada) quando passa a se ocupar de uma parcela desse universo (mundo ou sociedade) surgindo, assim, diversas denominações, a saber: Filosofia das ciências, Filosofia da Matemática, Filosofia da Linguagem, Filosofia moral, Filosofia Jurídica etc.

Contudo, há uma evidente correlação entre Filosofia e Filosofia Jurídica. Certamente, a Filosofia Jurídica é a própria Filosofia enquanto voltada para uma ordem de realidade, que é a "realidade jurídica" (REALE, 2002, p. 9). É aí existe o direito como expressão de vida e de convivência. Exatamente, por ser o direito fenômeno universal, ele é suscetível de indagação filosófica. A Filosofia, ora aplicada ao Direito responde à necessidade de especulação dos problemas jurídicos em suas raízes, que têm representações imediatas de ordem prática.

Conclui-se, logo, que a Filosofia Jurídica, por ser parte da Filosofia universal, seria o desdobramento dos saberes filosóficos, voltando seu olhar para os problemas jurídicos com especificidade no pensamento jurídico. (BITTAR, 2009, p. 41-43)

1.2 A Filosofia Jurídica como ciência ou disciplina

Em nosso entender, a Filosofia Jurídica é uma ciência (entenda-se como conhecimento ou conjunto de conhecimentos) ou disciplina que, como bem ensina Alaôr Caffe (2004, p. 86) "nos coloca profundas questões de existência. São questões existenciais de grande significado para o homem e que não podem ser resolvidas com mera lógica".

Contudo, a Filosofia do Direito tem sido definida de diversas maneiras. Vejamos:

Para Goffredo da Silva Telles Junior (2004, p. 3- 6, 25) a Filosofia do Direito é "a ciência da disciplina da convivência humana pelas primeiras causas". O Filosofo do Direito, continua o citado autor, "é o cientista que não se adstringe à explicação da ordem jurídica, e se empenha na missão de compreendê-la. Não o satisfaz o conhecimento das causas imediatas da lei - os objetivos próximos da lei e as formalidades de sua elaboração, e se esforça por desvendar o ânimo, a intenção originária da legislação positiva; ou seja, por penetrar a intimidade desse extraordinário fenômeno exclusivamente humano, que designamos com o nome de Direito". Dessa forma, conclui-se que a Filosofia do Direito é a reflexão aprofundada sobre os princípios de que se originou, na sociedade humana, a disciplina da liberdade, o regulamento de dever e da responsabilidade.

Vê-se a Filosofia como um produto do conhecimento empírico, positivo e valorativo do mundo. Assim sendo, filósofo autêntico, ensina Miguel Reale (2002), não é um mero expositor de sistemas é, na verdade, um verdadeiro pesquisador incansável, que procura sempre renovar as perguntas formuladas, no sentido de alcançar respostas que sejam "condições" das demais. A Filosofia é oriunda de uma inquietação e culmina numa atitude crítica da vida. Ela não se importa com conclusões uniformes ou unívocas.

1.3 O objeto de estudo da Filosofia Jurídica

Por ser a Filosofia Jurídica uma parte da Filosofia, necessário se faz compreender qual é o objeto daquela, pois, indagar o "objeto" da Filosofia Jurídica significa averiguar *o quê* ela estuda e essa resposta depende da orientação jusfilosófica de quem responde.

Veremos, pois, que para alguns autores, a Filosofia Jurídica deve-se ocupar do justo e do injusto, por ser esse seu objeto. Já para outros, o justo e o injusto estão fora do alcance do jurista, e são objeto de estudo da Ética. (BITTAR, 2009, p. 54).

Assim, por exemplo, conforme explica Hegel (1997, p.16), o objeto da Filosofia consiste em conhecer o mundo experiencial e a Natureza em sua essência eterna, harmonia e leis. Mas, como as coisas têm significado, os processos ocorrentes no mundo são racionais, cheios de significados (símbolos) e, destarte, a realidade é racional, um processo necessário de noções, um processo lógico que só pode ser conhecido por meio do pensamento. Logo, por ser a natureza da Filosofia reflexiva, a sua função será compreender as leis ou formas necessárias segundo as quais opera a razão.

Por esse caminho a Filosofia do Direito se transforma numa consideração valorativa do Direito, a "doutrina do direito justo", cujo método é caracterizado por dois traços essenciais: dualismo metodológico e relativismo. (RADBRUCH, 2010, p. 13)

A Filosofia do Direito, ensina Celso Lafer (2004, p. 54), é o campo de preocupação dos juristas com interesses filosóficos, instigados, na sua reflexão, pelos problemas para os quais não encontram solução no âmbito do Direito Positivo. Desse modo, a Filosofia do Direito é uma filosofia da experiência jurídica.

Ela é um saber crítico a respeito das construções jurídicas erigidas pela ciência e pela própria *práxis* do Direito: sua tarefa é buscar e oferecer os fundamentos do Direito, seja para cientificar-se de sua natureza, seja para criticar as bases sobre o qual se fundam as estruturas do raciocínio jurídico, provando, por vezes, fissuras no edifício que por sobre as mesmas se ergue. (BITTAR, 2009, p. 41-43)

A Filosofia Jurídica, além de investigar os fundamentos conceituais do Direito, se ocupa de questões fundamentais como a relativa aos elementos constitutivos do Direito; a indagação se este se compõe de normas e é a expressão da vontade do Estado; se a coação faz parte da essência do Direito; se a lei injusta é Direito e, como tal, obrigatória; se a efetividade é essencial à validade do Direito etc. (NADER, 2003, p. 12)

Em suma, a Filosofia Jurídica não se restringe a um campo de ação específico do mundo jurídico, porém procura discutir os conceitos universais desta importante área do saber humano que, aos efeitos deste estudo, serão considerados os "lugares comuns" dos estudiosos, dos pesquisadores e dos profissionais do Direito.

1.4 Importância e utilidade teórica e prática da Filosofia Jurídica

O objetivo principal da Filosofia Jurídica é a abordagem da correlação entre o Direito como ciência humana e a formação de uma consciência: moral e jurídica, fundamental para estudantes e profissionais do direito. Tal afirmação tem como razão as insuficiências teóricas (metodológica) e práticas que derivam da concepção unidimensional do direito. Daí "o desafio da Filosofia do Direito é a compreensão de que o fenômeno jurídico é muito mais amplo do que o Direito posto pelo Estado, praticado nos tribunais e ensinado nas faculdades de Direito". (GRAU, 2004, p. 38)

A jusfilosofia conflita com toda essa abordagem unidimensional e se esforça em mostrar que o direito é mais do que uma mera arte, técnica ou instrumento para a resolução de problemas sócio-jurídicos.

Nesse sentido,

> a Filosofia do Direito traz aos estudantes uma visão panorâmica do fenômeno jurídico no contexto social [...]. É impossível tentar reduzir o Direito a uma

> mera técnica, pois dessa forma ele fica completamente desbussolado [...] o curso de Filosofia do Direito nos obriga a refletir sobre a relação constante entre Moral e Direito, tão simplesmente resolvida pelo positivismo jurídico. É inegável a influência incessante da Moral sobre o Direito. (COMPARATO, 2004, p. 3 - 6)

Com isso, procura-se ver o Direito como uma área de conhecimento humano que envolve vários outros problemas que não são unicamente legislativos. Como será explicado nos próximos capítulos, a Filosofia Jurídica estuda a cientificidade do conhecimento jurídico, a estrutura e o funcionamento do Direito.

Para que serve a Filosofia Jurídica? Eis uma preocupação constante de estudantes e profissionais do Direito. Trata-se de uma disciplina que orienta a formação de uma consciência crítica jurídica, possibilitando a justificação dos argumentos e posturas assumidas perante determinados problemas teórico-práticos.

Em verdade, a Filosofia Jurídica, enquanto Filosofia, é uma reflexão de índole geral e sistemática e tem como a Filosofia em geral, uma dimensão normativa, outra analítica e outra holística. Sua diferença específica consiste em seu objeto: o direito. A Filosofia Jurídica não se orienta em geral pelas perguntas acerca do que existe, o que é bom ser feito ou o que pode ser conhecido, mas coloca tais perguntas em relação ao Direito e isto significa perguntar pela natureza do Direito. Logo, a Filosofia Jurídica se define como raciocínio acerca da natureza do Direito. (ALEXY, 2003, p. 63-75)

Assim, "quando o profissional do Direito passa a dedicar-se a tal reflexão, o simples bacharel se promove a jurista. Com a visão global das coisas do Mundo e da Vida, ele passa a ter consciência da *ordem universal* e da situação do ser humano dentro dela. Passa a refletir sobre o sentido do valor da *Ordem da Liberdade*, da *Ordem da Convivência*, dentro da sociedade humana. Adquire aquele *saber*, que define a *pessoa culta*. Passa a ser o *Filósofo do Direito* [...] ele interpreta as leis com uma lógica especial: a *lógica própria do jurista*". (TELLES JUNIOR, 2004, p. 26)

O estudo da Filosofia Jurídica exerce um papel questionador fundamental, insistindo abertamente em sempre pensar "o que é isto, o Direito?". Em verdade nas Faculdades de Direito e na vida posterior do jurista ela serve como doutrina de base. (BITTAR, 2004)

Observamos como filósofos e juristas utilizam os recursos que a história e a própria filosofia nos proporcionam para pensar os problemas do Direito. Afirma-se, assim, existir um conjunto de preocupações que motivam o pensar filosófico nesta importante área do saber humano.

Nesse sentido, a Filosofia Jurídica se situa na interseção de vários problemas concernentes à relação entre direito e moralidade, ao estudo lógico (descritivo ou prescritivo) das proposições do direito, à possibilidade de separar a arbitragem da política e à distinção entre direito e força organizada. Os positivistas legais insistiram num conceito moralmente neutro do direito, pelo qual um sistema legal consiste em regras postas certificáveis por referência a critérios factuais. A tradição do direito natural, em oposição, chama a atenção para o enraizamento do direito em noções de justiça e do bem comum. Os debates modernos muitas vezes se concentram no processo de arbitragem, em especial na questão de saber em que medida os juízes podem propriamente apoiar-se em seus juízos morais, pessoais e até que ponto estão limitados à aplicação das normas técnicas legais. A Filosofia Jurídica se situa na interseção desses problemas e procura formar uma compreensão coerente da natureza do direito, a fim de resolvê-los. (SIMMONDS, 2002, p. 389)

Não existem conclusões filosóficas unívocas, o que existe são afirmações úteis à reflexão posterior. “Os filósofos do direito esperam oferecer soluções que sejam ao mesmo tempo esclarecedoras e integradas, no sentido de que uma única teoria do direito deva propiciar uma base para a resolução de todos os problemas principais” (SIMMONDS, 2002, p. 390).

Vemos, assim, a Filosofia Jurídica como uma área do conhecimento humano que nos ajuda a disciplinar o pensamento: *um conjunto de conhecimentos que nos auxilia na justificação de uma teoria (argumento), que nos orienta na defesa de uma ideia (tese) e que consolida a definição de uma postura jurídica.*

1.5 Filosofia Jurídica e as Ciências Particulares

Inicialmente, a interpretação filosófica teve como precedentes a contemplação e a observação dos fatos e fenômenos naturais e sua relação e influência nas sociedades (relações humanas). Mas, como consequência do desenvolvimento histórico da humanidade, a filosofia começou a se preocupar com a *forma de filosofar* ou de pensar os problemas próprios que governam o ser humano, a saber: a política, a linguagem, a conduta (Ética e Direito), arte (Estética) razão (Lógica) etc. Dessa forma, a Filosofia se transformaria numa área de conhecimento humano que teria como objeto a investigação e reflexão de problemas que preocupam o homem de ciência, tais como: Lógica (Filosofia da lógica), Linguagem (Filosófica da linguagem), Mente (Filosofia da mente), política (Filosofia política e social), Ciência (Filosofia da ciência), Matemática (Filosofia da matemática), História (Filosofia da histórica), Religião (Filosofia da religião), Moral (Filosofia moral), Direito (Filosofia Jurídica) etc.

Como bem explica John R. Searle (2002, p. 1) “a despeito de sua enorme variedade, existem certos temas centrais na filosofia americana contemporânea. O modo dominante de filosofar nos Estados Unidos, por exemplo, é chamado de filosofia analítica”. Vê-se, assim, a filosofia como formando parte do conhecimento humano. Em verdade, o conhecimento filosófico é um pressuposto necessário da ciência e da prática. Eis que o conhecimento humano se torna vazio sem um fundamento crítico - filosófico. Diz-se que o pensamento filosófico dá origem à ciência, daí a filosofia seria precedente e pressuposto de todas as ciências.

Conforme ensina Goffredo da Silva Telles Junior (2004, p. 15) a Filosofia, como sistema de conhecimentos demonstrados, é ciência; é a ciência das ciências, por ser a ciência das causas de cujo conhecimento o conhecimento das outras causas depende. Assim, continua o nosso autor, “é evidente que o objeto da Filosofia não deve ser considerado um objeto particular dela. Por quê? Porque todos os objetos particulares das outras ciências são objeto da Filosofia. Só a Filosófica cuida de todo o real”.

Em verdade, “as ciências sociais e, em menor medida, todas as demais ciências, estão inseridas entre a Filosofia e a ideologia. A Filosofia liga-se às ciências através do alicerce geral, ou visão do mundo, de seus problemas, métodos, de seus fins cognoscitivos e pela maneira de avaliar uns e outros e também os resultados da investigação”. (BUNGE, 1980, p. 139)

Certamente, a Filosofia se estende às demais ciências, é chamada de *Ciência das Ciências*, pois objetiva indagar e discutir acerca dos fundamentos do conhecimento humanos que norteia as razões de todas as ciências. Assim, a relação entre Filosofia e Ciências, se expressa por meio dos estudos críticos dos fundamentos do conhecimento científico, do conhecimento deduzido da análise da relação causal, isto é, do conhecimento pelas causas (o fundamento das ciências) e das críticas aos valores, às crenças e aos costumes.

Consideramos, pois, que filosofar é a arte de pensar os problemas do mundo que envolve o *ser* (a matéria), a *consciência* e o *agir* (a conduta). Observamos que a significação da Filosofia varia de acordo com a sua área de aplicação: lógica, matemática, arte, moral, direito etc. Ora, a Filosofia aplicada ao Direito (Filosofia Jurídica) é, em verdade, a área de aplicação que aqui nos preocupa, por se situar na cúspide da relação: *conhecimento - epistemologia - definição do Direito*. Veja-se que a análise de tal relação é determinante para compreender os fundamentos das *concepções*, *escolas* e *posturas* jurídicas conhecidas, a saber, positivismo jurídico, realismo jurídico, idealismo jurídico, jusnaturalismo etc.

Daí, que as principais preocupações do presente estudo sejam: "O que é Filosofia do Direito", "Qual a utilidade da Filosofia Jurídica", "Acerca da cientificidade do conhecimento jurídico", "Concepção estrutural e funcional do Direito" ou, até mesmo, "O que é o Direito? Descrição dos fenômenos jurídicos?, Ciências dos valores ou da justiça? (dogmática ou doutrina?), Ciência normativa?, (ou prescrição de atos e fatos jurídicos?: conjunto de normas?), entre outros assuntos.

CAPÍTULO 2

Problemas da Filosofia Jurídica

No presente capítulo, procuramos destacar os principais problemas discutidos na Filosofia Jurídica, a partir do conhecido conflito existente entre o *direito*, definido como conjunto de normas; e a *justiça*, como conceito emprestado da filosofia moral.

2.1 Os problemas fundamentais da Filosofia Jurídica

Todo problema jusfilosófico se funda na afirmação do que é primário ou principal: o mundo material? ou empírico? ou o intelectual? ou ideal? ou racional? Eis que a soluções trazidas para tais problemas passa pela concepção epistemologia do direito e se subdivide da seguinte forma:

a) Problemas lógicos, que dizem das relações teoréticas (relações entre conceitos, denominações, definições, teses, argumentos etc.). Todavia, importa a análise da oportunidade (atualidade e importância) das teorias na solução de determinados problemas teóricos e práticos do direito. Trata-se da investigação dos problemas que dizem da estrutura lógica das teorias e da ordem jurídica.

b) Problemas semânticos, que estimulam o estudo e a sistematização dos construtos (construções linguísticas) com base no conteúdo factual dos conceitos concretos ou do significado convencional dos conceitos abstratos. Importa, assim, significar os construtos quer concretos quer abstratos: ex. *concretos* (ou empíricos): código, sentença, documento (quando escrito: testamento, contrato, atestado, certidão) e *abstratos* (ou teóricos): Justiça, validade, eficácia, democracia, eficiência etc.

c) Problemas gnosiológicos, próprios da concepção do conhecimento jurídico como conhecimento científico e que nasce da relação existente entre normas, fatos e valores, da análise do fenômeno jurídico. Procura-se desvendar os condicionamentos e conexões possíveis existentes entre os elementos constitutivos de uma problemática jurídica, visando construir um conhecimento, exemplo, o estudo da inter-relação existente entre a "informalidade econômica" e o "Direito", entre a "corrupção" e a "exclusão social" ou entre o "acesso à justiça" e a "moralidade processual".

d) Problemas metodológicos, que estimulam o estudo dos métodos gerais ou particulares da pesquisa e da interpretação jurídica, por meio dos quais podemos abordar, compreender e resolver os problemas jurídico.

e) Problemas ontológicos, que orientam o estudo da realidade existencial da qual deriva o conhecimento jurídico (estudo do ser). Diz-se da "análise e sistematização dos pressupostos e resultados ontológicos da investigação científica (p. ex., o postulado da legalidade e da validade normativa)". (BUNGE, 1980, p. 15)

f) Problemas deontológicos, que dizem das relações (de justiça) existem entre os princípios que envolvem valores e as normas dentro de uma ordem normativa.

g) Problemas axiológicos, que nos orientam o estudo do sistema de valores vigorante, no empenho de definir os conceitos de valor cognoscitivo e do valor prático.

h) Problemas éticos, que estimulam a pesquisa das normas morais e sua relação com o sistema de direito vigorante. Análise da relação existente entre a conduta e os valores morais que nos permite indagar até que ponto o direito é ou não eticamente neutro.

Quanto às relações verificadas no Direito, vemos a realidade jurídica composta por elementos interconectados e ligados sob a ideia de uma funcionalidade. Assim, por exemplo, cada problema jurídico se funda numa relação bidimensional. Todavia, para cada problema jurídico se reservam métodos concretos de abordagem e de resolução.

É necessário remeter, pois, o leitor à análise dos critérios de valoração e correção do direito em quanto norma, também discutidos na obra *Teoria do Direito*: contribuição ao pensamento jurídico contemporâneo, publicada na Editora Jurismestre em 2017, cuja leitura permitirá compreender a existência de problemas, métodos e relações entre alguns dos indicadores e realidades componentes do mundo jurídico. Vejamos, a seguir, alguns exemplos de problemas, relações e métodos propostos:

1 O problema *axiológico*, localizado na relação *norma, conduta* e *valor*, para o qual se reserva a análise da relação (procedimento axiológico) entre o mundo real e ideal (a justiça e o humanismo no direito).

2 O problema *lógico* que radica na análise da relação existente entre as proposições descritivas propostas nas teorias e doutrinas jurídicas (coesão e sistemática jurídica).

3 O problema *deontológico* oriundo da avaliação da relação entre *normas, princípios e regras*, constitutivas da ordem jurídica (ordenamento jurídico) para o qual se reserva a pesquisa documental (a validade e a coerência normativa).

4 O problema *fenomenológico* que se verifica na investigação da vida do Direito, no terreno da aplicação das normas jurídicas, na relação entre *norma* e a *conduta* (experiência jurídica), para o qual se reserva o método *empírico, histórico - sociológico* (a eficácia social da lei).

Em suma, como será explicado, nos próximos temas existem diversas relações possíveis no Direito, são relações entre os diferentes fatores ou domínios, que constituem a realidade jurídica, tais são as relações observadas, por exemplo, entre: *norma* e *valor*, *norma* e *fato*, *norma* e *Ciência*, *norma* e *Discurso*, *fato* e *valor*, *fato* e *Ciência*, *fato* e *Discurso*, *valor* e *Ciência*, *valor* e *Discurso*, *Ciência* e *Discurso*. Em verdade, são relações estudadas pelas diversas filosofias e as teorias do direito das quais cuidamos nos próximos capítulos.

2.1.1 O conflito aparente entre *direito* e *justiça*

Trata-se de um conflito basilar a ser resolvido pela Filosofia e a Teoria do Direito, estabelecido, fundamentalmente, a partir das suas perspectivas empírico-sociológica, ético-valorativa e lógico-normativa. É do confronto e relação possíveis entre essas orientações que nasce o problema que ainda repercute na designação do Direito como "conjunto de normas", isto é, como ordem normativa ou como "instrumento para a concretização da justiça".

2.1.1.1 Problemas empírico-sociológicos

Um primeiro grupo de problemas (empírico-sociológico) se alberga na concepção do Direito como uma forma de vida social, assim o conceito "direito" teria como influência os usos sociais dotados de normatividade jurídica. Nesse sentido, tudo o que é social pode-se tornar jurídico. Segundo a noção em estudo, os problemas jurídicos derivam das regularidades factuais das condutas e mais especificamente, das relações sociais. Considera-se, assim, a organização social como um critério fundamental para distinguir uma sociedade jurídica de uma sociedade não jurídica: doutrinas do Direito Social.

De acordo com essas doutrinas, os juristas fazem do Direito uma ciência empírica, nos moldes da Sociologia ou da Psicologia, sendo, então, concebido como uma técnica de solução de casos. Essa orientação naturalista ou antimetafísica costuma partir do conceito de obrigação, definindo o Direito em termos de fatos empíricos estritos e fazendo dele um simples reflexo do dever. Nesse sentido, "as afirmações referentes à existência de direitos e deveres são certas situações factuais". (FERRAZ, 1980, p. 13-14).

O Direito, assim entendido por Max Weber (2011, p. 24-25, 48), por exemplo, é simplesmente um "sistema de ordem" provido pelas garantias específicas da probabilidade de sua validade empírica. Do ponto de vista jurídico, o direito moderno consiste em "proposições jurídicas", ou seja, normas abstratas cujo conteúdo afirma que certa situação factual deve ter certas consequências legais. Nesse sentido, "as regularidades factuais *de* conduta ('usos'), podem tornar-se uma fonte de regras *para* a conduta".

Para o citado autor, o ponto de vista jurídico-dogmático visa a descobrir o significado correto das proposições, o conteúdo que constitui uma ordem supostamente determinante na conduta de um grupo de pessoas, ou seja, tentar definir os fatos aos quais esta ordem se aplica e a forma pela qual ela se sustenta sobre eles. Por essa razão, o jurista, aceitando a validade empírica das proposições legais, examina cada uma delas e tenta determinar o seu significado logicamente correto. (WEBER, 2011, p. 24).

Presumido o Direito como parte da Sociologia ele, também, teria como objeto de estudo fundamental o comportamento humano (a conduta social), expresso por meio da relação causa-efeito. O jurista, assim, se preocuparia com investigação dos fatos sociais subjacentes e constitutivos de seus alicerces: objeto. Assim, por exemplo,

> uma troca de mercadoria significa: a transferência de um objeto, conforme um acordo, do controle factual de uma pessoa para outra, contanto que essa transferência seja baseada no pressuposto que outro objeto será transferido do controle factual da segunda pessoa para a primeira. (WEBER, 2011, p. 42, 47).[1]

Certamente, a concepção empírico-sociológica do Direito recebeu uma forte influência do positivismo sociológico francês, e passou a defender os critérios próprios do sociologismo jurídico. A propósito de uma discussão sobre o objeto do Direito afirmou-se que as relações jurídicas são relações sociais adaptadas, isto é, relações sociais objetivas esboçadas nas regras jurídicas nascidas espontaneamente do costume e que são reveladas ou descobertas pelos que procuram o Direito nos fatos sociais. Diz-se de relações cujo fim é prover à adaptação, conseguindo saber o grau de verdade, de eficácia: de acerto ou desacerto da regra jurídica proposta para ajustar ou conciliar os interesses humanos presentes. (COSSIO, p. 63, *apud*, DINIZ, 1999, p. 20)

---

[1] A Sociologia é uma disciplina que busca regularidade e tipos empíricos. Tem interesse especial nas garantias legais e nos conceitos normativos dos quais dependem e que consideram como responsáveis por sua criação, interpretação e aplicação. Seus interesses serão considerados como consequências e, ademais, como causas ou causas concomitantes de certas regularidades.

Para alguns doutrinadores pátrios como, por exemplo, Ponte de Miranda (1972, p. 26, 27, 29, 40 e 41.), a relação jurídica tem um caráter social; porém, a relação entre dois indivíduos não é o único tipo de relação social, nem o mais importante. As relações jurídicas, afirma o citado autor, podem chegar a existir ainda sem que delas tenham consciência as pessoas entre as quais se estabelecem, ou exista vontade manifesta. Assim, numa visão sociológica, as regras seriam abstratas; as relações, não. E é de relações e não de normas que se constitui a matéria social em que a ordem social se estabelece. Para o nosso autor, as relações sociais mantêm uma continuidade causal, sendo as instituições seus efeitos formais. Assim, destaca como exemplo que, entre as relações de venda, troca, herança etc., atuam condições econômicas, psicológicas, morais, políticas etc., em que devem ser procuradas a gênese e evolução dos fenômenos jurídicos e não nas instituições propriamente ditas.

Para o citado autor, o mesmo invólucro institucional ou o mesmo texto de lei podem ter sentidos diferentes em dois ou três períodos de vigência, às vezes distantes de um século, e somente nas relações sociais é que podemos conhecer aqueles sentidos, porque é somente nas relações sociais que se encontram e podem ser apanhadas as normas que as regeram (história jurídica), que as regem (documentação atual), e que as devem reger (legislação e interpretação jurídica). Pode haver continuidade formal entre as sucessivas expressões da propriedade, da família, da posse etc.; mas, sociologicamente (e é isto o que interessa à ciência do Direito), o que se deve estudar é a continuidade substancial, e não só aparente, que consiste na indagação das sucessões dos fatos sociais, ou, melhor, das relações, que são os verdadeiros fenômenos da vida em comum e, para dizer tudo em poucas palavras, da matéria social. Pontes de Miranda conclui que os estudos jurídicos, como em todas as ciências sociais, somente podem fazer-se nas relações sociais, que nos dão as naturezas econômicas, morais, jurídicas etc.

Outro autor, Carlos Cossio, fundador da Escola Egológica, considerou que no Direito, fundamentalmente, há de se estudar a conduta humana, enfocada em sua dimensão social, e não a norma jurídica. O autor considera o Direito como um objeto cultural, composto de um substrato que é a conduta em interferência intersubjetiva, e de um sentido, que é o dever de realizar um valor. (DINIZ, 1999, p. 135).

Conforme explica Manuel Rico Lara[2], a teoria egológica do Direito - que foi iniciada, aprofundada e difundida em amplíssima bibliografia pelo jurista Carlos Cossio - ataca o racionalismo, que idealiza o objeto do Direito. A teoria egológica se remete ao empirismo jurídico, que, diferentemente do natural (neutro e indiferente ao valor), atrai dessa forma critérios axiológicos ensamblados na conduta. Em efeito, a conduta sem valor, ontologicamente não pode ser; e não pode ser, porque o substrato dos valores é a liberdade. Os valores não são, assim, ideias platônicas, mas categorias materiais da existência humana. Logo, se os positivistas situam o objeto do Direito na norma, Cossio, coloca como objeto da norma, na conduta, em interferência intersubjetiva, da que a norma é mera representação intelectual.

O professor argentino distingue, igualmente, a egologia jurídica do Direito natural. Eis que segundo a escola tradicional do Direito natural, existe uma Lei eterna que está impressa no coração do homem como lei natural, o que não resulta propriamente num ato contrastável pela experiência, que tem mais um caráter metafísico e transcendental. Por outro lado, o egologismo nos proporciona uma resposta ou referência ontológica, perceptível: "a justiça está no ser do homem", mas não como um

---

[2] Veja-se: RICO LARA, Manuel. *La Teoría Egológica del Derecho* (I). España: Sevilla, Boletín núm. 1578, p. 125.

predicado do ser (tomismo), porém como "uma forma de possibilitar a projeção dos sentidos jurídicos", o que significa que a justiça, de certa forma, inclui a injustiça, pois aquela é a melhor possibilidade infraestrutural do entendimento societário contida numa situação.

Nesse sentido, a justiça está assim ontologicamente ligada ao Direito como o sentido que totaliza todos os possíveis sentidos da correspondente conduta afirmando-os ou negando-os. Essa conduta, segundo a tese egológica, não tem por que perder seu sentido jurídico. Em suma, Cossio explica que a teoria egológica rejeita o Direito Natural porque este não apresenta uma base ontológica para se sustentar. A concepção da escola do Direito natural é, por tanto, teológica, metafísica, más não ontológicas. Quando o egologismo dá a sua definição ôntica do Direito, afirmando que é a conduta humana em sua interferência intersubjetiva, permite penetrar no sentido axiológico do dado, indo desse substrato ao sentido e vice-versa, fica consumado o processo de compreensão jurídica.

Em suma, conforme a noção empírico-sociológica o Direito teria por finalidade regular relações sociais. Dessa forma, a concepção se sustenta nas próprias raízes da vida social que lhe serve de conteúdo e se traduzem em normas de conduta. Como consequência a concepção sociológica do Direito remete os juristas para as ciências sociais, única dimensão em que poderiam encontrar conhecimentos relevantes. (LARENZ, 1983, p. 2)

2.1.1.2 Problemas ético-valorativos

O segundo grupo de problemas jurídicos se funda na concepção ético-valorativa do direito. O direito, ora compreendido no âmbito da atitude referida ao "valor" teria o conflito entre valores éticos como seu problema principal e basilar. O direito resultaria do conflito entre valor e desvalor: vida *versus* morte, respeito *versus* desrespeito, justiça *versus* injustiça, dignidade *versus* indignidade etc.

Contudo, a defesa desses valores éticos seria condição necessária para a convivência humana. A concepção em estudo reconhece como premissa fundamental, a existência de um direito superior e anterior ao direito positivo. Mesmo partindo do fato de que existe um direito escrito e criado pelo homem, há de se admitir a preexistência de um Direito natural que incide na convivência humana.

Diz-se, assim, de um enfoque Metafísico por meio do qual o Direito seria "tudo que a ele diz respeito, corresponde a uma esfera suprassensível". (OLIVECRONA, 2005, p. 18), isto é, um Direito situado acima dos fatos da vida real. Por tanto, a definição do Direito há de se referir a um poder místico que pode se fazer valer, em caso de necessidade, por meio do aparato do direito.

Conforme ensina Gustav Radbruch (2010, p. 10-11, 47-48) o Direito é uma obra humana e como tal deve ser compreendido. O direito é uma manifestação cultural, isto é, um fato relacionado a um valor. O conceito do direito não pode ser determinado de modo diferente: não pode existir um direito que não seja justo. O direito pode ser injusto, mas só é direito por ter o sentido de ser justo.

Para os defensores dessa orientação, o conceito do Direito há de envolver uma realidade referida a valores, uma realidade cujo sentido é estar a serviço de valores. *O direito é a realidade que tem o sentido de servir ao valor jurídico, à ideia do direito*. A ideia do direito não pode ser outra senão a justiça.

Observa-se que, quando se coloca o problema dos fins do direito, não se pergunta sobre as finalidades empíricas que o possam ter gerado, mas sobre a ideia da finalidade, supraempírica, segundo a qual o direito deve ser medido. (RADBRUCH, 2010, p. 78)

O fundamento dos problemas supranormativo ou suprapositivo do Direito se apoia na ideia da existência de um Direito natural anterior ou preexistente ao direito positivo. Torna-se primária, assim, a doutrina do direito justo: um direito racional, doutrina defendida pelo jusnaturalismo histórico.

A concepção ético-valorativa do Direito propõe, assim, um "método" por meio do qual é possível a correção de cada juízo de valor somente em relação a outro juízo de valor determinado e "superior", apenas no quadro de uma concepção determinada de mundo e de valor. O método, porém, pertence à razão teórica e não à razão prática. Ele significa a renuncia à fundamentação científica das atitudes últimas, e não a renúncia à própria tomada de posição. (RADBRUCH, 2010, p. 20-22)

Podemos afirmar que o jusnaturalismo defende duas teses, a saber: *primeira*, o Direito depende da moral (isto é, que "a existência do Direito depende da sua adequação à moralidade") e; *segunda*, a correção das decisões judiciais depende de que seu conteúdo satisfaça os critérios de correção moral. (MORESO, 2004, p. 45-62)

Certamente, o jusnaturalismo histórico, e também o moderno, colocariam certos direitos acima da possibilidade de qualquer refutação, derivando-os diretamente da natureza do homem. Mas, a natureza do homem revelou-se muito frágil como fundamento absoluto de direitos irresistível, ou como fundamento absoluto do direito. (BOBBIO, 2004, p. 16)

Não deixa de ser importante considerar que o fundamento absoluto do Direito natural se torna utópico ou quimérico, pois as leis morais, mesmo consideradas obrigatórias, nem sempre são observadas (obedecidas) socialmente, do que deriva a necessidade de uma norma jurídica com sanção evidente, assim, como proposta pelo positivismo jurídico.

Resumindo: os problemas ético-valorativos do Direito têm como fundamento a existência de um direito superior, supranormativismo, universal, permanente, imutável e perfeito.

2.1.1.3 Problemas lógico-normativos

Um terceiro grupo de problemas (lógico-normativos) significa o Direito a partir de sua expressão positivista, destacando a importância da norma jurídica como parte de uma ordem coerente e orientada por meio de recursos lógico-formais. Segundo o fundamento dogmático-normativo, o Direito seria uma ordem "invariável" de normas e institutos jurídicos que encontra sua legitimidade nos poderes dos Estados, cujos problemas seriam: a vigência, da hierarquia e da coerência normativa (validade).

Para Ihering (2005, p. 57-58) trata-se de um tipo de positivismo que há de ser considerado um "inimigo mortal da Ciência do Direito"; pois a degrada em trabalho manual; e, depois, trava uma luta de vida ou morte com ela. Então, estimula o surgimento de uma multidão de autores e montanhas de citações. Diz-se, assim, de um positivismo que convida a fazer literatura de segunda mão com tesouras.

Contudo, conforme a noção em estudo, o Direito seria uma expressão dos interesses de classe, isto é, um instrumento de poder, uma faculdade de obrigar: direito posto. De acordo com essa concepção, existiria um interesse em justificar o Direito pelo poder e pela ideologia vigorante numa sociedade.

Define-se, assim, o Direito como um conjunto de regras que são consideradas obrigatórias em uma determinada sociedade, pois sua violação dará lugar à intervenção de uma sanção. Mas, quando identificamos o Direito com as normas postas pelo Estado, não damos uma definição geral do Direito, porém uma definição obtida de uma determinada situação histórica, aquela em que vivemos. (BOBBIO, 1995, p. 27, 29)

Trata-se de uma orientação que privilegia a ordem normativa, considerando o Direito como um conjunto de normas coercitivas ou coativas que regem as atividades de uma sociedade. Quanto a isso, julgamos conveniente destacar as teses propostas pelos defensores do positivismo, tais como: Thomas Hobbes (1588-1679), John Austin (1790-1859), Hans Kelsen (1890-1970) que, dentre outros filósofos e juristas, contribuíram profundamente para a compreensão do conceito do Direito nesta perspectiva. Vejamos.

Para Thomas Hobbes (2000, p. 99) o Direito é ordenado por aqueles que detêm o poder soberano. Assim sendo, "o DIREITO é a liberdade de agir ou de se omitir, a lei obriga a agir ou a se omitir". Pela palavra *direito*, o autor entenderia, a liberdade que todo homem possui para utilizar suas faculdades naturais em conformidade com a razão reta. Não há lei onde não há poder e onde não há lei não há justiça. Tal tese, independentemente dos fundamentos jusnaturalistas, faz colocar o autor numa posição positivista.

John Austin, considerado o fundador do positivismo jurídico, também de orientação empirista e utilitarista, via na lei (isto é, na ordem emanada do soberano) a forma típica do Direito e o fundamento último de toda norma jurídica. Na postura de Austin se destaca a recusa de considerar como Direito propriamente o Direito natural, a concepção da efetividade do direito existente nas várias sociedades como o fundamento da sua validade, a determinação, em suma, do direito tal qual ele efetivamente é, como objeto da Ciência Jurídica. (BOBBIO, 1995, p. 103)

Já para Hans Kelsen (1998, p. 4) o Direito é uma ordem normativa da conduta humana, ou seja, um sistema de normas as quais regulam o comportamento humano, constituindo-se, assim, no objeto do conhecimento jurídico (a Ciência do Direito). Com o termo "norma", o autor explica que algo *deve ser* ou acontecer, ou seja, que um homem *deve* conduzir-se de determinada maneira. O conhecimento jurídico dirige-se a essas normas que possuem o caráter de normas jurídicas e confere a determinados fatos o caráter de atos jurídicos (ou antijurídicos). Hans Kelsen consideraria o direito como uma classe particular de pensamento normativo; diferentemente do positivismo de Hart, não enfatiza, mas tampouco nega as bases sociais do direito, e se afasta do Direito natural ao separar a normatividade jurídica da normatividade moral, mais do que oferecer uma análise de como a segunda incide na primeira.[3] Diz-se, assim, de um conceito excludente, isto é, centrado na norma que, será objeto de estudo do capítulo 3 do presente curso.

2.1.2 Domínios correlatos aos problemas jurídicos

São variados os domínios (esferas ou campos de estudo) que albergam aos problemas jurídicos, a saber: a) o *domínio empírico-sociológico*; b) o *domínio jurídico-normativo*; c) o *domínio ideológico-valorativo* e; d) o *domínio histórico-evolutivo*. Na

---

[3] Veja-se igualmente: Algunas reflexiones sobre metodología en Teoría del Derecho. Disponível em: http://www.cervantesvirtual.com/obra/algunas-reflexiones-sobre-metodologa-en-teora-del-derecho-0/. Acesso em 05 de dez. de 2011.

presente seção não vamos discutir qual é o domínio preponderante, porém, a correlação desses domínios com os problemas que mais preocupam o jurista moderno.

a) Domínio empírico-sociológico

O domínio "empírico-sociológico" se refere à esfera infranormativa do direito que, efetivamente, é constitutiva da realidade factual. Acerca deste domínio podemos apontar os seguintes componentes:

- *Fenômenos dinâmicos*:

1) "fatos" ou "acontecimentos jurídicos involuntários" (ex. naturais: nascimento, morte, maioridade, causas telúricas etc.) e;

2) "fatos" ou "atos jurídicos voluntários" (ex. casamento, negócios jurídicos, contratos e testamentos) e;

- *Fenômenos estáticos*:

Situações jurídicas derivadas dos fatos e atos jurídicos, que são constitutivas de direitos, faculdades, obrigações, abstenções etc. (ex. ser credor, devedor, proprietário, consumidor, fornecedor, possuidor, herdeiro etc.). Tais situações se afirmam como derivadas das mais diversas relações jurídicas e, portanto, como objeto de regulamentação das normas jurídicas.

De fato, poder-se-á atribuir um caráter social àqueles "fenômenos jurídicos" que se manifestam e repercutem na sociedade e engendram certos direitos (faculdade) e deveres (obrigações) entre os homens. Porém, também é certo que a relação manifesta (voluntariamente) entre dois ou mais indivíduos não é o único tipo de relação social que existe, nem a mais importante para o direito, pois algumas relações jurídicas podem chegar a existir ainda que as pessoas não tomem conhecimento de suas causas, por exemplo: as relações derivadas da herança da qual não se tinha notícia, do nascimento e da morte de uma pessoa, de eventos naturais imprevisíveis etc.

Quanto à cientificidade do fenômeno jurídico, poder-se-ia considerar que o termo "fenômeno" geralmente é definido como a transformação que opera na realidade objetiva, seja na "natureza" (fenômenos naturais) como na "sociedade" (fenômenos sociais). Ora, as transformações que operam no campo da natureza se contatam na matéria orgânica e inorgânica, e têm como causa ou fator de produção os fatos naturais (ex. chuva, enchente).

Diferentemente, as transformações que se operam na sociedade têm como causa ou fator fundamental de produção, tanto a intervenção da natureza como a própria vontade humana. Assim, por exemplo, o nascimento, a enchente e o desvio do caudal de um rio são vistos como fatos dependentes da natureza, já o contrato, o casamento e o crime serão atos humanos que poderão ser qualificados de lícitos ou ilícitos.

No processo legislativo é certo que o legislador não cria realidade alguma, pois ela já existe. Nesse caso, como criador do direito, ele só se limita a excluir alguns pressupostos para considerar outros mais ou menos importantes. Por exemplo, quando o legislador sanciona o direito de uma pessoa sobre algo, indiretamente o faz partindo da organização de outras relações jurídicas, já que seu objetivo é ordenar o respeito do direito absoluto.

Devido à preponderância dada aos fatos e situações jurídica, para diversos autores, os problemas jurídicos devem ser vistos exclusivamente nesse domínio factual.

É assim que tanto para a teoria da relação intersubjetiva como para a teoria institucional, o direito é considerado como um fenômeno social, que tem sua origem na sociedade.

De acordo com tais concepções, a cientificidade do fenômeno jurídico está referida no exame do complexo jurídico-social que é buscado e investigado na própria realidade social, sem negar que os problemas que nela se apresentam, de fato, se correspondem a um determinado sistema de normas.

Como a seguir explicaremos, observamos na realidade jurídica um dado domínio factual que existe numa estreita relação com os domínios normativo e histórico-valorativo.

b) Domínio jurídico-normativo

O domínio "jurídico-normativo" é aquela esfera do Direito onde vigoram as normas jurídicas, isto é, o direito em quanto conjunto de normas ou ordem normativa. Uma norma é uma proposição de tipo prescritiva.

Para alguns autores, norma e texto são coisas diversas, assim vale discutir a validade do Direito em dois pontos, ou melhor, sob dois aspectos, o da validade do texto e o da validade da norma. (GRAU, 2004, p. 48-49)

O conceito "lei", porém, tem, entre os juristas, um sentido importante. É a lei um conjunto de dispositivos que veiculam as *normas*, os *princípios* e as *regras*. Assim sendo, define-se a lei como um dos objetos da Ciência do Direito, pois, os estudiosos (juristas) desenvolvem suas doutrinas sobre os dispositivos, ou seja, sobre normas, princípios e regras jurídicas. Indica-se a lei como um verdadeiro instrumento do direito, isto é, como dispositivos que contém normas escrita, gerais, abstratas, bilaterais, imperativas e coercitivas.

Já vimos que um fenômeno social, quando avaliado e regulamentado pelo direito, se constitui em jurídico. Daí, como já afirmamos, somente aquela parte da realidade social que é prevista e ordenada pelo direito formará parte da realidade jurídica. É nesse sentido que o "domínio sociológico" e o "domínio normativo" existem em uma estreita e decisiva conexão, assim como pretendemos demonstrar por meio dos seguintes: *exemplo, premissas e conclusões.*

- *Exemplo.*

Premissa: "O fenômeno jurídico dinâmico atua sobre a criação, modificação ou extinção de relações jurídicas";

Premissa: "O fenômeno jurídico estático é representativo de uma situação jurídica referida ao modo de estado de vida";

Conclusão: "Ora, tais fenômenos (dinâmicos e estáticos) repercutem nos estados das pessoas ou das coisas" e delas derivam situações que merecem ser contempladas pelas normas jurídicas. Vejam-se os seguintes exemplos: ser cônjuge, vendedor ou comprador, mandante ou mandatário, proprietário ou possuidor, credor ou devedor etc.

Separa-se, assim, a realidade jurídica da realidade social; pois, embora toda realidade jurídica seja social, nem toda realidade social é jurídica, por isso o casamento e os negócios jurídicos: contratos e testamentos são vistos como relações jurídicas e a amizade e o namoro como meras relações sociais.

Ao se falar do elemento nuclear do domínio normativo (a norma) poder-se-ia afirmar que, assim como não existe um critério único sobre o direito, tampouco existe um conceito único de norma. Portanto, nem sempre a norma é conceitualizada da mesma maneira, pois nem todos os doutrinadores têm seguido o mesmo critério nesse processo. Perante esse conflito teórico, o ilustre jurista Fernando Diego Cañizares (1979, p 109) acentuava o seguinte:

> a norma jurídica é, pois, uma norma de conduta sociológica antes que uma mera expressão formal ou produto puramente lógico do direito, como estimam os juristas positivistas com Kelsen, que a concebem como uma mera construção racional desvinculada da vida social que lhe serve de conteúdo.

Evidentemente, ao dar-se maior importância ao domínio sociológico atribui-se à norma o caráter de fenômeno próprio da vida social que entranha uma manifestação de conduta humana, a qual constitui seu objeto.

Assim, ao se discursar sobre esse importante assunto na doutrina contemporânea, geralmente se confirma que a palavra "norma" é empregada em dois sentidos: *lato sensu*, fazendo-se referência a toda regra de comportamento obrigatório ou não obrigatório e, no *stricto sensu*, para designar de forma exclusiva o princípio da ação cuja observância entranha um dever para aquele a quem se dirige. Dessa forma, o conceito de norma jurídica difere do conceito de lei natural que, do ponto de vista filosófico, expressa uma relação entre coisas, fenômenos e processos que se produzem numa sucessão de *causa* e *efeito*.

A norma jurídica também é vista como um ideal de proteção das relações sociais e de solução de conflitos jurídicos. Contudo, em qualquer definição sobre norma jurídica encontramos a ideia de que ela representa uma situação e uma consequência derivada dos fenômenos conscientes ou inconscientes de conduta.

Assim, observando que o texto da lei é um complexo de palavras escritas destinadas a uma manifestação de vontade, a norma jurídica pode, de fato, ser definida como sendo todo tipo de proposição prescritiva formulada em forma de regras que se destina à regulação do comportamento humano e que são estabelecidas nos diferentes corpos jurídicos com um caráter obrigatório pelo Estado.

Independentemente da falta de uniformidade dos conceitos, parece claro que todas as normas jurídicas pretendem buscar um interesse do tipo geral, sem prejuízo de que possa contemplar também interesses particulares, a respeito dos quais tratam de encontrar um ponto de equilíbrio (DIEZ PICAZO, 1995, p. 40). Toda legislação protege direitos, atos e relações jurídicas, por meio das normas jurídicas. As normas jurídicas regulam relações sociais, ou melhor, refletem uma realidade social. Assim, o conteúdo normativo envolve sempre uma relação social.

Em suma, o domínio normativo é ordenador dos fatos que interessam a dois ou mais indivíduos e que, por ser objeto do direito, estão a ele submetidos. Por meio de normas jurídicas se pretende influir sobre determinada conduta ou vontade humana que podem chegar a produzir um efeito jurídico, isto é, que podem gerar consequências previstas pelo direito. Logo, determina-se que, por meio do direito, seja imposta, pela força, determinada consequência; em caso de não cumprimento ou da não observância da disposição normativa.

c) Domínio ideológico-valorativo

Tanto o domínio *empírico-sociológico* como o *jurídico-normativo* (e o comércio que existe entre ele: práticas e decisões) podem ser objeto de valoração ou correção ideológico-moral. Assim, com um sentido crítico (e supranormativo) consideram-se tanto a conduta social como as decisões jurídicas como "justas" ou "injustas".

Nesse sentido, o domínio "ideológico-valorativo" com muita frequência serve como um referencial com o qual, necessariamente, cada estudante, jurista e pesquisador trabalham.

Assim, concebemos o domínio em estudo como a gênese das ideias e juízos que, num determinado contexto histórico, resultam da avaliação moral da conduta social e das decisões emanadas dos agentes públicos. Tais avaliações, ideias ou juízo se fundam no sistema de valores reconhecido pela sociedade.

d) Domínio histórico-evolutivo

O domínio "histórico-evolutivo" é constitutivo do vínculo que existe entre a história e as noções sobre o direito. Nele constatamos que, certamente, aquela (a história) representa a orientação evolutiva que dominou ou ainda domina o pensamento jurídico contemporâneo. A história, assim, constitui a unidade e a continuidade harmônica das ideias e noções jurídicas.

Ao respeito do significado e do valor da história Tércio Sampaio (1980, p. 18) refere que "o panorama da histórica da Ciência do Direito tem a virtude de nos mostrar como essa ciência, em diferentes épocas, se justificou teoricamente".

Nesse sentido, consideramos que os estudos históricos são extremamente importantes e auxiliadores do processo de caracterização do estatuto epistemológico do direito que na presente pesquisa estamos desenvolvendo; pois, como explicaremos nos próximos capítulos, diversas generalizações teóricas e metodológicas baseiam-se na história do direito para justificar a origem do conhecimento jurídico.

Os estudos jurídicos nos permitem conhecer e compreender a delimitação que, a respeito da natureza do conhecimento jurídico, impõe os chamados domínios do direito e suas relações (comércio), deduzindo assim os campos onde se desenvolve toda pesquisa no direito.

Consideramos que toda concepção do direito tem um remanescente histórico, por estar baseada na observação de uma sucessão de fatos ou eventos passados, que contribui para a conformação de uma nova visão crítica do direito. Observe-se, por exemplo, que a maioria das vezes se define o direito a partir de uma dada concepção histórica do fenômeno jurídico, procurando-se mostrar a função, o caráter, a natureza e o significado do saber jurídico por meio da história.

Geralmente acontece que, ao dar maior preponderância ao domínio histórico, muitos pensadores procuraram e ainda procuram demonstrar que a Ciência do Direito não é uma obra arbitrária de um legislador, porém um ideal adaptado a todos os tempos e povos. Daí que filósofos e juristas atribuam a este importante componente um especial significado, apresentando

> uma nova concepção da 'historicidade' que permitirá a qualificação, também do acontecimento presente como História, criando-se a possibilidade de uma compreensão da ciência jurídica como *ciência histórica*, aparecendo a dogmática jurídica fundamentalmente como história do direito, ou, pelo menos, como a continuação desta com outros instrumentos. (SAMPAIO, 1980, p. 28)

Fica assim demonstrado que, como bem acentua o nosso mestre Fernando Aguillar (2003, p. 13) na sua excelente obra "Metodologia da Ciência do Direito", o caminho a ser trilhado para a constituição de um estatuto epistemológico crítico no direito passa pela história. Por isso, a formulação metodológica do direito necessita da história, pois as diferenças ideológicas que decorrem de cada concepção epistemológica são particularmente bem evidenciadas mediante a compreensão de suas relações com a história. Portanto, a análise das relações entre história e direito parece, no entanto, capaz de suscitar frutuosamente alguns dos pontos fundamentais da importante controvérsia concernente à base epistemológica de uma teria crítica do direito. Cada modo de utilizar a história do direito, ainda afirma o citado autor, supõe necessariamente certo método histórico em sua base, ou seja, certa concepção epistemológica subjacente.

Os problemas captados nesse importante domínio do direito são geralmente abordados usando-se um *método* que implica o tratamento separado da história das fontes, da História externa e da História interna do Direito. Aqui se distingue o uso do *método cronológico* no qual o desenvolvimento das instituições, por regra geral, se faz partindo das origens até chegar ao limite final da história, tratando cada parte com independência uma das outras, e do *método sincrônico*, pelo qual a História é dividida em período.

Em suma, o conhecimento dos domínios do Direito facilita a fundamentação do saber jurídico e nos permite compreender as razões das variações conceituais do direito, dos reducionismos jurídicos e dos modelos teóricos desta importante área do saber humano: temas importantes da jusfilosofia moderna que, a seguir, estudaremos.

CAPÍTULO 3

Fundamentos Jusfilosóficos do Saber Jurídico

Neste terceiro capítulo cuidaremos dos fundamentos jusfilosóficos do saber jurídico, capítulo que aborda a significando do Direito, suas origens e perspectiva. O tema nos prepara para compreender a complexidade do termo "direito" cujo sentido se sabe diverso.

3.1 O conceito do Direito

Um dos problemas basilares da Filosofia e da Teoria do Direito, estabelecido, fundamentalmente, a partir da sua perspectiva analítica, é o "Conceito" do Direito. Certamente, o vocábulo comumente é usado para indicar a "ciência", a "ordem" ou o um determinado "conjunto de proposições jurídicas". Por esse motivo, para uma melhor compreensão do conceito, no presente estudo, assim como fizemos noutras obras, usaremos a palavra "Direito" para significar a "ciência", isto é, a nossa "área do saber humano", por outro lado, usaremos a palavra "direito" para designar o "conjunto de normas" representativo de uma ordem: a "ordem jurídica".

Definir o Direito é, sem dúvidas, um dos grandes desafios enfrentados pelos juristas históricos e modernos. É justamente a inexistência de uma definição comum e homogênea o que, a nosso ver, se constitui como problema basilar das filosofias, escolas e teorias jurídicas. Eis porque o conceito e os fundamentos epistemológicos do Direito continuam a despertar um acentuado interesse, entre os estudiosos do estruturalismo e do funcionalismo, dessa importante área do saber humano, não só por fazer parte dos conteúdos dos cursos universitários, mas por se tornarem premissa para o melhor desempenho teórico-metodológico e prático do jurista.

Mas, "O que é o Direito?".

Procurando responder a questão, doutrinadores históricos e contemporâneos, sem muito sucesso, empenharam-se em idealizar uma "definição" que pudesse abarcar todo o complexo da realidade jurídica. Como veremos, os conceitos (avaliações, ideias ou significações) reservados foram e, ainda, são reduzidos a pontos de vistas diferentes, fato pelo qual inexiste uma definição unívoca.

Certamente há inúmeras formas de definir o direito, essas definições são elaboradas de acordo com a concepção assumida pelos doutrinadores, a saber: *sociológica, positivista, suprapositivista, pós-positivista* etc. Podemos, assim, dizer que os conceitos que aqui serão abordados são o resultado da evolução do Direito e das demais ciências afins (Sociologia, Economia, Política, Filosofia Moral etc.), um produto intelectual que hoje em dia é submetido a alargamentos e adaptações, conforme as condições e as exigências da prática jurídica. Os dilemas que derivam de tais alargamentos e adaptações, em face do relativismo e da tolerância, justificam a necessidade de uma compreensão dos fundamentos das diversas concepções, compreensão que nos permita encontrar a melhor forma de abordar e de investigar os problemas e qualificar as posturas e teorias que fundamentam as decisões jurídicas.

Para além dessa diversidade conceitual, admitimos que o conceito do Direito seja o ponto inicial de qualquer discussão jusfilosófica. Por esse motivo, a seguir, nos propomos caracterizar esses variados conceitos que balizam a teoria e a prática jurídica.

O termo "direito" comumente é usado com variados e diversos sentidos: *teórico (ou cientificista)* e *objetivo (ou prático)*. Do ponto de vista objetivo (ou prático), o direito representa um conjunto de regras ou normas jurídicas estabelecidas pelo Estado para ordenar a vida em sociedade. Já o sentido teórico ou cientificista, que resume a definição do Direito, tem como principal obstáculo a orientação e/ou fundamentação do saber jurídico, assunto importante que, a seguir, abordaremos.

3.1.1 Fundamento científico do direito: o direito como ciência

É o Direito uma Ciência?

Para responder a essa pergunta, reservamos para o Direito os seguintes quatro aspectos ou perspectivas, a saber, *teórica*, *metodológica*, *realista* e *teleológica*. Eis que o Direito tem um sistema teórico (conceitos, definições e princípios), um objeto (domínios), métodos (ou metodologia) e finalidades (teleologia). Isso nos autoriza definir o direito como um *conjunto de teorias e práticas*: como um conjunto de conhecimentos ordenados derivado de estudos desenvolvidos metodologicamente, tendo como objeto os diversos domínios onde se albergam os problemas jurídicos.

A perspectiva científico/metodológica que envolve a definição do Direito, como se sabe, não é unívoca. Isso, porque, como já vimos, sua definição histórica e contemporânea geralmente se faz depender da postura adotada pelos doutrinadores que se empenham em identificar essa área do conhecimento humano com alguns dos seus domínios: *normativo*, *sociológico* ou *histórico/valorativo*.

Conforme nos ensina Miguel Reale (2002), o termo *ciência* pode ser tomado em duas acepções distintas, a saber:

a) como sistema de conhecimentos metodologicamente adquiridos e integrados em uma unidade coerente, isto é, como conjunto de conhecimentos ordenados coerentemente segundo princípios ou;

b) como sistema de conhecimentos metodologicamente adquiridos e de validade universal, pela verificação objetiva, inclusive experimental, da certeza de seus dados e resultados (conjunto de conhecimentos dotados de certeza por se fundar em relações objetivas confirmadas por métodos de verificação definida, suscetível de levar quantos o cultivam a conclusões ou resultados concordantes).

A ciência é, portanto, um saber organizado, referente a um *aspecto específico* do mundo e que deriva da observação dos fatos e/ou da valoração do próprio conhecimento já adquirido (da conduta e das opiniões). Toda ciência depende, portanto, em seu *ponto de partida*, de certas afirmações, que se aceitam como condição de validade de determinado sistema ou ordem de conhecimento. Em outras palavras, toda ciência implica um objeto próprio. A ciência nos diz o que *é*, e não o que *deveria ser*. (REALE, 2002)

Para Kant (1993, p. 44), por exemplo, a Ciência do Direito (*juris scientia*) é uma denominação que convém ao conhecimento sistemático do Direito Natural, por mais que o jurisconsulto deva tomar dessa última os princípios imutáveis de toda legislação positiva. Já Rudolf Von Ihering (2005, p. 53, 56) afirmaria que das ciências não há nenhuma outra a que não se pode atribuir-lhe este caráter de forma tão clara como a Ciência do Direito, e como este funciona não raras vezes. Como se justifica certamente tal juízo? Devemos exigir de uma ciência, como a do Direito, a capacidade de crítica e um pensamento próprio, tanto ou mais do que de outras ciências, pois a ausência destes pode colocar em dúvida as seguintes questões: o que preocupa à Ciência do Direito, o onde e o porquê?

Em verdade, a Ciência do Direito tem, também, por objeto o mesmo fenômeno histórico-social que outras ciências sociais (a conduta humana), a saber, História, Psicologia, Educação, Filosofia moral (Ética) Sociologia, Ciências Políticas etc., mas nem por isso a *realidade jurídica* se confunde com a realidade dessas outras ciências. Pois importa saber que dentro de aquela realidade o jurista se preocupa com o que chama de *fenômeno jurídico*.

Vemos aí como a mesma realidade social pode ser objeto de ciências diversas, cada qual abordando nessa realidade um aspecto concreto, segundo pontos de vista e finalidades distintas, a saber, *descritivas*, *valorativas* e *prescritivas*. Afirma-se, pois, que de acordo com a sua perspectiva e problemas, cada ciência adota os métodos próprios ou se usa dos métodos das outras ciências afins.

3.1.1.1 A cientificidade do saber jurídico

Conhecer (do latim *cognoscere*) é ter noção (ou informação) sobre um assunto. Afirmamos, assim, que o conhecimento é um produto ideal (não material) implícito: nos signos ou símbolos (palavras) e proposições criadas pelo homem.

O vocábulo "conhecimento" representa toda consciência que o homem é capaz de formar de uma realidade *objetiva* (fenômenos ou coisas) ou *subjetiva* (ideias: conceitos, teorias ou doutrinas). O conhecimento pode ser considerado um atributo do ser humano. É um produto humano que resulta de um processo de inquirição de uma dada realidade. Assim, todo conhecimento implica uma atividade intencional que se dirige a um estado de coisas e se refere a um conjunto de vivências que se apreendem.

Numa visão mais propriamente individualista o conhecimento, no pior dos sentidos, tem-se relacionado com o poder humano, isto é, com a faculdade de apropriação e de disposição sobre as coisas do qual deriva a exclusão de seus semelhantes. Assim, por exemplo, o princípio "saber é poder", orientou todo o trabalho científico de Francis Bacon (1558-1626) e guiou suas pesquisas a respeito da natureza, procurando encontrar o caminho para o conhecimento científico. Para conhecer o mundo, na maioria dos casos, o homem se apropria da natureza sem observar que o resultado de tal apropriação (e transformação) os leva à sua própria destruição.

O mundo existe? Podemos conhecer o mundo? Conhecemos o mundo por meio de nossos sentidos? Eis algumas das questões que a Filosofia e as ciências particulares ainda procuram responder. Diz-se dos problemas que, também, norteiam as pesquisas científico-filosóficas, antigas e modernas, e que resultam da relação: "espírito"- "pensamento"- "matéria", "existência" e "consciência".

Em verdade, o conhecimento descansa numa série de incertezas que, ainda motivam as pesquisas e os debates científico-filosóficos. Vê-se, assim a epistemologia como uma teoria da qual, na visão de William J. Goode e Paul K. Hatt (1971, p. 31-32), cuida a filosofia da ciência.

Contudo, para as ciências, é possível *conhecer* do mundo e seus problemas. Com base nessa premissa, o cientista afirma que: a) o mundo existe; b) ele pode ser conhecido por meio dos sentidos ou com o auxílio de vários instrumentos e; c) os acontecimentos (fenômenos) podem estar relacionados de tal modo que, sob determinadas condições o acontecimento *A* segue a *B* e que, portanto, tal relação se dá no tempo e no espaço.

Ora, nem todo conhecimento tem-se feito depender das impressões dos sentidos. Veja-se, por exemplo, que, o conhecimento pode derivar de variados planos: do empírico/sociológico (mundo das experiências), do lógico-positivista e do transcendental e/ou racional. Como estudaremos a seguir, várias são as orientações que explicam a origem, a formação e os modos de justificar o conhecimento.

3.1.1.2 Contribuição metodológica: a pesquisa jurídica

A respeito dessas exigências metodológicas distintas, recomendamos a leitura da obra *Teoria da Norma Jurídica* de Norberto Bobbio (2001, p. 45 - 52), na qual o autor destaca três critérios de valoração da norma que considera independentes e, consequentemente, sugere métodos de investigação deferentes.[4]

Certamente, o jurista não se preocupa unicamente com a mera definição (ou explicação) de um fato, nem com a valoração de uma conduta. A *definição* (significação e caracterização) de um fato ou fenômeno e a *valoração* de uma conduta são premissas ou antecedentes da prescrição, isto é, a criação de uma norma e, consequentemente, de uma ordem normativa.

Trata-se, pois, de uma inquirição *integral* dos pressupostos ônticos, ontológicos, valorativos e lógicos do conhecimento e da realidade (REALE, 2002)[5]. Contudo, é importante ressaltar que a realidade jurídica se torna palpável quando a pensamos e representamos por meio de proposições. Daí as afirmações (descrições de fatos), as valorações (juízos de valor) e as prescrições se traduzem em "dados" concretos que, formando parte da linguagem jurídica, constituem o objeto imediato do direito.

Assim, por exemplo, num primeiro momento, verificamos existir uma conduta (ou situação) contrária ou favorável aos interesses sociais, à convivência social (no domínio dos fatos); num segundo momento, avaliamos a necessidade de proibir ou de permitir o ato (no domínio dos valores); num terceiro momento, regulamentamos ou prescrevemos a conduta humana (por meio de norma jurídica). É por isso que não é correto desvincular tais domínios, pois eles não são independentes. Vemos assim a necessidade de estudar o Direito a partir de uma perspectiva dialética e integralista: considerando o papel e a importância da pesquisa científica e, especificamente, da crítica jurídica.

A evolução de qualquer campo do saber exige o desenvolvimento das pesquisas científicas, pois, como um sistema de conhecimento, a ciência se nutre de seus resultados e, portanto, para poder descrever, explicar e diagnosticar os fenômenos em qualquer ciência, é necessário pesquisar. O caminho da pesquisa científica é árduo e complexo, mas imprescindível para o desenvolvimento das capacidades cognitivas, criadoras ou reformadoras das condições que, em determinado momento, podem se constituir em entraves ao desenvolvimento das ciências. Por essa e outras razões

---

[4] *Deontologia*: estudo dos princípios, fundamentos e sistema moral. (Tratado dos deveres). *Ontologia*: Parte da filosofia que trata do ser enquanto ser. *Fenomenologia*: estudo descritivo de um fenômeno ou de um conjunto de fenômenos.

[5] O autor distingue entre pressupostos ônticos, e pressupostos ontológicos do conhecimento ou da realidade. Conforme explica, ôntico se refere à Ontologia, estrito senso, enquanto que ontológico diz respeito à Ontologia, lato senso, ou Metafísica. Pressupostos ontológicos são, pois, pressupostos metafísicos, que escapam ao ângulo de análise ontognoseológica, a qual sempre se contém no âmbito da correlação sujeito – objeto.

fazemos ciência quando pesquisamos, já que a ciência, em relação à pesquisa, deve ser a representação de um sistema de conhecimentos que vai se enriquecendo passo a passo como resultado do trabalho científico.

A pesquisa científica é sempre um processo transformador, uma parte necessária ao desenvolvimento da humanidade, pelo desejo do homem em resolver os problemas próprios da vida, por sua necessidade sempre incansável de conhecer e transformar a natureza e, assim, satisfazer suas necessidades materiais e espirituais.

O processo da pesquisa se desenvolve por meio de métodos e técnicas próprios de cada uma das ciências. Na pesquisa científica aborda-se o objeto da ciência, respeitando-se um conjunto de etapas e procedimentos com os quais se torna possível verificar os fatos e obter determinados dados confiáveis, tirados rigorosamente da realidade objetiva. Assim, a pesquisa científica se diferencia do mero conhecimento empírico porque nela se utiliza, durante todo o processo, uma lógica determinada pelo emprego de métodos e técnicas próprios da ciência, como mencionado, possibilitando a demonstração de teses ou conclusões.

A pesquisa jurídica permite determinar, na prática, os problemas jurídicos (teóricos, e práticos), a partir da análise das problemáticas que se apresentam na própria ciência, ou que são encontradas na sociedade. O pesquisador, envolvido na teoria e na prática, se converte em protagonista direto do processo de investigação. Sendo assim, a necessidade da pesquisa está plenamente justificada, pois as ciências não podem existir sem ela.

Afirma-se que,

> Até meados do século XX considerou-se como *científico o* conhecimento produzido a partir das bases estabelecidas pelo método positivista, apoiado na experimentação, mensuração e controle rigoroso dos dados (fatos), tanto nas ciências naturais como nas ciências humanas. Associou-se a ideia de cientificidade à pesquisa experimental e *quantitativa,* cuja objetividade seria garantida pelos instrumentos e técnicas de mensuração e pela *neutralidade* do próprio pesquisador frente à investigação da realidade. Com o desenvolvimento das pesquisas nas ciências humanas, as chamadas pesquisas *qualitativas* procuraram consolidar procedimentos que pudessem superar os limites das análises meramente quantitativas. A partir de pressupostos estabelecidos pelo método dialético e também apoiadas em bases fenomenológicas, pode-se dizer que as pesquisas qualitativas têm se preocupado com o *significado* dos fenômenos e processos sociais, levando em consideração as motivações, crenças, valores e representações sociais, que permeiam a rede de relações sociais. Como estes aspectos não são passíveis de mensuração e controle, nos mesmos moldes da ciência dominante, sua cientificidade tem sido frequentemente questionada. (MATALLO 1997, p 31)

O trabalho do jurista/pesquisador deve ser orientado em função do aprimoramento e compreensão dos conceitos (e construtos) próprios da ciência visando ao aperfeiçoamento da teoria e da prática do Direito.

Dessa maneira, a primeira ocupação do cientista, e também do jurista, consiste em encontrar o modo de fazer as coisas (IGLESIA, 1992, p 30), e isso só é possível se conseguimos nos apropriar de uma metodologia com a qual possamos dirigir todo o processo de investigação de maneira eficiente, por meio do uso de conceitos, princípios e leis que nos permitam abordar qualquer problema jurídico.

> Aqui reside a importância da reflexão sobre as atividades de pesquisa em qualquer campo do saber, seja a matemática, a biologia, a sociologia. Esta

> reflexão deve ser iniciada já nas primeiras séries da graduação, nas atividades de pesquisa, individuais ou em grupo, que cada disciplina propõe; nas séries finais, quando da elaboração das monografias de conclusão de curso, por exemplo, cria-se a oportunidade para um aprofundamento teórico destas questões, que serão certamente retomadas ao longo da formação de cada pesquisador. (MATALLO 1997, p 32)

Com efeito, somos defensores do papel que as pesquisas jurídicas desempenham para a sociedade, pois elas são tão importantes como as que se realizam nos demais ramos do saber, incluindo as que se vinculam mais diretamente com a economia ou com a esfera produtiva. Assim, por exemplo, ao se examinarem a vigência e efetividade das normas jurídicas, contribui-se para o desenvolvimento e fortalecimento do Sistema Jurídico, determinam-se as regras que caíram em desuso ou são inadequadas para o nível de desenvolvimento econômico e social. No mesmo sentido, analisam-se as mudanças sociais e econômicas em relação ao tempo de promulgação das normas jurídicas vigentes, e se examinam o significado e a importância do uso de diferentes termos ou categorias jurídicas.

A experiência nos demonstra que são inegáveis as contribuições das pesquisas jurídicas, em face da adequação do Direito às novas relações sociais e ao achado da Justiça para além das insuficiências e das contradições normativas.

Finalmente podemos concluir que, como juristas e pesquisadores, almejamos a resolução dos problemas que derivam da elaboração, da interpretação e da concretização do direito.

3.1.2 Fundamento empírico-sociológico do direito: o direito como experiência

Com base ao predomínio (preponderância) atribuída ao domínio empírico-sociológico, afirma-se que o jurista não pode deixar de considerar as leis (ou os vínculos) que subsistem na estrutura e no desenvolvimento da experiência jurídica, ou seja, aqueles nexos que, com certa constância e uniformidade, ligam entre si e governam os elementos da realidade jurídica, *fatos e consequências*. (REALE, 2002)

Trata-se de uma perspectiva que tem como ponto de partida a experiência e, nesse sentido, é denominada de empirista: empirismo jurídico. O *empirismo jurídico* é, pois, uma orientação jusfilosófica, por meio da qual se considera o Direito sustentado na experiência (oriundo da experiência).

Pois bem, designa-se com o termo empirismo a corrente de pensamento que afirma a experiência como única origem do conhecimento, que alguns simplificam como sendo, em última análise, a experiência sensorial. (REALE, 2002)

Dissemos, então, que conforme o empirismo, o conhecimento tem raiz na realidade objetiva presente e por esse motivo, com frequência, seguidores desta doutrina afirmam que: "nada há em nossa inteligência que não haja entrado nela por meio dos sentidos". (POPPER, 1999, p. 14)

Contudo, o saber jurídico, também, teria como origem o domínio dos fatos, isto é, a realidade objetiva: o mundo que existe fora de nós, e que é real. Nesse sentido, acredita-se que as diversas ideias que nós formamos de uma realidade jurídica (objetiva) justificam a existência de nexos que ligam o nosso pensamento aos fenômenos e objetos observados.

Dessa forma, se fundamenta o conhecimento na existência de leis objetivas às quais se subordinam todos os fenômenos e processos que ocorrem numa realidade existente independentemente da vontade humana. Distingue-se, assim, entre "pensamento" e "objeto do pensamento", isto é, entre "sensação" e o que se "percebe" (ou se sente) por meio dos sentidos. Portanto, a ideia que temos de um objeto nasce do domínio em que ele existe e se desenvolve.

Conforme essa orientação de tipo realista (materialista), tudo o que podemos pensar tem sempre uma relação direta e concreta com alguma coisa ou relação dada no mundo dos fatos. Por esse motivo, ideias, conceitos, teorias seriam o reflexo das propriedades dos objetos, isto é, do mundo material. Nessa perspectiva, o nosso saber é mero reflexo da realidade objetiva.

Resumindo, o conhecimento que tem como objeto a realidade objetiva, coisas e acontecimentos, é mesmo um conhecimento *empírico*, adquirido por meio da experiência (via dos sentidos), que se origina por meio de um registro das ocorrências ou fatos voluntários ou involuntários, e que, porém, não dependem da vontade do sujeito da cognição. Tal origem (ou formação) de conhecimento tem como fonte a observação da cadeia de elementos constitutivos de uma realidade objetiva: eventos naturais, fatos ou atos (antecedentes e consequentes) e fenômenos (dinâmicos e estáticos).

A preponderância atribuída a esta orientação filosófica passou da Filosofia para o Direito. Assim, para um grupo importante de juristas, o empirismo filosófico seria uma orientação de destaque, constante do pensamento jurídico histórico e contemporâneo. Considerar, pois, o *direito* nascido dos *fatos* seria a premissa fundamental sobre a qual se assenta o empirismo jurídico.

> O Direito como experiência humana, como fato social, existiu na Grécia, como entre os povos orientais, mas passou a ser objeto do direito tão-somente no mundo romano. Foram os povos do Lácio[6] que, pela primeira vez, tiveram a compreensão de que era preciso discriminar e definir os tipos de fatos jurídicos buscando a lei entre esses tipos, visando atingir os princípios que governam a totalidade da experiência do Direito. Quando a experiência jurídica encontrou suas correspondentes *estruturas lógicas*, surgiu a Ciência do Direito como sistema autônomo e bem caracterizado de conhecimento. (REALE, 2002, p. 57)

Diz-se que o gênio romano já considerava o direito como consequência dos fatos: *Ex facto, oritur ius.* [Do fato se origina o direito] seria uma máxima jurídica romana. Em verdade, o Direito Romano, direito casuístico, construía-se sob a inspiração dos fatos. Para cada caso, e para cada povo conquistado criava-se uma norma. Logo, sustentava-se "o direito nasce dos fatos": *Da mihi factum, dabo tibi ius* [Dá-me o fato, dar-te-ei o direito] seria, também, uma máxima romana. Assim sendo, o Direito romano representa, no campo das ciências jurídicas, uma referência normativa que ainda domina o pensamento dos mais modernos doutrinadores. Por isso, a evolução de todo o direito moderno descansa no direito romano. A evolução histórica e normativa do direito romano, mostra o tecnicismo das normas reguladoras da vida social, sendo dita normativa, sem dúvida alguma, a mais orgânica, contínua, profunda e progressiva de todas as histórias jurídicas.

---

[6] Lácio ou Lazio em Italiano: região da Itália central, cuja capital é Roma. Nome que designa a Roma Antiga.

3.1.2.1 Empirismo jurídico e fenomenologia do direito

O empirismo jurídico defende o unidimensionalismo *factual* do Direito com base em argumentos que privilegiam uma definição unidimensional e por meio da qual se considera o Direito a partir da experiência: dos *fatos* (domínio factual) do Direito.

Vemos no empirismo uma forma de limitar o Direito a um único domínio. Nessa perspectiva, o empirismo contraria e conflita com outras tantas orientações e teorias que, a seguir, serão estudadas.

Especificamente o empirismo se opõe ao racionalismo e especialmente ao jusnaturalismo. Assim, por exemplo, os empiristas contestam a existência do Direito Natural, dizendo que não existe outro direito além do Direito Positivo, que brota dos fatos e que existe em função dos fatos, cujas relações não nos é dado ultrapassar (REALE, 2002). Logo, a experiência jurídica toma-se como referência imediata e importante de toda tese derivada da orientação fenomenológica (fenomenologia do direito).

Definimos a fenomenologia como uma corrente ou doutrina que reduz o conhecimento ao mundo dos fenômenos: conjunto de fatos ou atos constantes, dinâmicos e dialeticamente ligados. Há de se reconhecer o causalismo jurídico como a relação causal, isto é, a causalidade que resulta do encadeamento dos fenômenos. Falamos, assim, da relação por meio da qual um fenômeno consequente se caracteriza como uma sucessão necessária de um antecedente. Tal é a concepção puramente fenomenológica, por meio da qual se investiga a relação entre um fato (antecedente) ou fenômeno dinâmico e um acontecimento (consequente) ou fenômeno estático.

Essa perspectiva apresenta o universo jurídico (realidade jurídica) como um conjunto de elementos (fatos, atos e fenômenos) vinculados e dispostos de forma sistemática. Tais elementos, não justapostos arbitrariamente, conformam um domínio harmônico, cujas diversas partes estão dispostas em relação com o todo. Por tanto, em todas as ciências e, também no Direito, é preciso distinguir a redes internas que conformam as raízes das teorias (do conhecimento).

No mundo jurídico, a experiência ocuparia um lugar importante. Eis que a prática jurídica ali se desenvolve e, contra essa ideia, não caberia contestação. Talvez, por isso, alguns autores históricos e modernos consideram que "o Direito é fundamentalmente um conjunto de experiências vividas" (DÍEZ-PICAZO, 1999, p. 5-22). Devido à importância de tal afirmação, cuidaremos, a seguir, do seu fundamento.

Conforme explica Luis Díez-Picazo (1999), na maior parte dos casos o Direito descansa nas experiências existenciais de decisões ou de série de decisões sobre concretos conflitos de interesses. Assim, o Direito se aplica a diferentes fatos, atos e situações. O Direito se ocupa, em rigor, de um conjunto de conflito que devem receber certa solução, a mais correta ou a mais aceitável.

Destarte, para o citado autor, a experiência jurídica é uma concreta experiência de conflitos de interesses que existe muito antes de existir um texto constitucional, um código civil ou uma decisão. Poder-se-ia dizer que os conflitos de interesses são o princípio de toda ordem jurídica. Um conflito de interesses existe, continua Luis Díez-Picazo (1999), quando entre duas ou mais pessoas se origina uma situação de tensão ou de incompatibilidade nas suas necessidades ou nas suas aspirações respeito aos bens vitais que podem satisfazê-las. O conflito de interesses pode surgir muitas vezes revestido sob a roupagem de um conflito ideológico e este existe desde que duas ou mais pessoas ou grupos de pessoas entrem em colisão ou luta aberta porque mantêm ideias distintas (por exemplo, guerra entre religiões). O conflito ideológico pode vir a ser um pretexto para encobrir ou justificar um subjacente conflito de interesses. [7]

Considera-se, assim, que o conflito existe quando, sobre um objeto idêntico, que é propriamente um bem de natureza ou um bem cultural, apto para satisfazer necessidades ou aspirações, duas ou mais pessoas ocupam posições e mantêm posturas antagônicas ou incompatíveis. Conforme explica o autor, o conflito é, precisamente, uma situação social nascida de um choque de interesses. Por exemplo: quando duas pessoas pretendem ser ao mesmo tempo proprietários da mesma coisa. (DÍEZ-PICAZO, 1999, p. 5-22)

Passaremos agora à análise dos indicadores ou fatores principais nos quais se sustentam a concepção em estudo, a saber, o *fato simples, o fenômeno jurídico* e suas *relações causais.* Diz-se que não há norma jurídica que não derive de um fato (ou ato), pois, em verdade toda norma tem como função a configuração de situações socioeconômicas e de conflitos, captados na realidade social. O Direito se erige em normas que simbolizam uma situação voluntária ou involuntária, definem relações e tutelam direitos.

A noção do fenômeno jurídico se apóia na ideia de que o Direito nasce da realidade factual, isto é, da experiência que a contemplação nos proporciona: contemplação atenta ao mundo exterior, o qual se costuma chamar de "fenômenos jurídicos". Acerca da caracterização do fenômeno jurídico, a doutrina afirma que o Direito é algo que se produz dentro da vida social, ou melhor, num setor da vida social. (DÍEZ-PICAZO, 1999, p. 5-22)

Nesse sentido, o fenômeno jurídico é um fenômeno expresso no modo de vida, isto é, no modo de realização da vida humana. Vejam-se as diversas situações jurídicas que acontecem no dia-a-dia; por exemplo, o aumento do divórcio, da imoralidade, da informalidade econômica, da violência (criminalidade) etc.

Eis que a vida humana, a vida social, como matéria jurídica, se compõe de um emaranhado de atos e de comportamentos (ou condutas) dos homes e de uma série de situações que se apresentam como sendo o ponto inicial e final do direito. Nesse contexto deve-se perguntar: quais são as experiências e fenômenos jurídicos os quais devemos considerar como primários e qual é a razão pela qual determinado fato da vida social pode ser qualificado de jurídico? (DÍEZ-PICAZO, 1999, p. 5-22)

Para poder responder as questões anteriores importa caracterizar o fato, o fenômeno e suas relações possíveis. Surgem, assim, a necessidade de responder outras: O que é fenômeno jurídico? Como podemos diferenciar o fenômeno do fato jurídico?

Pois bem, os fatos, propriamente chamados de simples são aqueles acontecimentos normais ou corriqueiros que, na verdade, não interessam ao direito. Assim, por exemplo, quando chove, estamos diante de um fato simples (chuva). Logo, trata-se de um fato simples involuntário, isto é, que não emana da "vontade" humana nem engendra consequência jurídica alguma.

Quando nos reunimos para estudar o direito ou para assistir as palestras de um professor estaremos diante de um *fato simples*, voluntário, pois tal fato ora erigido em *ato* emana da "vontade" humana. Ora, fatos simples, assim, dividem-se, como se vê, em

---

[7] Com base no dilema o fenômeno jurídico tem a primazia perante o aspecto lógico e cronológico que corresponde à regra ou ao juízo.

"voluntários" e "involuntários", segundo emanem ou não da vontade humana e, sempre, fora do alcance da incidência da norma jurídica.

Destarte, quando os fatos corriqueiros, voluntários e involuntários, se submetem à incidência da norma jurídica, estaremos aí diante dos "fatos jurídicos". Se provenientes da vontade humana são "voluntários". Se não provenientes da vontade mencionada, "involuntários". Como exemplo dos fatos jurídicos involuntários, poderíamos apontar um acidente que trouxesse a morte de seu condutor. Como exemplo de um fato jurídico voluntário (ou ato jurídico) poder-se-ia apontar a compra e venda de um imóvel. Nesse último caso, estamos diante de um "fato jurídico voluntário lícito", isto é, diante de um ato jurídico – negócio jurídico ou contrato. Logo, por meio da denominação "ato jurídico" (fato jurídico voluntário) veio-se a configurar o negócio jurídico (quando patrimonial) e o contrato (quando bilateral).

Amplamente desenhado e desenvolvido pela casuística romana, ao longo de todos os períodos, veio o negócio jurídico tomando contornos de século a século, estudado e aprimorado pelos juristas do mundo inteiro, inclusive os glosadores da idade média, até que ressurgiu nos sécs. XIX e XX nos Códigos Civis de quase todo o mundo.

Dessa forma, existem atos jurídicos que não são negócios jurídicos. Hodiernamente, por exemplo, lhe é dada pelo Código Civil brasileiro, em seu artigo 185, a seguinte conotação: *Aos atos jurídicos lícitos, que não sejam negócios jurídicos, aplicam-se, no que couber, as disposições do Título anterior.*

O fato jurídico voluntário (ato jurídico) pode ser considerado "ilícito", quando transgrede o ordenamento jurídico, exemplos:

> Aquele que, por ação ou omissão voluntária, negligência ou imprudência, violar direito e causar dano a outrem, ainda que exclusivamente moral, comete ato ilícito. (Art. 186 do Código Civil brasileiro)
>
> Também comete ato ilícito o titular de um direito que, ao exercê-lo, excede manifestamente os limites impostos pelo seu fim econômico ou social, pela boa-fé ou pelos bons costumes. (Art. 187 do Código Civil brasileiro)
>
> Não constituem atos ilícitos:
>
> I - os praticados em legítima defesa ou no exercício regular de um direito reconhecido;
>
> II - a deterioração ou destruição da coisa alheia, ou a lesão a pessoa, a fim de remover perigo iminente.
>
> Aquele que, por ato ilícito (arts. 186 e 187), causar dano a outrem, fica obrigado a repará-lo.
>
> Parágrafo único. Haverá obrigação de reparar o dano, independentemente de culpa, nos casos especificados em lei, ou quando a atividade normalmente desenvolvida pelo autor do dano implicar, por sua natureza, risco para os direitos de outrem. (Art. 927 do Código Civil brasileiro)

Contudo, analisando as regras anteriores, podemos deduzir que a ação ou omissão voluntária, negligente[8] ou imprudente[9] que viola direito e origina dano (ato ilícito) pode ser considerada um fenômeno de signo dinâmico. Já a consequência derivada prevista no art. 927 do CC será considerada uma situação: fenômeno de caráter estático.

---

[8] *Negligencia*: descuido, desatenção que pode vir a originar danos a outrem.

[9] *Prudência*: agir com cautela e moderação, procurando evitar erros ou danos.

O fato jurídico é "lícito", quando encerra um fato jurídico emanado da vontade humana e ajustado ao ordenamento jurídico, exemplo: a compra e venda aperfeiçoada. (Art. 481 do Código Civil brasileiro). Assim, as normas jurídicas são reguladoras de fatos ou situações jurídicas. Entende-se por "fenômeno" (fenômeno jurídico) todo que é percebido pelos sentidos ou pela consciência, todo fato ou conduta de natureza moral ou social, objeto de experimentação, ou todo o que é objeto de experiência possível, que se pode manifestar no tempo e no espaço segundo as leis do entendimento. (FERREIRA, 2004, p. 887)

Da definição anterior podemos deduzir que, pela sua estrutura, os fenômenos jurídicos podem se diversificar em duas grandes categorias:

a) O *fato jurídico quer voluntário quer involuntário* que aqui chamaremos de fenômeno de signo *dinâmico* e que se caracteriza por constituir um acontecer, uma mutação ou uma modificação que se produz no mundo da realidade factual (p. ex., terremoto, inundação, nascimento, morte; mas também roubo, acordo, declaração, etc.).

b) A *situação* ou o modo de estado de vida, um estado especial das pessoas ou das coisas. É um fenômeno de caráter *estático*. Há uma situação jurídica quando as pessoas ou as coisas estão de uma determinada maneira na vida social que o ordenamento jurídico avalia e regulamenta. São situações: o ser proprietário, o ser devedor, o ser herdeiro, o ser maior de idade. (DÍEZ-PICAZO, 1999, p. 139)

A corrente fenomenológica (fenomenologia jurídica) sustenta que o conhecimento jurídico nasce dos processos de investigação que têm por finalidade a captação de essências (método fenomenológico) e como objeto o fenômeno jurídico.

Concordando com Miguel Reale (2002), também pensamos que há métodos filosóficos insubstituíveis, tais como o fenomenológico e o histórico-cultural, que se completam no estudo das relações humanas, entre as quais se situa, como é óbvio, o Direito. Dessa forma, conclui o citado autor, uma das posturas que discute a relação entre ciência e Filosofia afirmaria que: ciência e Filosofia se confundem essencialmente conforme a sua identidade metodológica, mas com diferença do objeto. O cientista ficaria no plano das relações, e os filósofos avançariam ou se orientariam até o mundo da coisa em si. Certas correntes consideram que a ciência destinar-se-ia ao estudo das "causas eficientes" dos fenômenos, e a Filosofia indagaria as "causas finais", tendo sempre os mesmos fenômenos como objeto.

No que se refere à Ciência do Direito, não resta dúvida que se trata de ciência de realidade, não física, nem psíquica, mas *cultural*. O Direito, como toda ciência positiva, implica em uma atitude *realista*, enquanto analisa fatos do comportamento humano e até mesmo enquanto estuda *normas*, que são apreciadas pela Dogmática Jurídica como um "já dado", algo posto senão imposto à interpretação e à sistematização do jurista como tal. (REALE, 2002)

A fenomenologia do Direito teve uma evidente influência da filosofia de Edmund Husserl. Visto o Direito como fenômeno social condicionado por leis causais, ou como fato dotado de significação jurídica. Para muitos juristas essa doutrina afigurou-se acertada, porque o fato juridicamente relevante, se posto em confronto com o acontecimento total de que o extraímos, não é na realidade senão o resultado de uma transformação intelectual, a saber: a sua apreciação à luz de critérios jurídicos (LARENZ, Karl, 1983, p. 129). Essa orientação, contudo, se apóia no princípio da causalidade jurídica que aqui chamamos de causalismo jurídico.

3.1.2.2 Contribuição metodológica: a causalidade como condição do Direito

Mas, se verdadeiramente, dos fatos deriva todo o sistema jurídico. Qual o princípio orientador que justifica essa origem?

Essa questão é respondida pelos empiristas com base nas seguintes proposições argumentativas:

1. O direito é um fato que se liga a outros fatos através de nexos de causalidade.

2. Do fato, passar-se-ia à regra jurídica, por meio de um laço necessário de causalidade.

3. Logo, a norma é oriunda e representativa do mundo dos fatos.

Esta é a conclusão ou tese do empirismo jurídico: até mesmo os princípios mais gerais do direito seriam, afinal, redutíveis a fontes empíricas. Em verdade, é esse um dos problemas nucleares da Filosofia do Direito, qual seja o da determinação dos nexos que existem entre o *fato* e a *regra jurídica*, envolvendo respostas a estas questões: haveria um laço de causa e efeito entre o fato e a norma jurídica? O fato será causa, ou apenas condição do direito? Entre os empiristas situam-se alguns defensores do materialismo histórico de Karl Marx que fizeram o direito um sociologismo positivista, subordinando fenomenicamente o direito ao "fato econômico". Tais adeptos do sociologismo jurídico pretendem transformar a Ciência do Direito em um capítulo da Sociologia, é também uma tendência do chamado realismo jurídico norte-americano. (REALE, 2002)

O princípio da causalidade tem também sua expressão no Direito. Já na sociologia de Max Weber enfocava-se a questão da conduta humana orientada, por um fim, como significativa para uma compreensão da base do direito. Daí que as pesquisas do fenômeno jurídico, ora visto como componente da realidade jurídica, seja feita observando os nexos causais.

É importante reconhecer que alguns fenômenos estão ligados por meio de nexos que não necessariamente são *causais*. São os casos abaixo relacionados:

Casos 1 – Numa *relação de antecedência ou precedência*, onde se constata a existência de um *fenômeno antecedente* que não influencia nem determina o *consequente*, exemplos:

a) "a noite antecede ao dia" (disposição de fatos);

b) "o dia precede à noite" (disposição de fatos);

c) "a primavera antecede ao verão" (disposição de fatos);

d) o "outono antecede ao inverno" (disposição de fatos),

e) "a infância antecede à juventude" (disposição de fatos);

f) "a juventude antecede à velhice" (disposição de fatos) etc.

Observe-se que a estrutura interna dos enunciados *a* e *b* pode ser invertida, alterando-se assim a disposição dos fatos, porém não a continuidade sucessória dos mesmos. A mesma situação aconteceria no enunciado "o inverno antecede ao verão", pois os fenômenos dia, noite e inverno e verão nunca poderão existir simultaneamente. Tal é a acepção da disposição fenomenológica da palavra *causa*; assim, podemos dizer que a presença constante e exclusiva de um *antecedente* e um *consequente* pode, sem dúvidas, sob certas condições, ser vista como uma manifestação da causalidade, isto é, como uma relação sucessória.

Casos 2 – Numa *relação causal influente*, não sendo o *fenômeno antecedente* a única causa necessária do *fenômeno consequente*, exemplos:

a) "a maioridade é condição (origina) da capacidade jurídica";

b) "a morte é causa da extinção do casamento";

c) "o pagamento é causa da extinção das obrigações";

d) "a chuva é causa das enchentes em São Paulo".

Observe-se que nos enunciados *a, b, c* e *d* os antecedentes não são, de forma absoluta, as únicas causas geradoras dos consequentes, assim, a "maioridade" (fato), a "morte" (fato), o "pagamento" (ato) e a "chuva" (fato) serão consideradas como algumas das causas entre outras possíveis.

Casos 3 – Numa *relação causal determinante*, sendo o *fenômeno antecedente* necessário para que exista o *fenômeno consequente*, exemplos:

a) "o nascimento gera personalidade jurídica";

b) "a morte extingue a personalidade jurídica".

Aqui o "nascimento" é visto como causa da personalidade jurídica (situação de direito). Já a "morte" é considerada o fato ou fenômeno causador da sua extinção, assim como prescrito no Código Civil brasileiro. Vejamos:

> Art. 2º A personalidade civil da pessoa começa do nascimento com vida; mas a lei põe a salvo, desde a concepção, os direitos do nascituro.
>
> Art. 6º A existência da pessoa natural termina com a morte; presume-se esta, quanto aos ausentes, nos casos em que a lei autoriza a abertura de sucessão definitiva.

Devem-se distinguir os fenômenos dos objetos (coisas); pois, certo é que o fenômeno representa a relação que deriva do nexo entre objetos, ora percebida pelo sujeito. Note-se que "se os fenômenos fossem coisas em si (objetos), ninguém poderia explicar, pela sucessão das representações do que têm de diverso como esta diversidade está enlaçada no objeto. Assim, por exemplo, a apreensão do que há de diverso no fenômeno de uma coisa, posta diante de mim, é sucessiva" (KANT, s/d, p. 176). Portanto, não seria correto afirmar que: "*o fruto é a causa da semente*", "*a árvore é causa do fruto*", "*a semente é causa da árvore*", "*a água é causa das nuvens*", "*as nuvens são causa do mar*" e, finalmente, "*o fato é causa da norma*".

No processo de produção normativa interessa avaliar as consequências positivas ou negativas do *fato, ato ou conduta.* Assim, avaliamos as circunstâncias e a oportunidade (necessidade) da existência da *norma.* Aqui necessariamente emitimos um juízo de *valor* por meio do qual desviamos, necessariamente, a nossa atenção da relação possível entre *fato* e *norma.*

Considera-se inapropriado atribuir a uma coisa o caráter de causa, pois objetos e coisas não são causas, tampouco "verdades". Cada coisa ou objeto tem uma essência e existência própria, contudo, no processo de análise do nexo causal deve-se prestar sempre atenção às circunstâncias nas quais estão envolvidas as coisas ou objetos, ao estado ou ao modo de ser dessas coisas, isto é, ao modo de se manifestar um dado objeto num contexto (fenômeno).

As mudanças (transformações) das coisas ou objetos dão-se de acordo com o grau de influência de uma condição dada nessa coisa ou objeto que aqui chamamos de fenômeno, por exemplos: "o nascimento e o crescimento de uma árvore" ou "o nascimento e o crescimento dos frutos". Tais consequências dependerão do cumprimento de determinadas condições anteriormente dadas sobre as coisas (sementes), a saber, "boa semeadura", "boas condições climáticas" etc. Assim sendo, da observação da conexão entre tais circunstâncias é que podemos deduzir conclusões sobre a sucessão, dependência ou independência existentes entre os fenômenos. Dessa forma, podemos afirmar que: a) "o bom crescimento da árvore depende de uma eficiente semeadura, da fertilidade da terra e das boas condições climáticas"; b) "o nível cultural de um jovem aumenta com o exercício diário das leituras" ou; c) "a ausência da chuva é causas da seca", a "situação negativa que se origina do crime é condição da norma".

Podemos, assim, falar em fenômenos que: a) *antecedem*, mais *não influem nem determinam* o surgimento ou a existência de outro fenômeno ou situação *consequente*; b) *antecedem e influem* noutro fenômeno ou situação *consequentes* e; c) *antecedem e determinam* outro fenômeno ou situação *consequente*. Tomando como base a anterior tipologia, podemos concluir o seguinte:

Primeiro, que a *relação causal sucessória e contínua não produtora de efeitos* pode ser vista como uma sucessão natural, isto é, como uma relação de coordenação ou de disposição de determinados fatos ou elementos antecedentes e consequentes que estão ligados num determinado tempo e espaço. Exemplo: "a noite sucede ao dia".

Segundo, que a *relação causal sucessória e contínua produtora de efeitos* pode ser vista como uma sucessão natural existente entre uma causa produtora direta ou indireta de um efeito e uma consequência derivada. Exemplo: "uma alimentação diária e sadia influencia positivamente no crescimento dos jovens".

Terceiro, que a *relação causal necessária e suficiente* pode ser vista como um nexo entre um fenômeno que é capaz de produzir efeitos e uma consequência derivada. Exemplo: "a chuva causa umidade".

Quarto, que a *relação causal não necessariamente única* pode ser vista como um nexo entre um fenômeno que, junto a outros, pode originar uma consequência dele derivada. Exemplo: "a chuva é causa da enchente".

Em suma, consideramos que as relações possíveis entre os fenômenos são variadas. Tais relações se nos apresenta das mais variadas formas, devido à riqueza de nexos existentes no mundo; assim sendo, a causalidade é só uma pequena parte do nexo objetivo universal. A relação causal também tem um caráter recíproco, pois não só a causa pode gerar um efeito, senão também o efeito pode agir sobre a causa e modificá-la (o que hoje, aqui, é causa amanhã, ali, pode ser efeito).

Todavia, na disposição dos fenômenos podemos constatar a existência tanto de um nexo causal como uma relação de antecedência (sucessão entre fenômenos). Daí a causalidade deve ser vista como conexão entre fenômenos e não como nexo entre ideias (dedução): ali existe uma relação lógica e não causal. A relação lógica entre ideias tem-se como uma relação de *fundamento* e como um reflexo das diversas relações existentes entre os fenômenos, entre as quais se inclui a relação causal.

A causa pode existir ao mesmo tempo em que o efeito; assim, observa-se na natureza onde a causa não pode produzir todo o seu efeito num instante. Porém, no instante em que o efeito se produz é sempre coetâneo da causalidade, da sua causa; porque se essa causa tivesse desaparecido instante antes, o efeito não se teria produzido.

Nesse particular, Kant dá vários exemplos: uma bola posta sob uma almofada fofa produz uma ligeira depressão, este fato, considerado como causa, está ao mesmo tempo em que seu efeito. Entretanto, distingo-os um do outro pela relação de Tempo que existe na sua união dinâmica. Igualmente afirma-se que a ação de um copo é a causa da elevação da água sobre sua superfície horizontal, a pesar de ambos os fenômenos se verificarem ao mesmo tempo. (KANT, s/d, p. 184)

Observação: aqui não consideramos que a bola e almofada sejam fenômenos, porém apreciamos como fenômeno *A* (causa) a pressão que o peso da bola exerce sobre a superfície da almofada e como fenômeno *B* (efeito) a ligeira depressão percebida sobre a almofada. Tampouco consideramos que o copo seja a causa da elevação da água, porém a forma do copo é causa determinante da posição que ocupará a água dentro dele.

Toda corrente jusfilosófica, direta ou indiretamente, nos propõe uma dada orientação metodológica. Assim, a fenomenologia se expressa num modelo, o empírico, que inclui problemas próprios derivados da relação teoria e prática. Todo processo de análise e interpretação jurídica acaba tendo uma finalidade teórica e prática.

Levando a sério a finalidade do empirismo, podemos afirmar que ele se assenta na questão da decibilidade. É aí que o domínio empírico se nos apresenta, como uma forma de encarar a busca das condições de uma decisão hipotética para um conflito hipotético. (FERRAZ, 1980, p. 48)

Nesse sentido o domínio empírico parece ser um campo (ou subsistema) que procura aproximar a Ciência do Direito a seu domínio empírico, a sua atividade prática: aplicação ou integração do direito. Logo, nasce a concepção por meio da qual se acredita que o Direito é uma técnica, uma mera arte de julgar.

Parece ser certa a afirmação de que o direito dá certa organização às relações sociais e, portanto, tais relações adquirem forma de relações jurídicas na medida em que são reguladas pelo direito. Porém, direito não é somente aquela relação jurídica regulada por normas: direito não é unicamente normas.

Vê-se o domínio empírico vinculado a uma definição unilateral (unidimensional) do Direito, isto é, o Direito como um processo de imputação de normas às situações sociais atuais ou potencialmente conflitantes. Para a relação *norma* e *situação conflitante* reserva-se um *procedimento* (processo). A relação entre *norma* e *situação* é mediada pelo processo. Contudo, norma, *situação* e *processo* compõem o fenômeno da aplicação. Aplica-se o direito por meio de um procedimento procurando-se mudar a realidade social. Assim sendo, uma das funções da Ciência Jurídica é explicar a referência objetiva da norma, isto é, o fenômeno, o fato ou o comportamento que ela regula. (FERRAZ, 1994, p 96 - 101)

Apresenta-se, assim, o fenômeno jurídico como um dever-ser da conduta, isto é, como um conjunto de ações contrárias ou favoráveis às proibições, obrigações, permissões, com base nas quais homens constituem relações socioeconômicas. É uma questão de resolução de conflitos, que estimula a aplicação ou integração da norma.

Comumente se utiliza o termo integração como sinônimo de aplicação, entendendo-se que ao aplicar a norma jurídica, o intérprete também integra o direito. Quase por consenso, diversos doutrinadores definem a aplicação ou integração do direito como sendo o ato de enquadrar um caso concreto a uma norma jurídica adequada. Neste sentido, se fala do silogismo jurídico e da analogia como técnicas ou formas auxiliares. Por meio da analogia geralmente se admite poder encontrar na lei uma regra específica, para quando haja um caso não especialmente regulado por ela.

Em efeito, quando se aplica o direito se verifica a correspondência entre um caso concreto e uma norma jurídica. Esse procedimento consiste em submeter o conteúdo prescritivo da regra jurídica a um fato concreto da realidade, verificando-se assim a proteção jurídica das relações socioeconômicas e a solução dos conflitos jurídicos.

Nesse sentido vejam-se os artigos 4º e 5º da Lei de Introdução às Normas do Direito Brasileiro.

> Art. 4º Quando a lei for omissa, o juiz decidirá o caso de acordo com a analogia, os costumes e os princípios gerais de direito.
>
> Art. 5º Na aplicação da lei, o juiz atenderá aos fins sociais a que ela se dirige e às exigências do bem comum.

Neste ponto, o juiz já não só interpreta uma norma, mas trata de cumprir uma tarefa análoga à atividade desempenhada pelo legislador, em relação a um caso particular e concreto.

Pela integração não se estabelece o significado de uma norma, mas se substitui ou se corrige um defeito material normativo. Por isso, o tema geral da integração das normas é conhecido pelo nome de lacunas do direito e abarca também o modo ou procedimento para o preenchimento dessas lacunas. (DÍEZ-PICAZO, 1995, p. 121-122)

O argumento anterior justifica que nos processos de interpretação, aplicação e pesquisa do direito os preceitos da lei passam a se relacionar com a realidade multiforme da vida social. Eis aí o papel e a importância da fenomenologia para a prática jurídica.

3.1.3 Fundamento normativo do direito: o direito enquanto norma

O fundamento normativo do direito acaba por privilegiar uma definição unidimensional da Ciência Jurídica, ora assentada no domínio normativo. É a orientação jusfilosófica que destaca, em primeiro plano, o *pressuposto normativo do Direito*, isto é, as características e conexões possíveis entre normas (positivismo normativo fechado) ou entre normas e sociedade (ou realidade factual: realismo jurídico).

A leitura unilateral e positivista do Direito considera que a *norma* é o elemento primário: objeto do Direito sobre o qual a ciência se desenvolve. O positivismo se opõe, assim, ao jusnaturalismo. É, pois, o *Direito como conjunto de normas* (ou Positivismo Jurídico) a concepção que a seguir estudaremos.

3.1.3.1 Positivismo jurídico e ordem normativa

A denominação *positivismo jurídico* deriva da construção linguística: *direito positivo ou positivado*, significando o direito posto pelo Estado contraposto à ideia da existência de um direito anterior: perfeito, constante e universal.

A verdade é que, como ensina Bobbio (1995, p. 15), a denominação *positivismo jurídico* não deriva daquela de positivismo em sentido filosófico, embora no século passado tenha havido certa ligação entre os dois termos, posto que alguns positivistas jurídicos eram também positivistas em sentido filosófico: mas em suas origens (que se encontram no início do século XIX) nada tem a ver com o positivismo filosófico. Conforme explica o nosso autor, o positivismo jurídico surge na Alemanha, o filosófico na França.

Lembrar-se-á que a concepção derivada do termo *positivus* (positivo) referia-se ao que é convencionado e posto pelo homem, diferentemente do que é dado pela natureza (natural). A distinção entre positivo e natural passou, de fato para o Direito indicando-se deste modo a oposição entre Direito Positivo e Direito Natural. Na sua concepção primitiva o Direito Positivo era o Direito posto pelo povo, por meio de uma instituição criada pelo homem e para o homem que, derivado de um poder civil, se funda na ideia de *utilidade* (necessidade, certeza e segurança) e não de justiça. Nasceu, assim, o *positivismo jurídico* (fins do século XVIII), como Direito derivado de um conjunto de leis que se fundam na vontade do legislador.

Pois bem, chamou-se de Direito Positivo ao Direito positivado ou Direito posto pelo Estado, aquele conjunto de regras e preceitos que são *postos* pelo legislador, pelos costumes ou pela jurisdição e que, pelo simples fato de serem *postos*, obrigam a todos. A dogmática jurídica é a Ciência do Direito enquanto elabora tais regras *postas*, das quais não é possível fazer abstração. (REALE, 2002)

Nesse ponto julgamos conveniente indicar que a ideia da existência de um Direito Positivo reduziria todo o Direito a um conjunto de normas postas e emanadas do Estado, excluindo-se deste modo o Direito Natural ou qualquer concepção contrária: toda concepção natural, ideal, política, sociológica etc. Logo, o Direito Natural não seria Direito.

O positivismo, em si mesmo, é uma manifestação teorética que se insere na tradição histórica, na medida em que se limita ao conhecimento do direito em vigor em uma dada sociedade, em um período determinado. O uso da história pelo positivismo teria as características de uma organização cronológica das leis e decisões judiciárias indispensáveis à boa compreensão de questões pontuais, objeto de estudo. (HERREN, 2003, p. 124)

Em consonância com isso, importa compreender, não somente as razões, mas também as consequências negativas que derivam da concepção positivista do Direito. Bobbio (1995, p. 29) julga conveniente observar que "quando identificamos o direito com as normas postas pelo Estado, não damos uma definição geral do direito, mas uma definição obtida de uma determinada situação histórica, aquela em que vivemos". Imaginamos, assim, um Direito não universal, mutável e imperfeito.

Dizemos então que da perspectiva positivista deriva a ideia de um Direito concreto, não-universal e não-científico, concluindo-se forçosamente que o Direito só pode vir a ser uma arte, uma técnica: nunca uma ciência.

A corrente positivista defende a tese de que a ciência do Direito é substancialmente uma *ciência normativa*. Nesse sentido, o Direito seria algo que se encontra previamente *posto*, isto é formulado ou cristalizado em normas. O Direito, certamente, assim se nos apresenta: como uma prévia formalização normativa, abstrata e geral, preestabelecida, ou seja, o Direito como uma ordem prevista ou preestabelecida por uma sociedade, comunidade ou grupo humano. (DÍEZ-PICAZO, 1999, p. 5-22)

O positivismo legal se originou em oposição a teoria do direito natural. Alguns positivistas rejeitaram as pretensões de conhecimento objetivo na moralidade, que formava o alicerce da tradicional do direito natural. (SIMMONDS, 2002, p. 402)

Para um positivista "todas as leis são regras postuladas emanando de fontes de autoridade. Positivistas mais modernos procuram, então, analisar as proposições do direito de modo a preservar seu caráter prescritivo sem equipará-lo aos juízos morais". (SIMMONDS, 2002, p. 391-392)

Lex potest plus quam pactum [A lei pode mais que o fato]. Eis um aforismo que orienta a concepção do direito: *o Direito como conjunto de normas válidas*. A significação do Direito (e seus ramos), por exemplo, dá-se por meio das normas ou conjunto de normas. Trata-se de uma concepção generalizada, cuja presença é muito marcante entre nós.

Para o positivismo, a norma, em face dos fatos, é o elemento primário. Elas são o ponto de partida de toda investigação, de toda análise. As normas prefiguram uma realidade desejável que ajusta a ela. As normas prevêem as consequências que hão de se produzir quando a realidade conflita com os comandos nelas contidos. Tal previsão se apóia fundamentalmente na sanção. Assim, as normas ao mesmo tempo em que planejam a ordem, sanciona as contravenções ou infrações da ordem, evitando que, futuramente, tais contravenções não se produzam. Contrariamente à concepção normativista se coloca a concepção de que é a experiência jurídica que envolve o conflito de interesse (o fenômeno jurídico) o primário. Conforme a concepção anterior o Direito não é outra coisa que um modo de tentar resolver os conflitos. Nessa empresa, as normas nos oferecem critérios flexíveis. As normas são pistas que devem ser seguidas para resolver os conflitos de interesses. (DÍEZ-PICAZO, 1999, p. 5-22)

Tem-se como razão dessa ordem a necessidade da paz social e da convivência humana organizada sob uma ordem desejável e dada por meio de regras sustentadas em princípios e que propõem sanções evidentes. Vê-se, assim, que a teoria normativa significa o Direito como sendo um conjunto de normas de conduta que objetivam ordenar a vida em sociedade e indicar o modo em que a própria sociedade dever-se-ia conduzir.

O positivismo, de modo geral, aponta, primeiro, para o modo de agir e, segundo, para os resultados. Assim, o normativismo puro exige uma absoluta fidelidade à lei, ora considerada norma prototípica. Eis que sem a lei nada pode ser feito. (DÍEZ-PICAZO, 1999, p. 5-22)

Nessa perspectiva, o Direito existe só onde há um complexo de normas formando um ordenamento. Contudo, o objeto dos estudos jurídicos seria o conjunto de normas e suas relações, isto é, o conjunto de regras e princípios que pertencem a um dado ordenamento jurídico. Tais princípios e normas constituem o campo das suas indagações. (MIRANDA, 1972, p. 29)

Em suma, a questão da primazia da norma sobre os fatos gerou várias correntes e concepções positivistas. A ideia da existência de um Direito Positivo (juspositivismo jurídico) também derivou outras acepções ou variações. Fala-se, assim, de um primeiro positivismo em face da legislação (normas) e de um segundo positivismo em face da aplicação do direito. Estudaremos, a seguir, as diversas variações do positivismo jurídico.

Dizemos então que existe certa tendência a realçar o caráter normativo da *Ciência Jurídica*. Dessa forma, não faltam os que pretendem significar o Direito como uma ordem normativa posta pelo poder legislativo. Em conformidade com isso, algumas doutrinas afirmam que, na relação *norma* e *fato*, a norma deve ser considerada como o elemento primário. De acordo com essa leitura, o verdadeiro Direito é o Direito positivado, necessário e útil para garantir uma ordem concreta e objetiva.

Em verdade, o projeto dos positivistas torna-se fantasioso quando se pensa o Direito desvinculado de outros tantos problemas nascidos dos seus domínios.

Passemos agora a estudar o Direito como uma ciência positiva da norma. Conforme essa leitura, o Direito é considerado como um conjunto de normas válidas, "um conjunto de normas, ou regras de conduta" (BOBBIO, 2001, p, 23) que, mesmo nascidas dos fatos, encerram relações particulares de hierarquia e coerência. Situam-se as normas como *objeto* e o Direito como a *ciência.*

Assim, se afirma que *o direito é norma* (positivismo em face da norma) ou que *o direito é definido pela aplicação da norma* (positivismo em face da aplicação da norma). Contudo, ambas as orientações, como a seguir estudaremos, aceitam ou rejeitam a *normas* como elemento preponderante do Direito, elas se separam e conflitam quando procuram distinguir o domínio valorativo de outros tantos domínios importantes na construção metodológica do Direito.

Admitido isso, parece necessário atribuir uma significação à *norma.* Contudo, a seguir, privilegiamos o significado de norma jurídica e sua conexão com outros fatores e perspectiva, sobre a qual descansa a concepção unidimensional normativa do Direito. Sendo o direito considerado um conjunto de normas, vale investigar o que é uma norma jurídica e, a seguir, discutir sua relação com o Direito. Vejamos:

O problema da definição da norma jurídica se torna cada vez mais complexo quando considerado metafilosófico ou supracientífico, isto é, quando considerada a norma como um objeto abstrato e ideal, resultante de uma interpretação. Eis uma questão que, evidentemente, compete à Filosofia Jurídica investigar. Justamente, pela existência de divergências doutrinárias, se torna difícil a tarefa de definir a norma jurídica.

Com efeito, a norma jurídica, com frequência é considerada um resultado da interpretação e, portanto, é produto da integração do Direito. Para Humberto Ávila (2009, p. 30), por exemplo, normas não são textos nem o conjunto deles, mas o sentido construído a partir da interpretação sistemática de textos normativos. Daí se afirma que os dispositivos se constituem no objeto da interpretação; e as normas, o seu resultado. O importante é saber da existência de correspondência entre norma e dispositivo, o sentido de que sempre que houver um dispositivo haverá uma norma, ou sempre que houver uma norma deverá haver um dispositivo que lhe sirva de suporte. Em alguns casos, há norma, mas não há dispositivo, por exemplo, quando pensamos nos princípios de segurança jurídica e na certeza do Direito, há norma, mesmo sem dispositivos específicos que lhes dêem suporte físico. Em outros casos, há dispositivo, mas não há norma.

Noutro sentido, a norma é um objeto dado e real, posto pelo homem e conectada, inevitavelmente, a uma realidade social. Segundo esse ponto de vista, por exemplo, "a norma jurídica encontra-se no mundo dos objetos reais, é um objeto real suscetível de vivência empírica". Não faltam os que pretendem afirmar que a norma jurídica é um *comando* que visa uma finalidade. "Poder-se-á dizer que não há uma norma jurídica que não deva sua origem a um fim, a um propósito, a um motivo prático. O propósito, a finalidade consiste em produzir na realidade social determinados efeitos que são desejados por serem valiosos, justos, convenientes, adequados à subsistência de uma sociedade". (DINIZ, 1996, p. 24, 51)

Quanto a este ponto, gostaria de concluir que a norma é uma *proposição prescritiva*, é um mero instrumento linguístico por meio do qual se objetiva prescrever e não explicar o que deve ser feito num determinado tempo e lugar. É, pois, um veículo que viabiliza a ordem social. Quando não escrita, a norma existe como um objeto ideal, mas quando escrita constitui-se num objeto concreto, empírico e real que pode ser estudado: interpretado, aplicado, comparado, pesquisado etc.

A seguir surge a questão de se diferenciar as *normas* dos *princípios* e das *regras*, aspecto que já estudamos em temas anteriores e que será mais detalhadamente aprofundado na Teoria Geral do Direito. Importa aqui lembrar que a norma é uma *proposição prescritiva* que se expressa necessariamente, por meio da linguagem, em forma de princípios e regras.

A disposição dos princípios e regras numa ordem normativa hierárquica deu a ideia de um Direito. É assim que o Direito tem sido caracterizado como uma ciência (a Ciência Jurídica) de estruturas normativas, e mais propriamente de modelos jurídicos. (REALE, 2002)

Certamente, o Direito, neste modelo, teria a norma como centro de irradiação, por meio da qual se autorizam ou proíbem determinada conduta social. Eis aí a primeira interconexão que a seguir estudaremos.

A definição mais difundida do Direito (*directum*) é aquela que o identifica com o *conjunto de normas* de *conduta* que tem como fim *ordenar a vida em sociedade* e indica o modo em que a própria sociedade deveria ser desenvolvida. Eis o Direito como conjunto de disposições normativas destinadas à regulamentação social: ordenar o comportamento individual e coletivo dos cidadãos: a *conduta humana.*

Vemos que mesmo que o Direito, no seu aspecto normativo faça referência às pessoas, aos fatos, aos procedimentos, aos órgãos ou aos agentes, ele sempre estará organizando uma conduta social para evitar e inibir conflito. Daí o caráter preventivo e educativo do Direito.

Conforme ensinamento de Bobbio, "estudar uma civilização do ponto de vista normativo significa, afinal, perguntar-se quais ações foram, naquela determinada sociedade, proibidas, quais ordenadas, quais permitidas, significa, em outras palavras, descobrir a direção ou as direções fundamentais em que se conduzia a vida de cada indivíduo". (BOBBIO, 2001, p, 25)

Diz-se de uma ordem historicamente necessária que o homem é um ser social e isso justifica a necessidade de o homem de viver em sociedade. Assim sendo, conforme ensina Ives Gandra (1998, p 13), a necessidade de viver em sociedade fez o homem procurar sempre, desde os tempos primitivos, a estrutura política capaz de eliminar seu isolamento, suprindo sua fragilidade pela força da coletividade.

A nosso ver, o Direito não se reduz, apenas, à função de regulamentação da convivência social, ele abrange, todavia, uma função educativa e de proteção consciente dos interesses de uma dada comunidade: nesse ponto reside o conceito do Direito. Assim, contrariando a postura *positivista* (legalista), aquela que apresentaria o Direito como conjunto de leis (normas) ordenadas pelo *dever ser* e que estabelece sanções concretas e razoáveis, pensamos o Direito como uma área de conhecimento presidida por *teorias* e *práticas*.

O positivismo passou a ser considerado uma corrente importante, uma escola ou modelo que inclui várias concepções derivadas. Examinaremos agora as várias derivações do positivismo jurídico.

3.1.3.1.1 Positivismo excludente ou centrado na norma

O positivismo em face da legislação é aquele positivismo que tem como centro de interesse e análise a norma. Eis uma variação que se define com base na leitura normativa do Direito, isto é, quando se significa o Direito com base em um único domínio: *o normativo*.

Para esta acepção o Direito deve ser considerando um conjunto de normas válidas ou positivadas. Trata-se de um positivismo que procura dar aos estudos jurídicos um caráter empírico-científico, observando o objeto do direito como resultado da vontade do legislador. Assim, é visto o Direito como uma ciência que tem por objeto as normas jurídicas positivas, nos moldes das ciências naturais.

Levando essa acepção ao extremo, vemos que se trata de uma visão que nega o espírito solidário do homem em sociedade, o que faz surgir a necessidade de uma regulamentação que harmonize a convivência social. Nesse empenho procura-se separar o domínio do *ser* e do *dever ser* na ciência, representando o direito como um conjunto de normas vigentes e não como tais normas deveriam ser, isto é, separando o direito da moral. Igualmente, propõe-se separar o estudo dos conceitos jurídicos da análise da origem histórica ou sociológica da norma, por serem considerados domínios científicos diferentes.

Todavia, chama-se o positivismo normativo de um positivismo *lógico* que defende a ideia de que não existe fundamento que justifique a rejeição da teoria normativa; pois, a norma jurídica envolve uma grande parte da realidade social e, enquanto se planeja para ela uma determinada ordem jurídica, ela se converte em realidade jurídica (eficácia constitutiva das normas). (DIEZ-PICAZO, 1995, p. 127)

Em verdade a realidade jurídica, conforme essa acepção, limita-se ao mundo normativo para o qual existe uma perspectiva metodológica que procura o tecnicismo fechado nas normas. Surgem, assim, teorias que privilegiam os problemas do normativismo jurídico, a saber, a falta de *unidade*, de *validade* e de *coerência* normativa do Direito. Neste ponto julgamos conveniente afirmar que o positivismo é falho por desconsiderar outros tantos aspectos relevantes do Direito, perspectivas que definem o caráter científico e prático do trabalho jurídico.

As teorias positivistas derivadas dessa variação reclamam da organização social por meio de normas defendendo a ideia de um Direito (Ciência do Direito) que não se preocupa com problemas morais, políticos ou sociais e que é capaz de impor uma organização social. Como principais representantes das teorias positivistas centradas na legislação destacam-se a: Thomas Hobbes (1588-1679); Jean-Jacques Rousseau (1712-1778) e Hans Kelsen (1890-1970).

Para Thomas Hobbes (1588-1679) a condição natural do gênero humano é a igualdade, pois a natureza criou os homens iguais nas faculdades do corpo e do espírito. Dessa condição de igualdade, conforme o autor, deriva um estado de Guerra de todos contra todos; pois da igualdade de capacidade entre os homens resulta a igualdade de esperança quanto ao nosso Fim.

Por isso mesmo todos os homens desejam a mesma causa e tal causa os tornam inimigos pelo fato de viver em competência, desconfiança e glória. Contudo, não existe um Poder comum capaz de manter os homens em respeito, temos a condição do que se denomina Guerra; uma Guerra de todos os homens contra todos. Ante tal situação, o autor faz derivar uma Lei Fundamental de Natureza que ordena aos homens procurar a paz, uma segunda lei pela qual o homem deve concordar com a renúncia de seus direitos a todas as coisas, contentando-se com a mesma Liberdade que permite aos demais.

A transferência de direito consiste meramente em não-resistência. Renunciar ao direito é o mesmo que se privar da Liberdade de negar a outrem o benefício de seu próprio direito à mesma coisa. Assim, renunciamos a um direito sem importar a quem beneficiamos e transferimos um direito quando se pretende beneficiar determinada pessoa ou pessoas.

É nesse sentido que Hobbes defende a existência de um direito legislado. A razão sugere adequadas normas de paz que podem ser alcançadas pelos homens, por meio do mútuo acordo.

Assim, para Hobbes (2000, p. 99) se "o DIREITO é a liberdade de agir ou de omitir, a lei obriga a agir ou omitir". Assim sendo, pela palavra *direito*, o autor entendia, a liberdade que todo homem possui para utilizar suas faculdades naturais em conformidade com a razão reta. Não há lei onde não há poder e onde não há lei não há justiça. Tal tese, independentemente dos fundamentos jusnaturalistas, faz colocar o autor numa posição positivista.

De acordo com Hobbes as leis de natureza não bastam para preservar a paz, e nesse sentido, infere o autor, não basta um homem compreender corretamente as leis naturais para que, só por isso, tenhamos garantia de obediência. Não basta o consentimento, é preciso também a união, para estabelecer a paz entre os homens. Na união, o direito de todos os homens é transferido a um só. (HOBBES, 2002, p. 91)

A preocupação filosófica de Thomas Hobbes nasce a partir do contato desse importante pensador com Francis Bacon (1561-1626). Hobbes, verdadeiramente, foi capaz de apreciar o valor da obra de Bacon, porém não baseou a sua filosofia no empirismo baconiano. Hobbes estudou e criticou tanto a filosofia experimental de Francis Bacon quanto o racionalismo do francês René Descartes (1596-1650). Tais doutrinas filosóficas, apesar de antagônicas, foram a base de uma nova construção filosófica que seguia tendo o interesse de encontrar os fundamentos das ações humana e do conhecimento da natureza.

Na filosofia de Hobbes, o aparente predomínio do racionalismo sobre o empirismo ou do empirismo sobre o racionalismo foi colocado em outros termos. O autor se mostrou preocupado em demonstrar que, apesar das diferenças existentes entre tais correntes filosóficas, existia uma relação entre ambas, sendo possível desenvolver uma teoria representativa de ações conjuntas. Daí a postura criticista.

Assim, Hobbes descobre o caminho para a conciliação do racionalismo e empirismo, e reconhece a importância científica dos conceitos e das definições, mas também reconhece a correspondência que existe entre tais conceitos e definições e os fatos da natureza humana. Desta forma nos capítulos I a XI de *Leviatã* deu conhecer um número considerável de fatos da experiência.

Pode-se afirmar com certeza que Hobbes foi capaz de dar continuidade ao pensamento de Bacon, mas, igualmente, desenvolveu um projeto filosófico novo. Esse importante pensador demonstrou a existência de um encadeamento lógico-dedutivo nas proposições científicas e concluiu que a filosofia (ciência) seria, assim, um conjunto de conhecimentos adquiridos por um raciocínio correto, dos *efeitos* ou fenômenos conforme as *causas* ou gerações concebidas e, inversamente, das gerações possíveis conforme os *efeitos* conhecidos. Em Hobbes encontramos, pois, um racionalismo empirista, ou melhor, um empirismo racionalista que:

a) parte da natureza para logo voltar a ela;

b) percorre o caminho onde a realidade concreta se reduz a elementos simples;

c) se utiliza de tais elementos simples para poder deduzir, isto é, desenvolver um processo dedutivo e, finalmente;

d) recompor a realidade concreta.

Assim, consideramos a doutrina de Hobbes extremamente original para sua época, embora se observe nela elementos tomados do empirismo e do racionalismo metodológico. Eis que Hobbes, em conflito com Descartes, aceitou que o conhecimento da proposição "eu existo" possa depender do conhecimento da proposição "eu penso". Destarte, Hobbes assimila a célebre frase de Descartes "penso, logo existo", porém se preocupou pela origem (causal) do conhecimento da proposição "eu penso". Assim, Hobbes chega à seguinte conclusão: como "não podemos conceber qualquer ato sem seu sujeito, assim também não podemos conceber o pensamento sem uma coisa que pense".

No conflito Hobbes – Descartes, este último não admite que todas as substâncias tenham uma natureza corpórea, nesse sentido, afirma, existem muitos atos (os intelectuais): o desejo, a imaginação etc., que dependem do "pensamento ou percepção", da "consciência e conhecimento". De acordo com Descartes tais atos "residem" em algo que pensa, tenha ou não esta coisa o nome de espírito, pouco importando que os atos intelectuais não tenham afinidade. Seguindo esse raciocínio, Hobbes insiste em que o sujeito do pensamento é corporal e vincula a esse materialismo uma posição empirista, pois, para ele, talvez o raciocínio não seja outra coisa senão uma reunião e encadeamento de nomes e palavras.

A preocupação evidente de Hobbes era demonstrar a relação que existe entre a razão e a natureza das coisas, assim conclui que pela razão somos capazes de ver os nomes das coisas, segundo as convenções feitas no tocante às suas significações.

Para o autor, o raciocínio depende dos nomes, os nomes dependem da imaginação, e a imaginação depende do movimento dos órgãos corporais; e assim, o espírito não seria outra coisa senão um movimento em certas partes do corpo orgânico. Hobbes procura explicar mecanicamente a relação entre os corpos exteriores e o corpo humano e reconhece que os sentidos, afetados pelos movimentos dos objetos exteriores, são postos em movimento e este movimento é transmitido ao cérebro e ao coração; já neste último, começaria um movimento de reação em sentido inverso. Para Hobbes, o início do movimento de reação é precisamente o que constitui a sensação, pois: "a sensação é o princípio (causa) do conhecimento (efeito) dos próprios princípios, e a ciência é inteiramente dela derivada".

De acordo com o autor, os nomes, tendo a sua origem nas sensações, são os elementos básicos da construção da ciência. Nessa relação, uma proposição é constituída pela adição de dois nomes; o silogismo, pela adição de duas proposições e a demonstração, pela adição de vários silogismos. Tal somatória conduziria à ciência, que se define, assim, como "conhecimento das *consequências* de uma palavra a outra". Dessa forma, as proposições (consequência) que derivam da definição dos nomes (causa) são conectadas pelos silogismos. Assim, podemos deduzir da teoria de Hobbes que todas as proposições são e tem um antecedente.

Referindo-se à *sensação*, Hobbes considera que os pensamentos do homem podem existir primeiro isoladamente, e depois em cadeia, ou dependentes uns dos outros. De forma isolada, cada pensamento representa alguma qualidade de um corpo (objeto) exterior, sendo que a percepção de tal objeto, por meio dos sentidos, pode produzir aparências diversas.

Para Hobbes, a origem de todo conhecimento é a sensação, pois não há nenhuma acepção no espírito do homem que primeiro não tenha sido originado, total ou parcialmente, nos órgãos dos sentidos. Por outro lado, a causa da sensação é o corpo exterior, ou objeto que pressiona o órgão próprio de cada sentido; na forma imediata, como no gosto e tato ou de forma mediata como na vista, no ouvido, no cheiro que exerce pressão pela mediação dos nervos, e em outras cordas e membranas do corpo. Assim sendo, todas as qualidades denominadas sensíveis estão no objeto que as causa, portanto, as sensações são ilusões originárias, causada pela pressão, isto é, pelo movimento das coisas exteriores nos nossos olhos, ouvidos e outros órgãos.

Da mesma forma, Hobbes considera existir uma sequência ou cadeia de imaginações, vista como sequência ou cadeia de pensamentos que consiste na sucessão de um pensamento a outro, que denomina (para se distinguir do discurso em palavras) discurso mental. Com o objetivo de dimensionar a razão e a ciência, o autor afirma que, quando alguém raciocina, nada mais faz do que conceber uma soma total, a partir da adição de parcelas, ou conceber um resto a partir da subtração de uma soma por outra; o que (se for feito com palavras) é conceber da sequência dos nomes de todas as partes para o nome da totalidade, ou dos nomes da totalidade e de uma parte, para o nome da outra parte. Nesse entendimento, é constatado que os lógicos ensinam o mesmo com sequências de palavras, somando juntos dois nomes para fazer uma afirmação, e duas afirmações para fazer um silogismo, e muitos silogismos para fazer uma demonstração; e da soma, ou conclusão de um silogismo, subtraem uma proposição para encontrar a outra.

Igualmente entende que os escritores de política adicionam em conjunto pactos para descobrir os deveres dos homens; e os juristas, as leis e os fatos para descobrir o que é certo e errado nas ações dos homens. Em suma, em qualquer matéria onde houver lugar para a adição e para a subtração, de acordo com o autor, há também lugar para a razão, e onde aquelas não tiverem o seu lugar, também a razão nada tem a fazer. Desta forma Hobbes pode definir (isto é, determinar) que a coisa é significada pela palavra razão, quando a contamos entre as faculdades do espírito. Pois razão, neste sentido, nada mais é do que cálculo (isto é, adição e subtração) das sequências de nomes gerais estabelecidos para marcar e significar nossos pensamentos. Marcar é calcular assim como significar é demonstrar ou aprovar nossos cálculos para os outros homens.

Observamos em Hobbes uma visão aritmética da relação causal entre teoria e prática ao afirmar que os homens sem prática, e mesmo professores, podem muitas vezes errar e contar falso, também em qualquer outro tema de raciocínio, os homens mais capazes, mais atentos e mais práticos podem enganar-se e inferir falsas conclusões. Dessa forma, quando há uma controvérsia sobre algum assunto, as partes têm de, por acordo mútuo, recorrer a uma razão certa, à razão de algum árbitro, ou juiz, a cuja sentença se submete.

De acordo com Hobbes, o uso e finalidade da razão não são descobrir a soma, e a verdade de uma, ou várias sequências, afastadas das primeiras definições, e das estabelecidas significações de nomes, mas começar por estas e seguir de uma sequência à outra. Pois não pode haver certeza da última conclusão sem a certeza de todas aquelas afirmações e negações nas quais se baseou e das quais foi inferida. Assim, refere-se como exemplo, a quando um chefe de família, ao fazer uma conta, adiciona as somas de todas as notas de despesa numa só soma, e não considerando de que modo cada nota foi feita por aqueles que lhe apresentaram a conta, nem aquilo que está pagando, procede como se aceitasse a conta total, confiando na habilidade e na honestidade dos contadores; do mesmo modo, no raciocínio de todas as outras coisas, aquele que tira conclusões confiado em autores, e não as examina desde os primeiros itens em cada cálculo (os quais são as significações de nomes estabelecidas por definições) perde o seu esforço e nada fica sabendo; apenas julga que sabe.

Para Hobbes, quando alguém calcula sem o uso de palavras, o que pode ser feito em casos especiais (como quando ao observarmos qualquer coisa conjeturamos o que provavelmente a precedeu, ou o que provavelmente se lhe seguirá), se aquilo que julgou provável que se seguisse não se seguiu, ou se aquilo que se julgou provável que tivesse precedido, não tiver precedido, isto se chama erro, ao qual estão sujeitos mesmo os homens mais prudentes. Mas quando raciocinamos com palavras de significação geral, e chegamos a uma inferência geral que é falsa, muito embora seja comumente denominado erro, é na verdade um absurdo, ou um discurso sem sentido. Mas quando fazemos uma asserção geral, a menos que seja uma asserção verdadeira, sua possibilidade é inconcebível. E as palavras com as quais nada mais concebemos senão som são as que denominamos absurdas, insignificantes e sem sentido. E, portanto, se alguém me falasse de um quadrado redondo, não diria que estava em erro, mas que as suas palavras eram destituídas de sentidos, ou seja, absurdas.

Hobbes atribui como uma das causas das conclusões absurdas à falta de método, que impossibilita começar o raciocínio com definições, isto é, com estabelecidas significações das palavras, como se pudessem contar sem conhecer o valor das palavras, numerais, como: *um, dois* e *três*. Aqui o autor mostra que a razão não nasce conosco como a sensação e a memória nem é adquirida apenas pela experiência, como a prudência, mas obtida com esforço, primeiro por meio de uma adequada imposição de nomes, e em segundo lugar por meio de um método ordenado que permita passar dos elementos, que são nomes, as asserções feitas por conexão de um deles como o outro, e daí para os silogismos, que são as conexões de uma asserção com outra, até chegarmos a um conhecimento de todas as sequências de nomes referentes ao assunto em questão, e é a isto que os homens chamam de ciência. Para Hobbes, a sensação e a memória apenas são conhecimento de fato, o que é uma coisa passada e irrevogável. A ciência é o conhecimento das consequências, e a dependência de um fato em relação a outro, pelo que a partir daquilo que presentemente sabemos fazer, sabemos como fazer qualquer outra coisa quando quisermos, ou também, em outra ocasião. Porque quando vemos como qualquer coisa acontece, devido a que *causas*, e por que maneira, quando *causas* semelhantes vierem ao nosso poder, sabemos como fazê-las produzir os mesmos *efeitos*.

Portanto, explica Hobbes, as crianças não são dotadas de nenhuma razão até que atinjam o uso da linguagem, mas são denominadas seres racionais devido à aparente possibilidade de terem o uso da razão na sua devida dimensão (grau de desenvolvimento). Igualmente, na maior parte dos homens, muito embora tenham o uso da razão em certos casos, contudo serve-lhes pouco na vida comum, na qual se governam uns melhores, outros piores, segundo suas diferentes experiências, rapidez de memória e inclinações para vários fins, segundo a boa ou má fortuna, e os erros de uns em relação aos outros.

Assim sendo, a luz dos espíritos humanos são as palavras com as definições que as limpam de toda ambiguidade. A razão é o passo, o aumento da ciência, o caminho e o benefício da humanidade, o fim. Jean-Jacques Rousseau (1712-1778) não seria considerado um filósofo tradicional no sentido estrito do termo, pois seu pensamento não estava orientado a esclarecer o encadeamento lógico das ideias nem a fundamentação racional dos princípios por ele formulados.

Sabe-se que as ideias e teorias de Rousseau mergulharam nos valores morais. Na relação natureza – civilização, Jean-Jacques Rousseau considerou que a civilização é responsável pela degeneração das exigências morais profundas da natureza humana e sua substituição pela cultura intelectual. O chamado à Natureza e o dever de "evitar os ataques de seus filhos" constituem os motivos fundamentais do pensamento de Rousseau e a fonte de sua contribuição do original para a história da filosofia.

Para o pensador, o centro de toda reflexão filosófica consiste, no seguinte:

Primeiro: não é a razão, mas o sentimento o verdadeiro instrumento de conhecimento;

Segundo: não é o mundo exterior o objeto a ser visado, mas o mundo humano.

Assim, o pensador foi capaz de estabelecer um vínculo entre a passagem da atitude teórica para o plano da valorização moral. Observa-se que o centro do pensamento de Jean-Jacques Rousseau reside na indicação dos caminhos para alcançar a felicidade, tanto de cada indivíduo como da sociedade toda. Ao respeito, e entre outras teorias escrevia sobre o *Contrato Social*. A obra *Do contrato social* é considerada o texto de excelência suíço Jean-Jacques Rousseau. Nessa obra clássica, o nosso autor, com sua noção de contrato social, se distancia da obra de Hobbes e de Locke. Rousseau considerava que o ser humano é, por natureza, bom, mas a sua convivência social ocasionaria uma "degeneração" do homem, uma espécie de involução, isto é, de regressão ao estado primitivo. Daí, a importância do Contrato Social do autor que significaria um acordo entre indivíduos para constituir uma sociedade e, posteriormente um Estado. O Contrato Social teria como premissa um Pacto de associação, não de submissão. Isso coloca o autor no contexto positivista. Distingue a força do direito. A primeira pode-se impor o segundo obriga. Afirma que a liberdade seria necessária à condição humana. Portanto, ao renunciarmos à liberdade estaremos renunciando à condição de homem.

Para Hans Kelsen, o objeto específico da Ciência do Direito seria a norma jurídica. Neste sentido, o jurista deve tão-somente estudar norma por ser ela o esquema de interpretação da sociedade. Observa-se em Kelsen a preocupação por uma Ciência Pura que, situada acima da investigação sociológica, possibilitaria uma metodologia desposada da influência política, sociológica e moralista.

Hans Kelsen teve uma influência decisiva para a Filosofia Jurídica contemporânea, sustentando um positivismo fechado ou formalista o qual teremos a oportunidade de nos referir neste tema. Kelsen aborda o Direito sob a ótica teórico-analítica, isto é, como teoria da norma jurídica, já que, para ele, a norma serve de instrumento para solucionar problemas sociais, ao nelas se definirem os sujeitos, o objeto de regulamentação e o direito subjetivo vistos na relação jurídica.

Assim, de acordo com os ensinamentos de Kelsen (1998, p. 5),

> o conhecimento jurídico dirige-se a estas normas que possuem o caráter de normas jurídicas e conferem a determinados fatos o caráter de atos jurídicos (ou antijurídicos). Na verdade, o Direito, que constitui o objeto deste conhecimento, é uma ordem normativa da conduta humana, ou seja, um sistema de normas que regulam o comportamento humano. Com o termo 'norma' se quer significar que algo deve ser ou acontecer, especialmente que um homem se deve conduzir de determinada maneira.

Hans Kelsen, assim como outros importantes pensadores, dentre os chamados positivistas lógicos, não se conformou com a falta de exatidão do Direito. Destarte, procurando uma resposta para a cientificidade do conhecimento jurídico (Direito como Ciência), procurou demonstrar que o Direito é Ciência fora do domínio da cogitação ético-filosófica, política e sociológica: objetivando desposar o Direito de toda subjetividade. Com esse objetivo criou sua Teoria Pura do Direito.

Na sua Teoria pura do direito o nosso autor concluiria o seguinte: na afirmação evidente de que objeto da Ciência Jurídica é o Direito, está contida a afirmação, menos evidente, de que são as normas jurídicas o objeto dessa ciência, e a conduta humana só o é na medida em que determinada nas normas jurídicas como pressuposto ou consequência, ou na medida em que constitui conteúdo de normas jurídicas. (KELSEN, 1998)

Por meio da *Teoria Pura do Direito,* Hans Kelsen confrontou-se com acepção sociológica do direito. De acordo a sua teoria, a ciência do direito não tem nada a ver com a conduta efetiva do homem, só com o prescrito juridicamente. Não é, pois, uma ciência de fatos, como a sociologia, mas uma ciência de normas; o seu objeto não é o que é ou que acontece, mas sim um complexo de normas que definem um sistema separado da chamada ciência dos fatos, a saber: a sociologia e a psicologia. Assim, a *Teoria Pura do Direito* se distingue da tradicional ciência dogmática do direito, que se propõe conhecer certo direito positivo no seu particular conteúdo e no seu nexo sistemático e facilitar a aplicação do mesmo. A *Teoria Pura do Direito*, muito ao invés, não se preocupa com o conteúdo, mas só com a estrutura lógica das normas jurídicas. Ela apreende, pois, o conteúdo jurídico do sentido de certo evento que, como tal, é um fragmento da natureza, determinado por leis causais, ao subsumi-la a uma norma jurídica que retira a sua validade de ter sido produzida de acordo com outra norma situada acima daquela. Em compensação, a *Teoria Pura do Direito* abandona o aspecto fático desse acontecer, por exemplo, os intuitos e os motivos do legislador, bem como a eficácia da regulamentação que estabelece, a outra ciência, que é a sociologia do direito: como ciência de fatos. (LARENZ, 1983, p. 83-85)

Ao afirmar que o direito pode ser caracterizado como conjunto de normas e regras, Kelsen observa que é necessário diferenciar tais regras de outras regras e, em particular, as derivadas das leis da natureza (na acepção da física). Nesse sentido, afirma o citado autor, as leis da natureza são enunciadas sobre o curso efetivo dos eventos, as regras jurídicas são prescrições para a conduta do homem. As leis da natureza são regras que descrevem como os eventos naturais efetivamente ocorrem, ou seja, quais são suas causas. As regras de direito referem-se apenas à conduta humana; elas especificam como o homem deve se conduzir e não dizem nada sobre o comportamento efetivo do homem e suas causas. Por isso, conclui o autor, a fim de evitar mal-entendidos (quanto à natureza do direito), é melhor não usar o termo regra neste contexto, mas, antes, caracterizar o direito como norma. (KELSEN, 2000, p. 52)

Como visto, o positivista legal Hans Kelsen procurou evitar o reducionismo, tratando o discurso legal como baseado num pressuposto fundamental segundo o qual o regime que está no controle efetivo dentro de certo território deve ser obedecido. Ele chamou esse pressuposto de norma básica. Kelsen adotou uma postura Ética não-cognitiva que negava a possibilidade de conhecimento das regras ou valores morais. O núcleo de sua obra consistiu na tentativa de demonstrar que o conhecimento científico das regras positivas legais era efetivamente possível. (SIMMONDS, 2002, p. 402)

Resumindo, as chamadas teorias "positivistas legais" insistem num conceito de direito moralmente neutro. Tais teorias se inclinam a analisar o direito em termos de característica meramente formal como a presença de sanções organizadas ou a publicação de uma regra impositiva (a saber, normas estabelecidas numa formulação verbal definida, como as cláusulas de um estatuto, ou uma norma explicitamente formulada e estabelecida por juiz), bastante independentes do bom ou mau conteúdo da lei e das obras ou das más intenções dos legisladores. (SIMMONDS, 2002, p. 391)

Dessa forma, os positivistas lógicos reduzem o Direito a uma Metodologia onde impera a lógica formal sob os conceitos de validade e de coerência normativa. Assim, o positivismo, nesta versão, é visto como o "inimigo mortal da Ciência do Direito; pois a degrada em trabalho manual; e, depois, trava uma luta de vida ou morte com ela". (IHERING, 2005, p. 57)

Herbert Lionel Adolphus Hart é considerado um importante jusfilósofo inglês. Autor de várias obras, porem a que mais nos interessa ao efeito do positivismo é o *Conceito do Direito*, onde o professor da Universidade de Oxford desenvolve sua sofisticada teoria sobre o positivismo jurídico nos moldes da filosofia analítica. Hart propõe sua clássica decomposição da norma em: primárias e secundárias, afirmando, assim, uma Teoria do Direito com base em normas justificadas nos ordenamentos jurídicos.

A relevância da sua obra está a perspectiva do Direito em face de um sistema jusfilosófico que se separa do jusnaturalismo e se aproxima do positivismo fechado, como resultado de um moderado judicialismo, uma espécie de orientação que dava maior importância e destaque à aplicação do Direito, como forma de criação do Direito. O positivismo em face da norma fez surgir várias teorias juspositivistas que buscam caracterizar o direito e dirimir supostos problemas doutrinários, a saber, o modo de ver o Direito: como fato ou como dado e não como valor.

Nesse sentido, ensina Bobbio "o direito é considerado como um conjunto de fatos, de fenômenos ou de dados sociais em tudo análogo àqueles do mundo natural; o jurista, portanto, deve estudar o direito do mesmo modo que o cientista estuda a realidade natural, isto é, abstendo-se absolutamente de formular juízos de valor. Na linguagem juspositivista, o termo 'direito' é então absolutamente avalorativo, isto é, privado de qualquer conotação valorativa ou ressonância emotiva: o direito é tal que prescinde do fato de ser bom ou mau, de ser um valor ou um desvalor. Deste comportamento deriva uma particular Teoria da validade do direito, dita teoria do formalismo jurídico, na qual a validade do direito se funda em critérios que concernem unicamente à sua estrutura formal (vale dizer, em palavras simples, o seu aspecto exterior), prescindindo do seu conteúdo; segundo o positivismo jurídico, a afirmação da validade de uma norma jurídica não implica também na afirmação do seu valor". (BOBBIO, 1995, p. 131)

Com base nessa variação positivista, outras tantas teorias surgem, a saber, *teoria da coatividade do direito*, *teoria da legislação como fonte principal do direito*, *teoria da norma jurídica*, *teoria imperativa do direito*, *teoria do ordenamento jurídico*, *teoria da coerência do direito*, *teoria da completude do ordenamento*, *teoria da interpretação normativa*, *teoria da obediência absoluta da lei* etc. que são devidamente tratadas na nossa obra: Teorias do Direito.

3.1.3.1.2 Positivismo inclusivo ou centrado na aplicação

O positivismo em face da aplicação é uma segunda variação do positivismo que promove a ideia de que são decisivos os problemas que resultam dos processos de interpretação e aplicação do direito. Tais processos só poderiam ser praticados pelos tribunais e pela administração pública.

O positivismo, nesses moldes, abandona a análise formalista do direito e reconhece que as teorias positivistas que têm como base a relação lógico-formal do direito se fundamentam num direito inativo e fracassado: "letra morta" ou "direito morto".

Nesse sentido, essa variação do positivismo, ensina Fernando Herren Aguillar (2003, p. 122) "somente se interessará pelo mundo dos fatos (além das normas jurídicas) na medida em que tais fatos sejam integrantes das normas e que a norma a eles remeta de alguma forma".

O argumento mais significativo desta variação do positivismo sustenta o nexo entre o direito e realidade sócio-jurídica. Eis uma inter-relação que preocupa ao jurista que se interessa pela efetividade do direito: o direito em movimento.

Todavia, os problemas surgidos da aplicação do direito motivaram o surgimento de várias concepções jurídicas que se confrontam com o positivismo formalista e suas teorias. O direito, assim, deveria ser considerado não como texto (letra da lei) nem como norma válida, mais como um direito vivo que nasceria do seu contato com a realidade. Tais eram as escolas positivistas antiformalistas que, a seguir, brevemente comentamos.

a) Jurisprudência dos interesses

De acordo com esta acepção, o direito, como conjunto de normas, se liga a um conjunto de conflitos de interesses. Assim sendo, todo conflito jurídico representa uma disputa de interesses que tem como base bens materiais e espirituais. E, ainda, a solução de tais conflitos se procura na afetação de tais interesses por meio de sanções jurídicas.

Daí a importância atribuída aos processos judiciais (procedimentos), dos quais somente o juiz pode conhecer. O argumento que define essa compreensão do direito se sustenta na ideia de que nem sempre as normas jurídicas preenchem as expectativas almejadas pelas partes. Contudo, é o juiz o único operador capaz de lidar com o comando legal e com os interesses divergentes das partes, até chegar a uma solução adequada (sentença). Essa corrente insiste em que a lei pode ser obscura e difusa durante a solução dos conflitos, portanto, corresponde aos tribunais decidir com flexibilidade observando o contexto social.

Desta forma, a função do juiz é aplicar a lei a uma realidade social. Por isso, se afirma que, "a jurisprudência dos interesses não é mais do que uma escola jurídica de corte sociológico, que se preocupa com as condições de aplicação do direito na realidade social, ou seja, com o contexto de conflitos de necessidade humana no qual o direito está inserido". Como principais representantes desta acepção se situam os juristas alemães da escola de Tübingen, cujo representante mais conhecido é Philipp Heck (1858-1943). (SABADELL, 2000. pp. 32 - 33)

b) Realismos jurídicos: americano e escandinavo

Na tradição filosófica o realismo seria uma orientação ou atitude que implica numa preeminência do objeto, dada a sua afirmação fundamental de que nós conhecemos "coisas". Daí o emprego da palavra realismo, que diz respeito às "coisas" (*res*) reconhecida como independente da consciência. Acrescenta-se que os realistas invocam a independência existente entre a percepção e os objetos da percepção. Todavia, por realistas no contexto filosófico, entender-se-ão aqueles para os quais a realidade jurídica é algo que se não reduz ao sujeito cognoscente, sendo suscetível de ser conhecida total ou parcialmente tal como é (*realismo tradicional* prevalecente entre os juristas adeptos do racionalismo clássico) ou a funcionalidade sujeito-objeto (*realismo crítico*), ou seja, reconhecendo-se na experiência jurídica a polaridade de *ser* e de *dever ser*, de elementos reais e valores, insuscetível de compreensão sem referibilidade ao espírito, mas não redutível a ele. (REALE, 2002)

Com o cunho de realismo jurídico, conhecem-se duas importantes correntes do pensamento jurídico contemporâneo, a saber, o *americano* e o *escandinavo*. Vejamos.

Com uma visão empirista, os realismos americano e escandinavo fundamentam o caráter do direito no precedente judicial (jurisprudência), toda vez que se diz resultado do sistema jurídico *common law*.

O realismo jurídico, corrente reformista dos anos 1905 e seguintes, tinha como finalidade propiciar que o direito se manteve uma estreita correspondência com a sociedade, para o qual se propunha um direito novo, um direito em ação. O *realismo americano*, por exemplo, se funda na tradição jurídica americana onde se concebe o direito como uma ciência que tem como princípio o estudo de *cases*. Eis que a pretensão do pensamento clássico progressista fez reconhecer a necessidade de adaptar o direito à realidade com uma maior flexibilidade.

Em verdade, a evolução histórica do direito norte-americano exigia uma modernidade, isto é, uma adaptação às visíveis transformações socioeconômicas que resultavam do desenvolvimento científico e tecnológico do século XIX e XX.

De fato, o realismo apontou para certo ceticismo jurídico que abrangia: a norma, "*céticos da norma*" e os fatos "*céticos dos fatos*". Os primeiros buscam uma certeza jurídica maior. Estão convencidos de que as "regras de papel", as regras pronunciadas pelos juízes não bastam para tomar uma decisão previsível. O segundo grupo pretende reencontrar a realidade das normas, mas não se limita às decisões das Cortes Supremas, nem acredita que a busca de uma certeza jurídica seja plausível. De fato, por mais objetiva e precisa que seja a norma, a predição de uma decisão não pode ser feita, em virtude da incerteza dos fatos implicados em cada processo. Dessa forma, o realismo norte-americano propõe essencialmente o estudo da prática jurídica, isto é, dos fatores que influenciam as decisões dos tribunais. (HERREN, 2003, p. 127)

Como principais representantes dessa variação, destacam-se os juristas dos EUA, a saber: Oliver Wendell Holmes (1841-1935), Roscoe Pound (1870-1964), Karl Llewellyn (1893-1962).

O realismo escandinavo foi, a partir dos anos vinte, a corrente filosófica dominante nos países escandinavos que se propõe dar preponderância ao modo de aplicação da norma em cada momento histórico (direito em ação). Assim, o título de realista, para o professor Fernando, responde à sua pretensão de explicar o direito "tal e como é na realidade". Da mesma forma que o realismo americano, o escandinavo trata do fenômeno jurídico, ora considerando o direito como um fato social e não como um conjunto de normas abstratas.

Como adeptos desta corrente, assinalam-se destacados juristas dos países da Escandinávia, Axel Hägerström (1868-1939), Anders Vilhelm Lundstedt (1882-1955), Karl Hans Knut Olivecrona (1897-1980) e Alf Ross (1899-1979).

Em suma, para os representantes do realismo jurídico toda teoria jurídica deve unicamente descrever as decisões dos órgãos que são competentes para aplicação do direito. Um realista nega das normas jurídicas sua relevância, ao partir da ideia de que o direito plasmado na lei não é absolutamente suficiente para resolver conflitos. Assim, mais importante que o conteúdo da norma jurídica escrita é a maneira de aplicá-la em cada contexto.

c) Escola histórica do direito

As concepções positivistas que aqui nos ocupam fazem uma leitura sociológica do direito procurando determinar a relação que existe entre a realidade social e a norma jurídica. Diz-se que as teorias sociológicas ou realistas do direito consideram que o direito é constituído de disposições jurídicas aceitas e adotadas pela sociedade. Nessa perspectiva, entre as diversas formas de abordar o direito, destacam-se: a escola histórica e a escola marxista-leninista. Vejamos.

A escola histórica, datada na primeira metade do século XIX, apresentou-se como contrapartida das teorias do direito natural racional, pelo qual seus maiores representantes afirmaram que o direito não decorre de uma razão universal válida para todo o gênero humano.

Para os seguidores das ideias desta escola, o direito é a expressão da vontade de um povo, do espírito de um povo e, portanto, é um produto histórico que depende do modo de vida de cada povo, de cada nacionalidade e, portanto, sua expressão depende, em grande medida, das tradições populares.

Assim sendo, a norma jurídica (o direito escrito) não deve ser vista como a única fonte do direito, pois a fonte verdadeira está nas tradições populares. É nesse sentido que tal escola transita pela observação do caráter social dos fenômenos jurídicos como um fator importante para o direito.

A escola histórica do direito teve como principais representantes os juristas Gustav Hugo (1764-1844) e Friedrich Carl von Savigny (1779-1861). Gustav Hugo, ensina Tércio Sampaio (1980, p. 27-28), estabelece as bases para uma revisão do racionalismo histórico do jusnaturalismo, desenvolvendo metodicamente uma inovadora sistemática do direito em que a relação do mesmo com a sua perspectiva histórica é acentuada, antecipando-se, assim, aos resultados obtidos pela Escola Histórica. Assim, propõe, segundo o paradigma kantiano, uma divisão tripartida do conhecimento científico do direito, correspondente a três questões fundamentais, vinculadas à "dogmática jurídica", à "Filosofia Jurídica" e à "história do direito". Tal tripartição revelaria por si só uma nova acepção da historicidade que não ficará sem reflexos na metodologia do século XIX. Portanto, a nova acepção da "historicidade" permitirá a qualificação do acontecimento presente como História, criando-se a possibilidade de uma compreensão da *ciência jurídica* como *ciência histórica*, aparecendo a dogmática jurídica como história do direito, ou, pelo menos, como a continuação desta como outros instrumentos. Desse modo, Hugo propõe conceber o direito positivo não como o desdobramento dedutivo do código da razão e, ao mesmo tempo, como comprovação da racionalidade (direito natural dogmático), mas como *fenômeno histórico* (direito natural crítico ou Filosofia Jurídica positivo). Desenvolve essa acepção em termos de uma "antropologia jurídica", que lhe deveria fornecer os critérios para um juízo crítico do próprio acontecimento histórico.

Outro representante importante da escola histórica foi Savigny, com quem tal acepção transformou-se numa teoria sistematizada. Com Savigny o sistema jurídico perde seu caráter lógico-dedutivo. Savigny destaca a visão dos "institutos de direito" como um conjunto de elementos em constante desenvolvimento.

A Escola Histórica teve o grande mérito de pôr a si a questão do caráter científico da Ciência do Direito. A expressão *juris scientia* é criação sua, como é seu o empenho de dar-lhe este caráter, mediante um método próprio de natureza histórica. Tendo o direito a sua essência pela história. A Escola Histórica, sobretudo por intermédio de Savigny, pretendeu estabelecer uma íntima ligação entre Direito e História, entre Ciência do Direito e sua pesquisa histórica. Savigny exigia da investigação científica do direito o reconhecimento uniforme do valor e da autonomia de cada época, conforme os princípios da ciência histórica. (FERRAZ, 1980, p. 27-28)

d) Escola marxista

Foi a partir das obras de Marx (1818-1883) e Engels (1820-1895) que se começou a desenvolver um conjunto de teorias baseadas na dialética materialista e o materialismo histórico.

Do intenso trabalho de Karl Marx herdamos uma enorme quantidade de textos, muitas vezes no estado de manuscritos que posteriormente foram publicados graças à significativa participação de seu amigo e admirador Friedrich Engels. É em tais textos que encontramos diversas noções relativas à Filosofia, à Política, à Economia e ao Direito.

Diz-se que Marx e Engels caracterizam as leis fundamentais e decisivas da vida social, criando o materialismo histórico. Para o marxismo, as relações jurídicas não podem ser compreendidas por si mesmas nem explicadas pelo chamado progresso da mentalidade humana, pois elas estão enraizadas nas condições materiais da vida. Assim, o direito como fenômeno social, se erige sobre a base da estrutura econômica da sociedade (formas de propriedade), ele está condicionado e é produto de dita estrutura. Tal característica é comum para todo tipo de fenômeno superestrutural, tais como: a política, a arte, a moral, a religião, a filosofia, etc., porém, nem todos os fenômenos têm o mesmo grau de dependência da estrutura econômica da sociedade. O desenvolvimento político, jurídico, filosófico, religioso e literário de um povo descansa no seu desenvolvimento socioeconômico, assim sendo, o direito e a moral são condicionados, de forma direta e imediata, pelas suas relações econômicas do país em questão.

O marxismo concebe o direito como um fenômeno social, isto é, como um elemento superestrutural da sociedade que entranha a determinação do nexo que vincula as ideias jurídicas às instituições econômicas e sociais. Destarte, o fenômeno jurídico, como um elemento da superestrutura social, se expressa por meio de diferentes formas, a saber: a) normas jurídicas; b) relações jurídicas; c) instituições jurídicas; d) ideias e conceitos jurídicos; e d) teorias e doutrinas jurídica que justificam ou defendem a ordem jurídica, de acordo com o interesse de classe.

Com críticas ao sistema burguês, os marxistas continuam a insistir em que as ideias burguesas são produto das relações de produção e da propriedade de seu próprio sistema, como também o direito não é mais do que a vontade da classe erigida em lei; vontade cujo conteúdo está determinado pelas condições materiais de existência de classe. Marx e Engels apresentaram assim o fenômeno jurídico em seus elementos: a) subjetivos, representados pela vontade da classe; e b) objetivo, pelas condições materiais de vida social. Assim sendo, o direito é visto como a expressão autoritária dos interesses sociais e pelos quais cada classe elabora se próprio direito.

A acepção marxista do direito se distingue de outras concepções sociológicas por hierarquizar os fatores sociais. Para os marxistas, o direito (a lei) deve se corresponder com o nível econômico da sociedade. A doutrina marxista, com o intuito de ser levada à prática, foi revista e adaptada por diversos partidários e líderes comunistas. A infelicidade de tal adaptação gerou a deformação da orientação socioeconômica, política e jurídica originalmente proposta pelo seu autor.

Em suma, devida a essa diversidade de correntes, variações, escolas e acepções, o estudioso do direito sente a necessidade de sustentar a superioridade de algumas respostas em face de outras, todas oscilando do positivismo ao jusnaturalismo racionalista. Nessa encruzilhada, importantes juristas perceberam que "o direito pode ter um estatuto científico sem almejar produzir leis de validade universal e sem incorrer nos sérios problemas do relativismo, do ceticismo e do niilismo" (HERREN, 2003, p. 12). (Descrença absoluta).

3.1.3.2 Contribuição metodológica: aplicação e integração do direito

Os procedimentos de integração (auto-integração e heterointegração) do sistema jurídico têm a ver com todos os fatores anteriormente abordados. Fala-se de uma heterointegração quando o sistema jurídico recorre a outro sistema diferente para levar a cabo a tarefa de complementação. É um procedimento próprio de sistemas jurídicos pouco desenvolvidos que pressupõem outro melhor e mais perfeito. É o sistema dos chamados direitos supletórios, muito usado até o tempo da Codificação. O direito romano, em sua função de direito comum e de razão escrita, supria as deficiências dos direitos particulares. Hoje, o sistema de heterointegração é utilizado não com respeito ao ordenamento jurídico considerado como unidade total, mas para algumas de suas partes pela relação que elas guardam entre si. Desta feita, o Código Civil é supletório de outros corpos legais e nas relações entre estes se produzem também formas de heterointegração por remissão de uns a outros. Por isso o Código de Comércio se remete ao Código Civil, na matéria processual, etc.

A autointegração do sistema pode ser feita por meio de diferentes métodos para se lograr a expansão lógica do direito positivo, expansão esta que coincide com o que em termos gerais pode ser chamado método analógico e é o preconizado, sobretudo, pela concepção rigidamente positiva do ordenamento que não admite a existência de outras normas que não as positivamente estabelecidas. Diferente é o sistema de integração do ordenamento mediante a busca e aplicação de princípios gerais de direito, com o que se chega ao que pode ser chamado de integração principal, pois, à falta de toda norma ou costume, sempre existirá um princípio geral de direito que seja aplicável. (DIEZ-PICAZO, 1995, p. 122)

Para Limongi França, havendo lei expressa, o problema não oferece maior dificuldade. Esta, porém, exsurge quando se trata de assunto não previsto convenientemente num diploma legal, contingência a respeito da qual, várias orientações se têm formado. Assim, três são, segundo o citado autor, as orientações principais, a saber:

1. Diante da lei omissa ou obscura, o juiz deverá simplesmente declarar o autor carecedor de direito, por falta de fundamento.

2. O juiz deverá remeter o caso à autoridade competente para fazer leis, solicitando a elaboração da norma aplicável.

3. O juiz deverá julgar o pedido com base nos recursos supletivos para o conhecimento do direito, já enumerados em lei e já consagrados pela doutrina.

Em suma, mediante as fórmulas dos artigos 125 e 126 do Código de Processo Civil Brasileiro, uma regra fundamental torna-se clara e aplicável ao contexto pois o juiz, ao velar pela rápida solução do litígio, não poderá se eximir de sentenciar ou despachar alegando lacuna ou obscuridade da lei. No julgamento da lide, caber-lhe-á aplicar as normas legais; não as havendo, recorrerá à analogia, aos costumes e aos princípios gerais de direito.

3.1.4 Fundamento valorativo do direito: o direito supranormativo

À primeira vista, parece acertado dizer-se que a concepção supranormativa apresenta o Direito como uma área do conhecimento inerente à razão que se assenta num conjunto de valores e princípios inatos que não se encontram na realidade fenomenológica e sim *ideal*.

Deve-se ver essa concepção como oriunda do *racionalismo jurídico* e contrária ao *empirismo jurídico* quando afirma que:

> o direito empírico, aquele que a humanidade vive em casos particulares e concretos e se exprime em Leis ou em regras costumeiras, é por natureza mutável, variando de lugar para lugar, de época para época. Acima desse direito, existiria um tipo ideal de valores jurídicos, como expressão daquilo que é constante, universal na razão humana, sendo correspondente à natureza do homem em sua universalidade. Se surgiram logo empiristas do direito, também apareceram, paralelamente, racionalistas do direito. (REALE, 2002, p. 98)

Poder-se-ia, com efeito, afirmar que o unidimensionalismo valorativo do Direito é, igualmente, uma postura que privilegia a definição unidimensional da ciência, ora considerando o Direito a partir do seu domínio valorativo. É uma postura que objetiva destacar, em primeiro plano, o *pressuposto valorativo do Direito*, isto é, as características e conexões existentes entre os valores, os princípios e a conduta humana.

Sem dúvida, essa leitura unilateral do Direito considera que o *valor* é o elemento primário: o fator *ideal* que pressupõe a Ciência do Direito, contrariando, assim, outras correntes contrárias ou opostas, a saber: o *Direito como Fato* (ou Direito como Experiência), já estudado anteriormente, e o *Direito como Conjunto de Normas* (ou Positivismo Jurídico) que será estudado no próximo tema.

Ora, para melhor entender o racionalismo jurídico indagaremos, a partir da *Teoria dos Objetos*, o significado do vocábulo "Valor" e suas conexões possíveis com o *Direito*. A seguir, examinaremos as características ou indicadores que nos permitem afirmar que os *valores* também podem ser considerados *objeto*[10] do conhecimento jurídico.

Pois bem, a postura que privilegia o caráter valorativo da *Ciência Jurídica* é aquela que considera o Direito como um mero instrumento de realização dos valores. O fato é que segundo esta leitura, "o ordenamento jurídico estabelece a realização de fins,

---

[10] Acerca da significação da palavra "objeto", veja-se REALE, Miguel. *Filosofia do Direito*. 20. ed. São Paulo: Saraiva, 2002, p. 177. [*Objeto* é tudo aquilo que é sujeito de um juízo lógico, ou a que o sujeito de um juízo se refere. O estudo proposto pelo autor consiste em saber quais as *espécies* de *objeto* que podem ser tratadas pelas ciências, ou seja, que espécie de realidades que se conhecem. Importa, considera o autor, determinar a natureza e a estrutura da *realidade jurídica*, visando situar o *fenômeno jurídico* como *objeto* da Ciência do Direito. Assim, para atingirmos uma noção clara quanto ao Direito, Miguel Reale discrimina as possíveis esferas do ser enquanto *objeto* do conhecimento].

a preservação de valores e a manutenção ou a busca de determinados bens jurídicos essenciais à realização daqueles fins e à preservação desses valores". (ÁVILA, 2009, p. 34-35)

Eu digo: o problema do *valor* é um problema que nada tem a ver com a cientificidade do Direito, mas com a prática jurídica, isto é, com a elaboração, a interpretação, a integração ou a aplicação da norma jurídica. Eis que o cientista não se preocupa em assumir uma postura *favorável* ou *contrária* perante os fatos, relações e consequências jurídicas. O cientista deve-se importar com a descrição dos fatos e com a explicação das suas causas e consequências e não com os juízos valorativos. Entretanto, quando pensamos nos *valores,* idealizamos o que é *bom, justo, reto, honesto* ou *correto*. E, ao contrário do cientista, nos deparamos com uma nova perspectiva *ideal* onde as conclusões não são unívocas.

Admitido isso, parece necessário apresentar uma significação dos *valores*. A nossa preocupação, por ora, é discursar acerca dos fatores que sustentam a concepção unidimensional valorativa do Direito, a saber, os *valores* e os *princípios*.

Antes de tudo, permitam-me introduzir o que pode vir a ser considerado como uma significação do vocábulo "valor": o *valor* pode ser definido como um importante referente *não empírico*, porém, *ideal* invocado pelo ser humano na orientação de seus atos. É absolutamente certo que todo homem age conforme a uma crença ou a uma orientação pautada por um determinado *valor* ou *contra-valor* que não podem ser vistos, não podem ser apalpados, porém *pensados*.

Conforme ensina Miguel Reale (2002, p. 191-192, 195-196, 208), os valores não possuem uma existência em si, *ontológica*, mas se manifestam nas coisas valiosas. Os valores não constituem uma realidade ideal que o homem contempla como se fosse um modelo definido. Os valores são algo que o homem realiza em sua própria experiência e que vão assumindo expressões diversas através do tempo. Os valores representam o mundo do *dever ser*, das normas ideais segundo as quais se realiza a existência humana, refletindo-se em atos e obras, em formas de comportamento e em realizações de civilização e de cultura, ou seja, em bens que representam o objeto das ciências culturais.[11]

Vejam que no primeiro parágrafo desta epígrafe usamos as palavras *valor* e *contra-valor*. É possível, todavia o uso da palavra *desvalor*. Pois bem, o valor é sempre bipolar: a um *valor* se contrapõe um *contra-valor* (ou *desvalor*), ao *bom* se contrapõe o *mau*; ao *belo*, o *feio*; ao *nobre* o *vil*; e o sentido de um exige o de outro. Valores e contra-valores se conflitam e se implica em um processo. A dinâmica do direito resulta dessa polaridade estimativa, por ser o direito concretizado de elementos axiológicos. A dialeticidade que anima a vida jurídica, em todos os seus campos, reflete a bipolaridade dos valores, dado que a vida jurídica se desenvolve na tensão de valores e contra-valores. O Direito tutela determinados valores, que reputa positivos, e impede determinados atos, considerados negativos. Logo, até certo ponto, poder-se-ia dizer que o Direito existe porque há possibilidade de serem violados os valores que a sociedade reconhece como essenciais à convivência. (REALE, 2002, p. 189-190)

[11] O nosso autor, explica a natureza do valor destacando correntes importantes, a saber, *subjetivista*, em torno da qual se situam as teorias psicológicas da valoração que sustentam a ideia de que *valioso é o que nos agrada, causando-nos prazer, voluntarismo*, que liga o problema do valor à satisfação de um desejo, de um propósito, a uma base sentimental-volitiva e para a qual *valioso é o que desejamos ou pretendemos*. Todavia prevalecem soluções de tipo eclético se afirmando que *valioso é o que nos causa prazer, suscitando o nosso desejo*.

Prestemos também atenção para a frase: os valores não podem ser vistos, não podem ser apalpados, porém *pensados*. Eis que os valores, considerados *objetos ideais*, não existem fisicamente, não podem ser concebidos no espaço e tempo.

Mui facilmente podemos concordar com a ideia de que os valores possuem realidade a-espacial e atemporal, ou seja, apresentam um modo de "ser" que não se subordina ao espaço e ao tempo. Mas, independentemente dessa característica, os valores só se concebem em função de algo existente, ou seja, das *coisas* valiosas. Assim, diferentemente das coisas materiais, os valores não são quantificáveis; os valores não admitem qualquer possibilidade de quantificação. Daí que os valores sejam imensuráveis, insuscetíveis de serem comparados segundo uma unidade ou denominador comum. Dissemos também que todo homem age conforme uma crença ou orientação pautada por um determinado *valor*. Em verdade, cada homem é guiado em sua exigência pelo primado de determinado valor, pela supremacia de um foco de estimativa que dá sentido à sua concepção de vida. Para uns, o belo confere significado a tudo quanto existe, de maneira que um poeta ou um escultor, por exemplo, possui uma concepção estética da existência, enquanto que outro se subordina a uma concepção ética, e outros ainda são levados a viver segundo uma concepção utilitária e econômica à qual rigidamente se subordina. Segundo o prisma dos valores dominantes a Axiologia se manifesta, pois, como Ética, Estética, Filosofia da Religião etc. (REALE, 2002)[12]

No nosso entender, vivemos num mundo orientado por valores que parecem estar ordenados hierarquicamente conforme as necessidades e os interesses primários e secundários orquestrados na convivência social.

Conforme interpretação de Hart (1987, p. 17) "é um fato contingente que Direito e Moral frequentemente se justapõem [...]" existe assim uma contradição ou um paradoxo na afirmativa de que uma regra considerada válida venha a colidir com princípios morais.

Mas, contrariamente a essa interpretação, podemos facilmente conflitar, usando as lições de Norberto Bobbio (2001), quem no ensina que uma norma pode ser válida sem ser justa, pois tais critérios de valoração são independentes.

Evidentemente, somos cercados por um mundo de valores que condicionam a convivência social, valores involuntariamente ordenados, constantes e universais, que podem e devem ser difundidos evitando assim a supremacia dos contra-valores numa sociedade que se sabe em crise moral. Eis o que nos autoriza a falar em universalização da ética, ou melhor, a pensar em Ética Pública, coletiva de todos e para todo ser humano: universal e não nacional, particular ou individual. A tarefa é árdua, não é tão simples falar em universalização dos valores, mas o esforço se justifica pelas consequências: desenvolvimento socioeconômico, político e, em geral, humano.

---

[12] Miguel Reale distingue os objetos *físicos* dos *psíquicos*. Afirma que a ciência pode versar sobre objetos naturais, como quando o químico estuda as propriedades do hidrogênio, do oxigênio ou de um metal. A característica dos objetos físicos é o fato de não poderem ser concebidos sem referência ao *espaço* e ao *tempo*: espaço-tempo. Para o autor os exemplos mais simples que temos de objeto físico são as *coisas* e o *corpo físico*. Porém, no plano da consciência, explica Reale, verificamos que há todo um mundo suscetível de uma ordem de indagações da Psicologia como ciência, a saber: as *emoções*, as *paixões*, os *instintos*, as *inclinações*, os *desejos*, são todos elementos sobre os quais a ciência volve sua atenção, procurando caracterizá-los e explicá-los por meio de laços constantes de coexistência ou de sucessão. Tais elementos, entretanto, não podem ser concebidos no espaço, porque *apenas duram no tempo*. Uma emoção: a ira o ódio não está no homem como uma coisa corpórea, não existe no espaço, somente no tempo: a emoção é enquanto dura.

Vamos agora ensaiar uma ordenação hierárquica dos valores. A nosso ver, existe um valor *primário* e outros valores *secundários*. Como se verá no seguinte diagrama a conexão entre o valor primário e os secundários se realizam por meio do que propomos chamar de Convivência Social Condicionada. Vejamos.

VIDA

(Valor Primário)

⇩

VIDA EM SOCIEDADE

(Convivência Social Condicionada)

⇩

AMOR, VERDADE, BOM, BELO, ÚTIL, NOBRE, BEM, JUSTO, DIGNO etc.

(Valores Secundários)

A *Vida* (vida humana) é o *valor fonte* ou fundamental do qual depende a existência do homem (a pessoa). A vida é condição básica, nascer vivo é condição de personalidade[13]. A *Vida em Sociedade* (Convivência Social Condicionada) é condição intermediária e indispensável para o desenvolvimento do homem, pois o ser humano não se realiza vivendo isoladamente, sem contato com seus semelhantes. É na convivência social que se realizam os valores secundários, a saber, o amor, o belo, a paz, a liberdade, a segurança, a igualdade, o bem-estar, quando o útil e se torna verdadeiro, o bom, o nobre, o justo e o digno se tornam necessários. Todavia, implícito no *Amor* encontramos o Respeito, o Perdão, a Complacência, a Condescendência, o Afeto, a Pureza, a Obediência. A *Verdade* implica Retidão, Franqueza, Sinceridade. O *Bom* envolve o Benévolo, o Bondoso, o Benigno. *Belo* é o Agradável, o Sublime, o Majestoso, o Grandioso, o Imponente. *Útil* é o Favorável, o Lucrativo, o Proveitoso, o Vantajoso. *Nobre* é o generoso, longânime, o magnânimo (grandeza de alma). *Bem* é o que é certo (correto) o que causa felicidade e benefício nas pessoas. *Justo* é o Equitativo, o Imparcial o Preciso. *Digno* é o Apropriado (o Adequado), a Decência e o Decoro que exigem respeitabilidade.

É com base nessa ordem, por exemplo, que somos impelidos à Defesa do Meio Ambiente, à Tutela das Relações Jurídicas: contratuais e consumeristas, à Proteção da Mulher, dos Menores, dos Idosos, do Trabalhador etc. Segundo esse ponto de vista, por exemplo, surgem os debates sobre Desenvolvimento, Bem-estar Social, Inclusão Social, Justiça Social, entre outros importantes temas.

E aqui se coloca uma debatida questão: *os valores são objetos ideais, permanentes e universais*?

---

[13] Vejam-se os artigos: 2º e 6º do Código Civil. [*Artigo 2º- A personalidade civil da pessoa começa do nascimento com vida; mas a lei põe a salvo, desde a concepção, os direitos do nascituro. Artigo 6º- A existência da pessoa natural termina com a morte; presume-se esta, quanto aos ausentes, nos casos em que a lei autoriza a abertura de sucessão definitiva*].

Eis aí a resposta: os valores são construções ideais universais e permanentes por nascerem da espiritualidade humana. Por conseguinte, Vida, pessoa humana, amor, verdade etc. são valores históricos, universais e permanentes. Logo, o ser humano e a própria sociedade não teriam sentido sem tais valores. Não há valores que possam ser apreciados plenamente sem se levar em conta todos os demais, a experiência pessoal e a coletiva. (REALE, 2002)

Façamo-nos agora, a seguinte pergunta: *como o valor se faz presente no Direito*?

Eis aqui a nossa tese: O valor passa ao Direito por meio dos princípios, proposições que, envolvendo valores, transformam o Direito em um instrumento que objetiva a *ordem jurídica*.

É absolutamente certo que a vida jurídica se expressa numa luta incessante contra a transgressão legal e o delito, para salvaguarda de *valores*. Nessa luta, os valores "se impõem aos indivíduos, muitas vezes contrariando frontalmente seus desejos". (REALE, 2002, p. 199-200)

Valores não devem ser recriados ou reinventados, porém, difundidos nas sociedades. Vemos como em alguns regimes políticos[14] o amor ao patriotismo, ao internacionalismo, ao heroísmo, à revolução etc. é projetado e, muitas vezes, imposto, objetivando-se a obediência social a uma ideologia e a interesses de grupos.

Não é exagerado, no entanto, afirmar que *Ser* e *Dever Ser* são duas das várias facetas do Direito. Ora, do *ser* não podemos passar ao *dever ser* de forma mecânica, pois os domínios do Direito não se expressam numa ordem causal necessária. Daí não é correto afirmar que o *fato* é causa da *norma*. Precisa-se de uma passagem, de uma ligação intermediária que comunique o fato (a conduta) à prescrição. Eis que "o Direito só compreende o *ser* referido ao *dever ser* [...]. A atitude do jurista implica uma tomada de posição perante os fatos, perante aquilo que na conduta humana se refere a valores" (REALE, 2002, p. 188, 193). Vejamos.

MUDO DO SER	MUNDO VALORATIVO	MUNDO PRESCRITIVO
S é *P*	*S* é Ruim Logo, *S* deve ser proibido	É proibido *S*

Quanto a este entendimento são as nossas *emoções* as que nos comunicam com o mundo dos *valores*. As emoções[15] constituem-se no ponto de ligação intermediária entre o fato e o valor. Assim, *fato*, *emoção* e *valor* são construtos interconectados. Vejamos o seguinte exemplo: a *indignação* que inspira um *crime cometido contra criança inocente* se funda num *valor*.

a) *Fato*: Crime cometido contra criança inocente.

b) *Emoção*: tristeza, raiva, indignação.

c) *Valor primário*: *Vida*.

d) *Valores secundários*: amor, compaixão, justiça etc.

---

[14] Regime sociopolítico, econômico e jurídico cubano vigorante desde 1958.

[15] *Emoção*: Diz-se da comoção moral, reação do espírito, originada por diversos acontecimentos (fatos ou condutas) e que tem como consequências agradáveis: a *alegria*, a *felicidade*, o *contentamento*, a *satisfação*, o *júbilo* etc. ou como consequências desagradáveis: a *pena*, a *tristeza*, a *raiva*, a *indignação* etc.

E agora, no que diz respeito à oposição possível entre *valor* e *valoração material* devemos estabelecer uma distinção. A realização dos valores pelo Direito não se dá por meio de um cálculo ou cômputo matemático. O valor não admite contabilidade ou quantificação. O valor é uma projeção ideal e não material ou empírica. Vê-se, assim, o valor como um *dado* que nos permite formular juízos de realidade, distinguindo, desta forma, *objetos naturais* e *objetos ideais*.

No que se refere, por exemplo, à Filosofia Jurídica, veremos que o seu problema nuclear é o do *valor do justo*, de que cuida a Deontologia jurídica. Afirma-se assim que quem filosofa *valora*. *Valorar* não é *avaliar*. *Valorar* é ver as coisas sob o prisma de valor. Quando se compra um quadro, não se valora, mas se *avalia*. Em tal caso, compara-se um objeto com outros. Valorar, ao contrário, pode ser a mera contemplação de algo, sem cotejos ou confrontos, em sua singularidade sob um prisma de valor. *Valorar* e *avaliar* são, portanto, palavras de sentidos distintos, embora complementares. A Filosofia implica em valoração. Não é possível fazer crítica filosófica sem subordinar o criticado a um ângulo estimativo, dotado de *objetividade*. (REALE, 2002)

Além disso, o domínio valorativo do Direito é ideal e abstrato[16]. É um domínio próprio do Direito e não das ciências naturais, em que se albergam entidades ideais e abstratas que, como visto, exclui-se de qualquer condição *temporal* e *espacial*. Tais entidades são parcialmente diferentes daquela das quais cuida a Lógica e a Matemática.

Admitimos, pois, que, um número, uma fórmula matemática, um quadrado ou qualquer figura geométrica etc. são entidades ideais, certo? Elas não têm existência física real, pois existem somente quando pensados: existem na mente humana. É claro que os valores também existem quando pensados. Mas, ao contrário do que possa ser pensado os valores se realizam em função de uma finalidade, de uma ordem e de um agir. Eu digo: o valor *Vida* existe para ser respeitado, o *Amor* nega o desamor, a *Beleza* justifica a estética etc. Dessa forma, os valores são mais do que meros objetos ideais, pois eles, além de serem objetos ideais, se concretizam em normas: princípios e regras com a finalidade de serem observados e respeitados.

Dissemos que as ciências naturais não possuem o prisma valorativo que é próprio da Jusfilosofia e da Ética. Daí dizer-se com acerto que as ciências naturais não se ocupam com valorações (REALE, 2002). No Direito, diferentemente do que acontece nas ciências naturais, a conduta humana forma parte da *realidade jurídica*. A conduta, no Direito, pode ser objeto de *descrição*, de *valoração* e de *prescrição jurídica*. Assim, afirmamos: *eis uma decisão, essa é uma decisão correta, justa e imparcial, assim é como toda decisão deveria ser* ou *devemos prescrever para que toda decisão assim seja no futuro*. Logo, *é proibido deixar de observar as regras que orientam as nossas decisões*. Assim, por exemplo, para que uma decisão seja considerada correta, o juiz deverá observar algumas regras da hermenêutica[17]. Logo, o *ser* o *dever ser* tornam-se construtos próprios do Direito.

É óbvio que, no campo das ciências naturais podemos *descrever* ou *significar* um fato ou fenômeno natural, ex. *chuva é a água que cai do céu em determinada proporção*. Podemos até caracterizar: *eis uma chuva torrencial* ou *é muita chuva*. Porém, não caberia (é absurdo) *prescrever* o fato natural: *toda chuva assim deveria ser*; logo *é permitido chover* ou *é proibido garoar*.

---

[16] Entidades abstratas e diferentes daquela que são cuidadas pela Lógica e pela Matemática.

[17] Vejam-se os artigos 4º e 5º da Lei de Introdução ao Código Civil. [Art. 4º- Quando a lei for omissa, o juiz decidirá o caso de acordo com a analogia, os costumes e os princípios gerais de direito. Art. 5º- Na aplicação da lei, o juiz atenderá aos fins sociais a que ela se dirige e às exigências do bem comum].

Os problemas das ciências naturais são outros: o ideal das ciências naturais seria o da despersonalização completa do observador, para que a realidade pudesse ser surpreendida de maneira objetiva, exata e rigorosa. O filósofo não pode, de maneira alguma, pretender igual objetividade, porquanto há sempre um coeficiente de estimativa, o que dizer à pessoa do filósofo como elemento integrante, inseparável de seu filosofar, além das circunstancias histórico-culturais em que ele se situa e que também condicionam o trabalho do cientista. Certamente, no Direito há o problema do *valor da conduta* ou do *valor da ação*, do bem a ser realizado que se constitui em capítulo a ser estudado pela Ética. O Direito, como experiência humana, situa-se no plano da Ética, referindo-se a toda a problemática da conduta humana subordinada a normas de caráter obrigatório (REALE, 2002). Veremos, na próxima epígrafe, a relação entre o *valor* e a *conduta* ou ação.

O ser humano *age* conforme uma crença num *valor* ou movido por uma *emoção*. Pessoas tomam uma atitude perante o mundo conforme a uma crença ou movido por emoções. Dessa forma, agimos conforme o que cremos ser correto, bom e justo, mas muitas vezes tal crença é originada com base no individualismo, no egoísmo, no interesse ou na utilidade material imediata.

Em verdade, a *conduta individual* se conecta com o mundo dos *valores* muitas vezes compreendidos de forma individual. O que é bom e justo para uns pode não ser para outros. Daí, que existam diversas formas de interpretar a vida e o comportamento social. Um criminoso, por exemplo, poderia argumentar que a sua conduta antissocial se justifica pela falta de oportunidade, pela exclusão social que lacera o valor "Vida". Assim, seu conceito de vida (vida em sociedade) fica embaraçado pela sua compreensão e suas formas de vida. Sendo que: roubar, matar, delinquir encontra uma justificação num mundo silencioso de *contra-valores* onde o transgressor cresce e se desenvolve.

Segundo o ponto de vista anterior, o valor implica sempre uma tomada de posição do homem. Daí a relação do *valor* com a *conduta humana* descansa na relação do *valor* com a *realidade*. Deve-se ver que o valor aponta para um sentido determinante da conduta humana, pois o valor envolve uma orientação. Em verdade,

> todo valor contrapõe-se ao já dado, ou seja, ao que se apresenta como mero fato aqui e agora, como pura realidade fenomênica: o valor, em suma, contrapõe-se ao fato, não se reduz jamais ao fato. Ao mesmo tempo, porém, todo valor pressupõe um fato como condição de sua realidade, embora sempre o transcenda. (REALE, 2002, p. 190)

Todavia, um político ou uma classe política pode crer como *justo* (comum ou normal) dilapidar a coisa pública. Vê-se aí um incluído social, um ser estudado e preparado para a vida, que incorpora e observa um grupo de contra-valores que se distancia do interesse social.

Resumindo, "toda teoria do valor tem como consequência, não causal, mas lógica, uma teleologia ou teoria dos fins. Daí dizermos que fim não é senão um valor enquanto racionalmente reconhecido como motivo de conduta". (REALE, 2002, p. 191)

O que devemos fazer? Como entender, justificar ou demonstrar que a conduta de um criminoso e de um político corrupto é socialmente inaceitável por ferir um sistema de valores?

A seguir, discutiremos soluções possíveis para essas indagações, analisando a passagem do valor para o Direito, por meio dos princípios. Sem dúvida, os princípios do Direito são pressupostos do conhecimento e da prática jurídica. Os princípios do Direito são critérios ou fins que informam o saber jurídico e a melhor maneira de interpretar e aplicar do Direito, suas normas.

Digamos que o Direito se constrói por meio de princípios. O princípio é o recurso jurídico (construção linguística: proposições básicas) por meio do qual importamos para o sistema jurídico os *valores* que justificam o Direito e suas normas: eles contêm valores que orientam a prática jurídica. Então, de modo geral, os princípios são importantes recursos hermenêuticos que orientam no processo de interpretação, pesquisa e aplicação (integração) do Direito.

Conforme explica Humberto Ávila, "os princípios são reverenciados como bases ou pilares do ordenamento jurídico sem que a essa veneração sejam agregados elementos que permitam melhor compreendê-los e aplicá-los". Para o citado autor os princípios não apenas explicitam valores, mas, indiretamente, estabelecem espécies precisas de comportamentos (ÁVILA, 2009, p. 24-25). Vejamos alguns exemplos.

> **Constituição Federal:**
>
> Art.1º - A República Federativa do Brasil formada pela união indissolúvel dos Estados e Municípios e do Distrito Federal; constitui-se em Estado Democrático de Direito e tem como fundamentos:
>
> I - a soberania;
>
> II - a cidadania;
>
> III - a dignidade da pessoa humana;
>
> IV - os valores sociais do trabalho e da livre iniciativa;
>
> V - o pluralismo político.
>
> Parágrafo Único - Todo o poder emana do povo, que o exerce por meio de representantes eleitos ou diretamente nos termos desta Constituição.
>
> [...]
>
> Art.3º - Constituem objetivos fundamentais da República Federativa do Brasil:
>
> I - construir uma sociedade livre, justa e solidária;
>
> II - garantir o desenvolvimento nacional;
>
> III - erradicar a pobreza e a marginalização e reduzir as desigualdades sociais e regionais;
>
> IV - promover o bem de todos, sem preconceitos de origem, raça, sexo, cor, idade e quaisquer outras formas de descriminação. (Grifo nosso)

Destarte, os princípios têm várias funções: informadora, normativa e interpretativa. A função informadora serve de inspiração ao legislador, de fundamento do direito positivado. A função normativa atua como uma fonte supletiva, nas lacunas ou omissões da lei. A função interpretativa serve de critério orientador para os intérpretes e aplicadores da lei. (MARTINS, 2009, p. 59)

Todavia a presença dos valores no Sistema de Direito Nacional brasileiro melhor se observa no Preâmbulo da Constituição da República Federativa do Brasil de 1988:

> Nós, representantes do povo brasileiro, reunidos em Assembleia Nacional Constituinte para instituir um **Estado Democrático**, destinado a assegurar o exercício dos direitos sociais e individuais, a **liberdade**, a **segurança**, o **bem-estar**, o **desenvolvimento**, a **igualdade** e a **justiça** como **valores** supremos de uma **sociedade fraterna**, pluralista e **sem preconceito**, fundada na

> **harmonia social** e comprometida, na **ordem interna** e **internacional**, com a solução **pacífica** das controvérsias, promulgamos, sob a proteção de Deus, a seguinte CONSTITUIÇÃO DA REPÚBLICA DO BRASIL. (Grifo nosso)

O fato é que vários são os princípios que auxiliam a ciência e a prática jurídica, a saber: *1. A ignorância do Direito não exime a responsabilidade. 2. A dignidade da pessoa humana deve ser observada. 3. Todos são iguais perante a lei, sem distinção de qualquer natureza. 4. A inviolabilidade do direito à vida, à liberdade, à igualdade, à segurança e à propriedade. 5. Ninguém será obrigado a fazer ou deixar de fazer alguma coisa senão em virtude de lei. 6. Não há crime sem lei anterior que o defina, nem pena sem prévia cominação legal* etc. Veremos, a seguir que tais princípios envolvem valores.

Dissemos que o Direito possui *princípios* porque não é possível haver ciência não fundada em tais pressupostos. A palavra *princípio* tem duas acepções: uma de natureza moral, e outra de ordem lógica. Quando dizemos que um indivíduo é homem de princípios, estamos empregando o vocábulo na sua acepção ética, para dizer que se trata de um homem de virtudes, de boa formação e que sempre se conduz fundado em razões morais. Do ponto de vista da lógica, os *princípios* podem ser considerados como juízos fundamentais, que servem de alicerce ou de garantia de certeza a um conjunto de juízos, ordenados em um sistema de conceitos relativos a dada porção da realidade. Às vezes também se denominam princípios certas proposições que, apesar de não serem evidentes ou resultantes de evidências, são assumidas como fundantes da validez de um sistema particular de conhecimentos, como seu pressuposto necessário. (REALE, 2002)

Dizemos que os princípios inspiram o Direito Positivo, são critérios diretivos, juízos que conectam as normas a um sistema de valores. Os princípios orientam a conduta indicando a observação de valores relativos, por exemplo, à convivência social, à dignidade, ao respeito das pessoas, ao dever de indenizar ou de restituir, ao exercício dos direitos conforme a uma finalidade social.

Podemos, assim, concluir que os princípios positivam ou envolvem valores. Os valores têm em suas características a *realizabilidade*, que é o suporte que tem na realidade e a *inexauribilidade*, que aponta para o seu significado de *dever ser*. (LAFER, 2004, p. 62)

A Vida, a paz, a liberdade, o amor etc. são valores; realizáveis, irrenunciáveis, universais e permanentes. É por isso que "o pensamento filosófico está enraizado no processo histórico-social e reflete, inevitavelmente, os conflitos dos valores e dos interesses hegemônicos com os das parcelas dominadas da sociedade". (CAFFÉ ALVES, 2004, p. 81)

3.1.4.1 Direito natural ou Jusnaturalismo

Examinemos agora o Direito Natural ou Jusnaturalismo como uma corrente jurídica ou escola[18] que concebe o Direito como inerente à razão, como conjunto de "princípios humanos inatos". Contudo, para um jusnaturalista, o direito posto, visto como conjunto de normas, sofre variações conforme o tempo e o lugar. Ele se desatualiza conforme a necessidade e a dinâmica da vida, logo, o direito positivo não tem valor.

---

[18] Doutrina ou sistema de concepções jusfilosóficas oriunda de renomados doutrinadores tidas como fundamento de novas correntes criadas por adeptos ou seguidores. Exemplo: *escola marxista, escola hegeliana, escola kantista* etc.

Conforme a postura jusnaturalista, deve-se buscar, pois, um tipo ideal de direito que, assentado nos valores, expressa aquilo que é essencial e permanente no homem. Para se falar em Direito (Direito Natural), deve-se buscar o que é comum a todos os homens. Nesse sentido, é lícito indagar as leis e condicionamento que regem a vida de todos os homens, independentemente dos interesses, da política e do querer humano.

Devido a sua importância, estudaremos, a seguir, a Escola Moralista, também considerada uma derivação do modelo jusnaturalista. Para sua melhor compreensão, dividiremos o Jusnaturalismo em três períodos diferentes, a saber: *Jusnaturalismo Clássico* (antigo ou grego), a *Jusnaturalismo Medieval* (ou teológico) e a *Jusnaturalismo Moderno* (ou racional).

3.1.4.1.1 Direito natural clássico ou Jusnaturalismo antigo

É comum distinguir, dentro do processo histórico-evolutivo, o jusnaturalismo no pensamento jusfilosófico clássico como um dos vários momentos pelo qual atravessa o Direito Natural.

Pois bem, o Direito Natural clássico foi uma corrente, que assentada no do pensamento filosófico e político da Grécia antiga, teria por objeto o mundo visto como uma organização cósmica, isto é, organizado e regido por leis naturas.

Poder-se-ia notar que, no período em questão, o Direito Natural era tido como um conjunto de leis naturais que regem o cosmos. Diz-se de um Direito fundado numa "cosmologia, na criação e na constituição do universo e não na justiça positiva, isto é, nas leis reguladoras da vida social". (BOBBIO, 1995, p. 16)

A existência de um Direito Natural já se fazia notar na filosofia platônica e aristotélica. Especificamente em Aristóteles vemos a distinção entre Direito Natural e Direito Positivo. Para o autor, a justiça política é de natureza natural ou legal. Natural, por manter em toda parte o mesmo efeito. Legal, por ser aquela fundada na lei uma vez sancionada. A justiça política, para Aristóteles (1992, p. 103), é em parte natural e em parte legal; são naturais as coisas que em todos os lugares têm a mesma força e não dependem de as aceitarmos ou não; é legal aquilo que, a princípio, pode ser determinado indiferentemente de uma maneira ou de outra, mas, depois de determinado já não é indiferente – por exemplo, dispositivos legais constantes de decretos.

Assim, a exemplo de o *fogo* que *queima* ou dos *corpos* que *caem* em todo tempo e lugar, independentemente da nossa vontade humana, o Direito Natural seria constante, imutável e universal, um Direito que em qualquer tempo e espaço se manifesta sempre com a mesma eficácia: é um Direito sem limites.

Dizemos então que o Direito Natural impõe regras invariáveis e limites naturais e racionais ao ser humano.

Para os gregos, o Direito Natural estaria fundado num corpo de normas invariáveis e de validade universal. Diz-se de um Direito independentemente dos interesses e das opiniões prevalecentes em cada sociedade. A Filosofia grega identificava o fundamento do Direito Natural com a *justiça* e a *razão*. Estes partiam do entendimento de que as "leis" do Direito Natural impõem aos homens uma série de *limites*, que condicionam a sua vida. Exemplos: o indivíduo necessita comer, pois se ele optar por não comer, isso o levará à morte (lei); não é possível estar em duas cidades no mesmo dia e hora (limite). Isso significa que existem leis e limites impostos pela natureza, que vigoram independentemente da vontade e dos interesses do homem. Assim sendo, o Direito Natural é, ao mesmo tempo, anterior à criação da sociedade e das instituições políticas, superior ao direito escrito, estabelecido por cada sociedade. Segundo os filósofos gregos, o direito positivo depende dos interesses e da utilidade, sendo, por tal motivo, imperfeito e mutável. (SABADELL, 2000. p. 18- 19)

Dessa forma existiria um grupo de princípios ou ideias superiores, imutáveis, estáveis e permanentes, sendo que a sua autoridade adviria da natureza e não da vontade dos homens. Portanto, como características essenciais desse período destacaram-se as seguintes:

1. Identifica-se o fundamento do Direito Natural com a *justiça* e a *razão*.

2. Ressaltam-se determinados *limites* que *condicionam* a vida dos homens.

3. Concebe-se o Direito Natural como "anterior" à sociedade e às instituições políticas e, portanto, "superior" ao direito escrito.

4. Destaca-se o Direito Positivo como imperfeito, mutável e dependente dos interesses de um determinado grupo.

É possível, todavia destacar como contribuição de concepção em análise: o significado (papel principal) atribuído aos valores humanos para uma ideia de Direito: estável, universal, permanente e imutável.

3.1.4.1.2 Direito natural medieval ou teológico

As noções elementares do Direito Natural alcançaram também o período da Idade Média, sendo fontes essenciais de novas concepções e correntes, especialmente da acepção *teológica*. O domínio da cosmologia cristã fez por considerar o Direito Natural também como um direito imutável, estável e permanente. Trata-se de um Direito imutável no tempo, universal, um Direito criado por alguma Entidade que existe além dos homens e da natureza: Deus.

Conforme essa concepção, o ser humano e seu Direito vêm do seu criador, isto é, do criador de tudo o que existe: eis o verdadeiro Direito, aquele que deve ser observado e obedecido. Na época, deu-se preponderância ao plano e propósito do Poder Divino, para o qual seria necessário ordenar a vida humana por meio de regras geralmente escritas, sendo a Bíblia Sagrada o documento representativo dessa orientação: conjunto de leis para a realização do plano e propósito de Deus.

Assim, sob uma forte influência religiosa, desenvolveu-se a sociedade feudal europeia, repercutindo tal influência também no Direito da época. Tal argumento nos permite listar as seguintes características:

1. O Direito é uma consequência da religião e não da natureza.

2. O Direito tem como fundamento a vontade divina e é produto da decisão de DEUS.

3. O homem deveria ser orientado pelas regras sagradas escritas (um código de leis).

Como contribuições científicas da anterior concepção se citam as seguintes: a) a lei se apresenta como forma de imposição de determinadas condutas; b) deu-se maior importância ao direito escrito (conjunto de regras) capaz de orientar a vida do homem em sociedade.

3.1.4.1.3 Direito natural racional ou moderno

O desenvolvimento do Direito Natural posterior fez surgir o *jusnaturalismo racionalista* (século XVII – XVIII). Diz-se que o século XVIII e seguintes estiveram marcados pelo surgimento de importantes progressos científicos que influenciaram o pensamento (movimento) cultural, político e jurídico da época. Surge assim, o racionalismo jurídico dando uma virada significativa à acepção do direito, ora visto como uma consequência da própria natureza do homem e da sociedade.

A crítica ao Direito Divino foi sustentada com base na "razão humana" como única via para o estabelecimento de uma ordem jurídica natural. Assim, junto à razão, continuaria predominando a religiosidade, considerando-se que toda razão, todo poder e livre arbítrio do homem são outorgados por DEUS. Logo, o poder de raciocinar também é um Dom divino.

Diz-se que a Ciência Jurídica se tornou racional devido à intensa atividade metodológica que visava reestruturar o pensamento da época. Aqui se destacam como importante às obras de Hugo Grócio (1583-1645), Gottfried Wilhelm Leibniz (1846-1716) e Immanuel Kant (1724-1804). Vejamos.

Hugo Grócio, fundador do jusnaturalismo moderno, defenderia a razão como a verdadeira natureza do homem. Assim, separou o pensamento filosófico e jurídico das ideias e princípios teológicos. Grócio considerou próprio do ser humano a iniciativa de se associar e viver em comunidade e apresentaria assim a *solidariedade* como fundamento do Direito Natural. Conforme essa postura, a obediência ao direito: cumprimento dos contratos, a reparação do dano seria de extrema importância. Logo, Grócio consideraria que:

> O Direito Natural é um ditame da justa razão destinado a mostrar que um ato é moralmente torpe ou moralmente necessário segundo seja ou não conforme à própria natureza racional do homem, e a mostrar que tal ato é, em consequência disto vetado ou comandado por Deus, enquanto autor da natureza. (BOBBIO, 1995, p. 20)

Leibniz também consideraria a humanidade regida por princípios do Direito Natural. Assim, o Direito Natural seria o resultado da "eterna razão divina" que estabelece regras suficientes para o convívio social. Tal postura levou-o a reconhecer que as normas jurídicas criadas pelo ser humano (Direito Positivo) podem vir a ser injustas. Daí a liberdade humana estaria vinculada à religiosidade; pois, é DEUS que concede tal liberdade, sendo o homem seu mero "administrador". O homem, embora livre é um instrumento de DEUS.

Kant foi um fiel representante das ideias decorrente do iluminismo (movimento europeu datado do século XVIII que teve como base a Revolução Francesa de 1789). Assim, no campo da política e do direito defenderia a liberdade, a igualdade e a fraternidade, direitos vistos como naturais de cada indivíduo. Diz-se que a expectativa do iluminismo era fomentar um novo aprendizado para toda Europa, fundado na lógica. Combater-se-ia, assim, as formas de pensamento dogmático, propondo como fundamento a "razão humana".

O Direito regido pela razão seria um Direito sem lacunas, sem ambiguidade. Aqui deveria desenvolver um papel determinante os princípios gerais que permitiriam operar no direito. Contudo, um dos objetivos dos juristas ilustrados seria a construção de um sistema jurídico que pudesse ser aplicado a toda sociedade. Trata-se da tentativa de aplicação massiva do direito, com o intuito de condicionar as grandes massas às regras do sistema capitalista que se encontrava em franco desenvolvimento. (SABADELL, 2000. p. 26)

Conforme a sua postura, Kant reconheceria a existência de um Direito Positivo que é fruto do poder político, porém que está fundamentado na razão humana. Afirmar-se-ia o "dever ser" como a essência do direito que garante a liberdade de todos. Defende-se, assim, a posição de que o Direito deveria estar composto por normas gerais que tutelem a liberdade e o arbítrio de toda pessoa.

Ideias moralista-racionalistas chegaram à atualidade por meio de pensadores como Jürgen Habermas e Robert Alexy, na Alemanha; e Ronald Dworkin, no espaço anglo-saxão. Esta corrente busca na interpretação do direito a solução "justa" para cada caso concreto, por meio do diálogo e da argumentação racional fundamentada em argumentos moralistas. Em conclusão, o jurista que se atém a esta linha, mesmo na atualidade, trabalha com definições substanciais (materiais) do direito: direito é o que é justo. Um moralista ignora as normas injustas, mesmo adotadas pelos órgãos competentes. (SABADELL, 2000. p. 28)

Várias características foram atribuídas a tal corrente, a saber:

1 dá-se maior importância à razão humana que aos desígnios de DEUS;

2 vincula-se a religiosidade à capacidade de raciocinar que tem sua origem na vontade divina;

3 substituem-se os métodos do pensamento dogmático da teologia pela razão;

4 elaboram-se propostas concretas para a reformulação do direito europeu, objetivando tornar sua aplicação sistemática;

5 vê-se o direito como uma garantia da liberdade dos homens;

6 a convivência social é responsabilidade exclusiva do homem;

7 define-se o direito como a ciência do *justo*;

Entre as recentes correntes do Direito Natural, citam-se o *jusnaturalismo liberal* e *moderno*, vistos a partir de Hobbes e do pensamento liberal que tem por base as teorias do contrato social, também encontradas em Locke e Rousseau respectivamente. Diz-se que já a Declaração dos Direitos do Homem e do Cidadão de 26 de agosto de 1789 enunciava um seu artigo 2º que "o fim de toda associação política é a conservação dos direitos naturais e imprescritíveis do homem. Esses direitos são a liberdade, a propriedade, a segurança e a resistência à opressão". Falou-se, desde então, em direitos naturais: bases dos direitos humanos.

Resumindo, o chamado *jusnaturalismo moderno* começou a ser considerado científico pelo fato de também ser visto como pensamento sistemático. Diz-se que o conceito de *sistema* foi a maior contribuição do chamado jusnaturalismo moderno (direito racional) que primou no direito privado europeu. A jurisprudência europeia, que até então era mais uma ciência de exegese e de interpretação de textos, passou a receber um caráter lógico-demonstrativo, a partir da concepção do Direito como um sistema fechado, cuja estrutura dominou e domina até hoje os códigos e os compêndios jurídicos.

Tornou-se, assim, o Direito uma ciência sistemática que teria como objeto uma "ordem" (ordenamento) de faculdades, deveres, direitos e proibições. Identificou-se o Direito com sua função imperativa e não indicativa. Desenvolver-se-ia, logo, uma sistemática jurídica que visava vincular a dedução racional à observação empírica.

Define-se o Direito como a ciência do *justo*. Nesse sentido, o verdadeiro Direito seria o Direito justo. Daí a relação de equivalência entre Direito e Justiça a ser estudada no tema IX (Reducionismos Jusfilosóficos).

Resta-nos ainda tratar da denominação "modelo jurídico": chama-se de modelo jurídico a todo grupo de concepções construídas a partir de determinada visão sobre a função, o conteúdo, os critérios de validade e as regras de direito.

É preciso lembrar que a história do direito nos revela a existência de diversas escolas e modelos jurídicos, resultantes do desenvolvimento intelectual e jurídico de cada época e cultura. Eis que em cada período histórico vigorariam um ou várias escolas e modelos: teorias, correntes, isto é, grupos de opiniões ou doutrinas por meio das quais se interpretaria a realidade e os problemas do Direito.

Surge, assim, o problema das discordâncias teóricas entre as escolas que nos permitem, de fato, a formulação da seguinte oposição: Escola Moralista *versus* Escola Positivista que, com enfoques diferentes, buscam respostas para as mesmas questões, a saber: *a) qual é o caráter do direito? b) qual é o objeto do direito? c) quais são os problemas jurídicos? d) quais são os métodos e técnicas mais eficazes para a interpretação, integração e pesquisa do direito? e; e) quais as finalidades do direito?*

Logo, ao compreender as noções das diferentes escolas e modelos observamos que inexiste postura teórica e metodológica uniforme. Logo, cada modelo jurídico se debate nos meios de interpretação e integração do direito que considera existir. Isto tem uma repercussão prática. Vale destacar que, ainda nas mais brilhantes obras jurídicas, clássicas e contemporâneas, autores se declaram fieis a uma estrutura organizada de conceitos e procedimentos científicos preexistentes, defendendo uma ou outra escola, modelo, corrente teoria e acepção jurídicas.

Como bem nos ensina Fernando Herren Aguillar (2003, p. 11), no direito não encontramos, ao contrário do que acontece com outros ramos do saber humano, um grupo de respostas único para as indagações oferecidas pelo trabalho investigativo (científico). Ante tal fato, o estudo do direito não tem conduzido a uma resposta de validez universal. Ao contrário, convivemos com inúmeras correntes, que resistem ao tempo e às críticas permanentes formuladas por seus adversários. Isso conduz a uma situação dilemática para o estudioso do direito preocupado com métodos de trabalho.

Sabe-se, assim, generalizada a falta de uniformidade na maneira de conceber e de explicar os problemas jurídicos. A falta de uma visão unitária dos problemas apresentados nesta importante área do saber humano faz com que o jurista tenha que enfrentar verdadeiras redes de teorias e concepções que conformam as escolas e os modelos que o Direito histórico nos reserva.

3.1.4.2 Contribuição metodológica: racionalismo e axiologia jurídica

O racionalismo destaca o papel preponderante da razão no processo de formação do conhecimento. O racionalismo não significa, no entanto, o esquecimento de que os fatos contribuem para a formação do conhecimento. Um racionalismo que reduza todo o saber à razão, de maneira absoluta e abstrata, é de difícil configuração. Seria um racionalismo dogmático, vazio, sem expressão relevante no mundo da Filosofia. Nesta forma, o racionalista reconhece que o fato, aquilo que é dado de maneira e intuitiva, é elemento indispensável como fonte do conhecer, mas sustenta também que os fatos não são fontes de todos os conhecimentos e que, por si sós, não nos oferecem condições de certeza (Vejam-se Locke "Ensaios Sobre o Entendimento Humano": *nada existe na inteligência que antes não tenha passado pelos sentidos*, Leibniz (1646-1716): "Novos

Ensaios Sobre o Entendimento Humano": *nem todas as verdades são verdades de fato* e René Descarte (1596-1650: *somos possuidores, enquanto seres pensantes, de uma série de princípios evidentes, ideias inatas, que servem de fundamento lógico a todos os elementos com que nos enriquecem a percepção e a representação*) logo, o racionalismo se preocupa com a ideia fundante que a razão por si mesma logra atingir (REALE, 2002).

Uma das possíveis formas que assume o racionalismo é o *intelectualismo*, corrente originada de Aristóteles, que reconhece a existência de *verdades de razão* e atribui à inteligência função positiva no ato de conhecer. Assim, as razões não contêm, em si mesmas, verdades universais como ideias inatas, mas as atinge à vista dos fatos particulares que o intelecto coordena: o intelecto extrai os *conceitos* ínsitos no real, operando sobre as imagens que o real oferece. A inteligência não é uma chapa fotográfica, que registre passivamente impressões, mas é, ao contrário, um fator ativo e positivo, capaz de subordinar a si os elementos empíricos, de maneira a captá-los na sua essência. Essa posição do intelectualismo marca uma ramificação do racionalismo, porque é sempre a razão que empresta validade lógica ao conhecimento. (REALE, 2002)

A primeira orientação estudada (empirismo), já vimos, tem como base a constatação direta da realidade. Exemplo: um camponês é capaz de constatar diretamente que uma planta nasce de uma semente. Ora, o conhecimento derivado da segunda orientação pode ser visto como um conhecimento do conhecimento, isto é, um conhecimento fundado na razão, que deriva de algum conhecimento anterior, exemplo: um estudante é capaz de saber que uma planta nasce de uma semente em determinadas condições de tempo e espaço por meio da lição de Botânica.

O conhecimento desta segunda orientação é o conhecimento que, de fato, pode existir independentemente da constatação da realidade objetiva. Diz-se do conhecimento que tem existência, ainda que o sujeito cognoscente não constate a cadeia: percepção do fenômeno, surgimento de ideia (conceito, proposições e teorias). Assim, tal conhecimento pode ter como referência: a) a escrita (documentos pré-elaborados: história, teorias e notícias documentadas) ou; b) a informação oral (de pessoas que tiveram ou não a oportunidade de constatar certos fatos ou acontecimentos).

Segundo o fundamento desta segunda orientação, nem sempre o homem tem a oportunidade de entrar em contato direto com a realidade. Isto não impede que se forme uma teoria ou noção dela. A não constatação direta dos fatos não impossibilita a formação de opiniões; portanto, podemos pensar, julgar, consentir e afirmar ideias que muitas vezes não podem ser tiradas da experiência. Assim, se diz que existem conceitos puros (ou transcendentais) e subjetivos, mas universalmente humanos; pois, cada um de nós, enquanto pensa, não pode pensar senão conforme essas formas, constitutivas da mente humana ou da razão.

Em princípio, podemos julgar a importância e o valor histórico de uma proposição que se referem a fatos e fenômenos históricos (já ocorridos) ou futuros (que estão por ocorrer) e, nesse sentido, o conhecimento repousa: na fé, na verificação, mas também na valoração do que num dado momento é afirmado.

Sabe-se que o ser humano é capaz de se envolver com enunciados que se manifestam como sendo máximas ou princípios dos quais deduzimos um conhecimento. Isto porque, para que uma ideia se conheça ela deve ser manifestada de forma oral ou escrita. Assim, pensamos e dizemos por meio da fala ou da escrita, isto é, transmitimos um pensamento, ou melhor, doamos uma informação que poderá ser aceita ou não (valoração).

Podemos conhecer indiretamente, isto é, sem constatar a realidade, por exemplo, que: a) "num lugar *X* existe um alto nível de criminalidade"; e b) "no planeta *Y* foi descoberto um determinado metal". Analisando tais enunciados supomos que alguém já foi capaz de constatar tais realidades e observou os fundamentos para a formulação dos mesmos. Na questão da oportunidade de tais ideias as diversas opiniões já formadas sobre tais assuntos (consenso) desempenham um papel importante. Assim, por exemplo: "*acreditamos que o sol nascerá amanhã porque ele assim tem feito no passado*". (POPPER, 1999, p. 15)

Ao se duvidar da "verdade" (ou do valor) de *a*, será legítima a procura pela constatação da realidade (certeza intuitiva e experimental); duvidando da "verdade" (ou do valor) de *b*, será legítimo observar o fundamento lógico de tal afirmação; quando seja impossível entrar em contato direto com a realidade base de tal enunciado.

Contudo, a formulação de um enunciado não implica verdade. Uma afirmação pode parecer verdadeira num dado momento histórico, porém, ser tida como falsa num momento posterior. Por exemplo, Tales de Mileto afirmava que a terra flutuava sobre a água. "Mover-se-ia como um navio e quando se diz que ela treme, em verdade flutuaria em consequência do movimento da água". (BORNHEIM, 1997, p. 22)

Assim, conhecemos e afirmamos que "a terra é redonda e gira em torno do sol", embora não tenhamos constatado diretamente esse fato. Certo é que, num primeiro momento tal afirmação, que hoje consideramos verdadeira, foi e é ainda constatada de forma direta por pesquisadores. Destarte, independentemente da relação tempo-distância em que se encontre a origem ou cadeia sucessória do conhecimento, registramos a mesma como sendo o resultado de uma demonstração das consequências de uma proposição para outra.

Consideramos, então, que nem toda afirmação pode ser constatada ou verificada por meio da experiência; portanto, é legítimo afirmar que muitas vezes o conhecimento deriva de uma valoração que é, por momentos, independente da experiência. Eis a segunda orientação que tem como base um conjunto de ideias e afirmações (científicas ou não científicas) que nos fazem raciocinar e deduzir a certeza das teorias. Tal é o conhecimento que se fundamenta no valor das proposições e que geralmente está condicionado a uma valoração anterior (ou prévia) ou posterior. Vejamos, a seguir, as críticas e as defesas conhecidas.

As concepções que direta ou indiretamente tentam invalidar esta fonte ou formação de conhecimento reconhecem que a consciência é uma manifestação de certa substância imaterial, da "alma" que não depende da matéria, existe de forma independente é imortal e eterna.

A crença na existência de uma alma justificou os sonhos, a vida, a morte e a reencarnação (vida eterna). Igualmente, considerou-se que a consciência (a razão a ideia, o espírito) procede de uma essência sobrenatural independente, que cria o mundo e orienta seu movimento e desenvolvimento.

Para Platão, por exemplo, ainda, amores, desejos, temores, imaginações de toda espécie, nos ocupa de tal modo que, por ele, como se diz, não nos chega mesmo, realmente, nenhum pensamento sensato (PLATÃO, 1960, p. 29). Outros, ao negar que o conhecimento é um reflexo da realidade objetiva, preferem substituir o termo reflexo por correspondência, para apresentar o conhecimento não como uma imagem da realidade objetiva, mas como um signo ou símbolo que a substitui. Assim sendo, "nossas sensações e representações são signos, e não um reflexo dos objetos. Porque exigimos da imagem certa semelhança com o objeto refletido e jamais podemos estar seguros dessa semelhança". (CASSIER, *apud*, KONSTANTIVOV, 1976, p. 12)

Vários defensores do conhecimento pela razão foram encontrados na filosofia pré-socrática. Já desde essa época afirmava-se que: 1) o conhecimento sensível é enganador e que, portanto, deve ser superado pela razão (Heráclito de Éfeso); 2) nada deriva do acaso, mas tudo de uma razão (Leucipo de Abdera).

Na obra de Kant, como vimos, encontramos a teoria de que os conhecimentos, embora derivem da experiência, alguns há, no entanto, que não têm essa origem exclusiva. Para Kant, surgiria aqui uma questão que não se pode resolver à primeira vista. Tais conhecimentos são denominados "a priori", e distintos dos empíricos, cuja origem é "a posteriori", isto é, da experiência. Há conhecimentos que derivam indiretamente da experiência, isto é, de uma regra geral obtida pela experiência, e que, no entanto, não podem ser tachados de conhecimentos "a priori". Assim, continua o autor, se alguém escava os alicerces de uma casa, "a priori" poderá esperar que ela desabe, sem precisar observar a experiência da sua queda, pois, praticamente, já sabe que todo corpo abandonado no ar sem sustentação cai ao impulso da gravidade. Considera-se, portanto, conhecimento "a priori", todo aquele que seja adquirido independentemente de qualquer experiência. A ele se opõem os empíricos, isto é, àqueles que só o são "a posteriori", quer dizer, por meio da experiência. Sabe-se que Kant dividia o conhecimento "a priori" em puros (os que carecem completamente de qualquer empirismo) e impuros. Assim, p. ex., "toda mudança tem uma causa", é um princípio "a priori", mas impuro, porque o conceito de mudança só pode formar-se extraído da experiência. (KANT, s/d, p. 21)

Diz-se que a consciência se identifica com a capacidade do homem de conhecer valores, com o conhecimento mesmo, com a percepção imediata da própria experiência ou com aquela capacidade de percepção. Há, contudo, uma boa razão para entender que a consciência (sua existência e desenvolvimento) está unida à aquisição de conhecimentos pelo homem acerca de uns ou vários objetos: dados, valores ou fenômenos. Dessa forma, o conhecimento é o modo de existência da consciência. Algo surge na consciência na medida em que esta conhece desse algo.

É por meio da sensação que o homem é capaz de estabelecer o nexo direto com a realidade objetiva. A sensação, como reflexo (relativo) de algumas propriedades das coisas do mundo objetivo, durante seu influxo direto nos órgãos dos sentidos, tornar-se-ia a fonte de todo conhecimento acerca dos objetos e fenômenos. Assim, o caráter da percepção depende do nível de conhecimento que possui o homem, de seus interesses. Vejamos, por exemplo, que um físico (cientista) terá mais possibilidade de compreender os problemas da sua ciência do que um jurista.

Resumindo, com o auxílio da razão, o homem cria e pesquisa, formula e submete à prova proposições ou hipóteses. Uma das características e motivos desta segunda orientação é o fato de que o ser humano nem sempre se envolve com a realidade objetiva. Certamente, o homem é capaz de entrar em contato com um conhecimento já existente em forma de teorias (doutrinas: conjunto de opiniões, proposições ou enunciados). Nesse confronto, o homem não só é capaz de pensar em forma de conceitos, juízos e deduções que significam os nexos que existem entre objetos, fenômenos e teorias, mas também sobre a oportunidade e certezas dessas teorias, ainda sem constatar a realidade que elas representam.

Um dos problemas que limita a análise e compreensão exata dos fenômenos e a construção das teorias é a separação radical da *experiência* (empirismo) da *razão* (racionalismo). Contudo, para poder compreender o fundamento de cada conhecimento, precisa-se outorgar valor a todos os domínios do Direito, pois é neles que se assentam as bases de todo conhecimento humano.

A consciência é impossível sem a atitude cognoscitiva do homem perante o mundo. Contudo, a compreensão do mundo objetivo gera o subjetivo, isto é, um mundo intelectual que é qualitativamente distinto do objetivo. É aqui que o conhecimento pode ser visto como atividade da consciência orientada a refletir, interpretar e transformar o mundo objetivo.

Portanto, poder-se-ia concluir que o conhecimento nem sempre é direto (empírico). Podemos construir ideias das ideias e, assim, adquirir ou transmitir conhecimento sem que seja necessária a contemplação imediata. Servindo-nos das informações e explicações conhecidas sobre um objeto, podemo-nos formar um conhecimento, representando todos seus elementos. Logo, acreditamos existir um conhecimento mediado pelas teorias que deriva de uma série de explicações não constatadas, mas representadas e reproduzidas como consequência das informações fornecidas por qualquer via que não seja a constatação direta ou imediata do mundo objetivo. Pode-se pensar que podemos derivar conhecimento dos signos, pois, por meio da razão somos capazes de retornar ao passado, questionar o presente e prever o futuro. É por isso que a consciência é uma das potencialidades primorosas de todo ser humano.

Em suma, o ser humano tem a potencialidade de poder formar uma noção de algo que não constatou (ou não conheceu diretamente). No entanto, como explicaremos a seguir, devemos diferenciar o conhecimento científico da mera crença; pois, como bem afirma Russell (1978, p. 180-181), podemos ter crença antes que tenhamos experiência de sua verdade; se assim for, em certo sentido será conhecimento sintético *a priori*, isto é, crença, não baseada na experiência, numa proposição sintética verdadeira. Mas tais crenças, mesmo quando verdadeiras, dificilmente merecem o nome de conhecimento, visto não serem todas verdadeiras e, portanto, todas exigirem verificação antes de devermos considerá-las como certas.

Várias são as correntes históricas e contemporâneas derivadas do racionalismo jurídico. Eis que atribuindo maior importância ao já estudado "objeto ideal", surgiram tanto na Filosofia como no Direito: o Idealismo e o Jusnaturalismo como posturas contrárias ao empirismo e ao positivismo jurídico.

Conforme ensinamentos de Miguel Reale (2002), os juristas racionalistas, antigos e modernos afirmam que, acima ou ao lado de um direito empírico, existe um Direito Ideal (Idealismo Jurídico), um Direito Racional (Racionalismo Jurídico), ou um Direito Natural (Jusnaturalismo), em razão de cujos ditames é possível afirmar a validade ou a obrigatoriedade das regras jurídicas *positivas*. Contesta-se, assim, a existência de um Direito positivado considerando-se que, ao lado ou acima do direito historicamente revelado existe um Direito ideal, ao qual o Direito positivo conhecido se subordina. Trata-se de um Direito permanente e constante que existe como expressão necessária da própria natureza do homem. Diz-se de um Direito condicionante e universal de toda a vida prática, sendo assim fundamento tanto da Moral como do Direito Positivo.

Assim, o verdadeiro Direito seria aquele que não depende das mudanças sociais ou econômicas. O Direito condicionado a mudanças mundanas não é um verdadeiro

Direito. É por este motivo, que se passou a considerar a existência de um direito superior que não se funda na existência real, mas no mundo ideal.

Ao explicar o *idealismo*, Miguel Reale (2002) afirma que se trata de uma posição contrária ao *realismo* que se nos revela com diversas características. Contudo, destaca o idealismo de Platão (427-347 a. C.) chamado de *idealismo transcendente*, onde as *ideias* representam a *realidade* verdadeira. Conforme a interpretação platônica, as ideias seriam meras cópias imperfeitas das realidades sensíveis. Assim, as ideias se converteriam em "realidades últimas", fato pelo qual alguns filósofos sustentariam que a doutrina platônica poderia ser vista também como uma forma de realismo, reservando-se a expressão idealismo para designar aquela especial filosofia e concepção do mundo que tem início com Descartes.

É preciso lembrar que o idealismo clássico aperfeiçoado e transformado em moderno consideraria que o mundo material não existe sem ser idealizado: representado, pensado ou imaginado. Em consonância com isso, os idealistas modernos partem da afirmação de que as coisas não existem por si mesmas, mas na medida e enquanto são representadas ou pensadas, de maneira que só se conhece aquilo que se insere no domínio de nosso espírito e não as coisas como tais. Assim, o idealismo não significa negação da realidade, como se esta fosse mero conteúdo de representação, nem significa fuga da realidade em busca de um mundo melhor e mais belo. Idealismo significa, ao invés, compreensão do real como idealidade, ou que equivale a dizer como realidade do espírito. (REALE, 2002)

Em síntese: para os idealistas as coisas materiais não têm a menor importância no processo de conhecimento onde o mundo real é representado e substituído pelo mundo ideal. O que se conhece não são coisas, mas, imagem de coisas. É nesse sentido que poderíamos interpretar o aforismo de George Berkeley (1685-1753): *esse est percipi* - "ser é ser percebido". Isso quer dizer que as coisas, casas, montanhas, rios, em uma palavra, todos os objetos sensíveis não têm uma existência, real ou natural, distinta de como são percebidos pelo entendimento. O homem não conhece as coisas, mas a representação que a nossa consciência forma em razão delas. Essa é a orientação do idealismo subjetivo, que apresenta seus maiores representantes na cultura britânica, desde Locke a Berkeley e a David Hume. (REALE, 2002)

Dizemos então que o idealismo procura destacar a importância das ideias na compreensão e interpretação do mundo natural. A nosso ver, o idealismo coloca em conflito o mundo que fisicamente existe e o mundo que idealizamos ou imaginamos conhecer. Eis que durante milênios o homem se contentou com a aparência da imobilidade da Terra, crendo que, ao redor dela, o Sol progredia no firmamento; durante milênios se acreditou que o sangue não circulava, mas se continha nas veias como que dentro de um vaso. O idealismo, de certa forma, é um desafio à atitude natural do ato de conhecer, envolvendo uma atitude de desconfiança até o que "parece já dado". (REALE, 2002)

É justamente, pela existência de uma atitude não-realista, que a concepção idealista passou a ser considerada importante na Filosofia Jurídica. Pode-se dizer que o idealismo jurídico se confronta com o Direito Positivo por considerar que o verdadeiro Direito seria o *subjetivo* (aquele que consideramos ter e reclamamos) e não o *objetivo* (aquele contido na lei) expresso em normas.

Segundo o idealismo jurídico, o Direito é uma forma ou projeção do pensamento ou da consciência, ou momento do *espírito objetivo*, como disse Hegel, identificando-se, desse modo, em última análise, o Direito Natural e o Direito Positivo, "tendo a ciência filosófica do direito por objeto a ideia do direito, isto é, o conceito do direito e sua realização", estando o Direito Natural ou Filosófico para o Positivo como as Institutas para as Pandectas. O jurista pode, pois, considerar as leis positivas como "dadas" na medida de sua significação e utilidade no conjunto das circunstâncias, mas sem esquecer que são em si mesmas: "momento ou expressão do espírito objetivo em que se resolve a sua contingência". (REALE, 2002)

3.1.5 Fundamento tridimensional do direito: tridimensionalismo jurídico

Bem, agora passaremos a estudar o Tridimensionalismo Jurídico, teoria estruturalista, relativamente moderna, que objetiva caracterizar e interligar os elementos constitutivos da realidade (fenômeno) jurídica.

A verdade é que, como ensina Miguel Reale[19]:

> [...] o filósofo, ao indagar da essência do Direito, vê-lo-á também tridimensionalmente, ou seja, como *valor* que, incidindo sobre *relações factuais,* se refrange em um conjunto de *regras* ou *normas.*
>
> Cumpre ponderar que os elementos que compõem o Direito, se relacionam entre si através de uma dialética de complementaridade, exigindo uma direção diversa da pesquisa, para captar o sentido dominante de cada momento da juridicidade.
>
> O Direito é, pois, sempre tridimensional, qualquer que seja seu objeto de indagação, o que importa na necessidade de um tridimencionalismo ao mesmo tempo específico e dinâmico – conforme concordaram comigo, a final Recasens Siches e tantos outros.

A nosso ver, o tridimensionalismo se assenta na ideia de uma dialeticidade entre tais campos ou domínios; relação dialética que, a seguir, explicaremos sob o subtítulo pressuposto tridimensional do Direito. Vejamos.

3.1.5.1 Pressuposto tridimensional do Direito

Dizemos então que a Teoria Tridimensional do Direito tem como pressuposto a inter-relação necessária entre fato, valor e norma. Conforme a interpretação tridimensional do Direito, "a norma não está sozinha, mas convive na dimensão de um relacionamento dialético com fatos e com valores". (CAFFÉ, 2004)

Em essência, a existência da norma se apóia num juízo de valor. Avaliamos a necessidade normativa muito antes de prescrever uma conduta por meio de normas. Logo, a norma existe para suprir a necessidade de proibir ou permitir algo. Trata-se, pois, de uma perspectiva estruturalista do Direito explicitada na seguinte consideração:

> A análise fenomenológica da experiência jurídica confirmada pelos dados históricos sucintamente lembrados, demonstra que a estrutura do Direito é tridimensional, visto como o elemento *normativo*, que disciplina os comportamentos individuais e coletivos, pressupõe sempre uma dada *situação de fato*, referida a *valores* determinados. (REALE, 2002, p. 511)

Outra observação importante é a de que a norma não é uma proposição derivada diretamente do fato. Ela é um produto humano que resulta do cotejo: Fato jurídico - Conduta humana – Valores – Utilidade. Nesse sentido, a norma jurídica resulta de uma valoração humana que tem como objeto o fato ou a conduta. A norma jurídica tem como

---

[19] REALE, Miguel. *Variações sobre a estrutura do Direito.* http://www.miguelreale.com.br/artigos/varestdir.htm. Acesso em 24, 05, 2010.

finalidade a exigência do respeito e da obediência social para a realização de valores. Diz-se assim, de um instrumento (ou veículo) para a realização de valores.

O fato é que, segundo estudos jurídicos desenvolvidos, existem duas concepções tridimensionalistas, a saber, o tridimensionalismo genérico e o específico. Eis aqui, pois, o que temos a examinar.

Conforme vimos, para o tridimensionalismo o Direito não deve ser compreendido como um conjunto de *normas* isoladas dos *fatos* e dos *valores*. Em verdade, segundo penso, a construção da norma (ordem normativa) resulta de um processo que se inicia da observação do fato jurídico tanto voluntário (a conduta humana) como involuntário (simples fato não humano), *primeira etapa*; passa por uma qualificação do fato por meio da necessária invocação de valores, *segunda etapa*; e termina com a prescrição, *terceira etapa*.

A conclusão é que, mesmo conflitando com diversos doutrinadores, devemos considerar que o Direito não é somente *fato* como rezam os sociólogos, marxistas, historiadores economistas; *valor* como afirmam os jusnaturalistas ou *norma* como pretendem os juspositivistas.

Todavia, acerca do assunto, Miguel Reale[20] especifica que há uma teoria tridimensional jurídica *genérica* e outras *específica*, só cabendo à segunda a qualificação de teoria, por não se limitar ao exame de problemas metodológicos. A afirmação de que o Direito é tridimensional, continua o nosso autor, surgiu, primeiro, como verificação do que, ao se expor os princípios gerais do Direito, seguia-se sempre uma divisão didática, no sentido de estudo da matéria dividindo-a segundo os três pontos de vista do *fato*, do *conceito* e do *valor*. Enquanto predominou o positivismo jurídico, predominou o estudo do Direito como *fato social,* tendo sentido complementar ou secundário a análise de seus aspectos lógico e valorativo.

3.1.5.1.1 **Tridimensionalismo genérico**

Tratemos agora da tridimensionalidade genérica. Diz-se de um tridimensionalismo de tipo enciclopédico, isto é, que abrange todo o saber jurídico.

A teoria tridimensional genérica, afirma Miguel Reale[21], foi seguida por vários autores, como Carlos Cossio, Garcia Maynez e Recasens Siches. Segundo essa diretriz, o Direito pode, em suma, ser estudado seguindo três pontos de vista distintos, o fato, o valor e a norma. A bem ver, o Direito não era considerado sempre e unicamente tridimensional, mas dava lugar a três vertentes distintas de pesquisa, a saber, a *Sociologia Jurídica*, que estudaria o Direito como fato social; a *axiologia* ou o Direito Natural, isto é, o direito como *valor* ideal, e a Ciência do Direito como *estudo normativo* da experiência jurídica.

É preciso lembrar que as primeiras doutrinas que se aproximaram do tridimensionalismo fizeram-no de modo abstrato, isto é, sem se desvincularem de perspectivas setorizadas. Foi, confessa Reale[22], contra essa generalidade que me insurgi, sustentando que o Direito *é sempre tridimensional,* quer o estudo seja

---

[20] REALE, Miguel. *Variações sobre a estrutura do direito.* Http://www.miguelreale.com.br/artigos/varestdir.htm. Acesso em 24, 05, 2010.

[21] REALE, Miguel. *Filosofia do Direito.* 20. ed. São Paulo: Saraiva, 2002, p. 512. Veja-se, igualmente, REALE, Miguel. *Variações sobre a estrutura do Direito.* http://www.miguelreale.com.br/artigos/varestdir.htm. Acesso em 24, 05, 2010.

[22] REALE, Miguel. *Variações sobre a estrutura do Direito.* http://www.miguelreale.com.br/artigos/varestdir.htm. Acesso em 24, 05, 2010.

sociológico, filosófico ou científico positivo. A diferença entre eles é de perspectivas na análise, não da matéria a ser estudada, que, para todos, só pode e deve ser tridimensional. Assim sendo, se eu, como sociólogo, estudar o Direito como *fato social*, nem por isso poderei olvidar os outros dois sentidos essenciais: o que lhe dá o *valor* a ser realizado, e mais, o da regulamentação normativa.

Norberto Bobbio, por exemplo, foi considerado um tridimensionalista genérico. "Bobbio propugnava por uma concepção tridimensional genérica do fenômeno jurídico e não tridimensional específica, de base dialética" (BOBBIO, 2001, p. 13), como, a seguir, veremos em Miguel Reale.

Assim, Bobbio caracteriza, em tese, o direito como objeto de três ciências distintas: quanto a sua formação e evolução, isto é, quanto à eficácia a que correspondem os problemas de observância, aplicação efetiva e sanção da norma jurídica (sociologia do direito); quanto a sua estrutura formal, a que corresponde a questão da validez, ou seja, aos problemas de existência da norma jurídica (jurisprudência ou ciência formal do direito), independentemente do juízo de valor que sobre ela se possa emitir; e, finalmente, quanto ao seu valor ao qual correspondem os problemas ideais de justiça ou injustiça da norma jurídica (Filosofia Jurídica). Isto supõe, na opinião do jusfilósofo brasileiro Miguel Reale, a simples generalização empírica das múltiplas facetas do direito e não a expressão da dialética de implicação e polaridade recíproca entre aqueles aspectos, ao eleva-los à categoria de "dimensões" de um mesmo fenômeno. (BOBBIO, 2001, p. 13)

Professor de Filosofia Jurídica e de Filosofia Política em várias Universidades: Universidade de Siena, Universidade de Pádua, Universidade de Turim. Sua dedicação e amor pelo Direito, pela Filosofia, pela Política e pela História permitiria a produção e publicação de obras, hoje consideradas fontes importantes para a pesquisa e a análise do Direito com base numa visão integral.

A sua contribuição para a Filosofia Jurídica se dá por meio de diversas e importantes obras que provam sua postura tridimensionalista, a partir da análise do Direito em suas várias perspectivas: normativa, factual e valorativa, a saber: *Teoria Geral do Direito*, *Teoria da Norma Jurídica*, *Teoria do Ordenamento Jurídico*, *Positivismo Jurídico*, *Direito e Poder* etc. Outras tantas obras foram publicadas, entre as que se destacam diversos títulos que abordam o Direito, a Ética, a Filosofia e a Política.

O pensamento tridimensional de Bobbio ficaria marcado no empenho em colocar em discussão os três aspectos importantes do Direito, a saber, o *ontológico*, abordando o Direito e sua existência e procurando caracteriza-lo, a partir do seu aspecto *histórico - sociológico*, *valorativo* e *normativismo*. Assim, tomando a norma jurídica como objeto de estudo indica três critérios de valoração possíveis (justiça, validade e eficácia).

Todavia, como resultado da leitura das suas obras, pode-se indicar uma contribuição metodológica importante para o Direito contemporâneo, centrada na análise de procedimentos lógicos e argumentativos, recursos importantes para a interpretação e a aplicação do Direito. Suas obras ficaram cada vez mais conhecidas em todo o mundo, deixando uma valiosa caracterização das diferenças entre o jusnaturalismo e o positivismo jurídico e entre a ética e a política.

Talvez, "por procurar combinar os três pontos de vista unilaterais e, mais precisamente, os resultados decorrentes de estudos levados a cabo separadamente"

(REALE, 2002, p. 514), Norberto Bobbio foi qualificado de tridimensionalista genérico do Direito.

3.1.5.1.2 Tridimensionalismo específico

Passarei agora a examinar o tridimensionalismo específico, teoria que se funda na dialeticidade e integração em unidade vista na disposição dos elementos: *fato*, *valor* e da *norma*. É o próprio tridimensionalismo de Miguel Reale que, por ele foi qualificado como uma teoria que não se limita ao exame de problemas metodológicos.

> Quando, ao contrário, não se realiza uma simples harmonização de resultados de ciências distintas, mas se faz um exame prévio da correlação essencial dos elementos primordiais do Direito, mostrando que eles sempre se implicam e se estruturam, numa conexão necessária, temos a *tridimensionalidade específica* que pode ser estática, ou dinâmica e de integração. (REALE, 2002, p. 514)

Como já foi dito, o tridimensionalismo específico se separa do genérico ao superar a análise em separado do *fato*, do *valor* e da *norma*, como se tratasse de gomos ou fatias de uma realidade decomponível; pelo reconhecimento, em suma, de que é logicamente inadmissível qualquer pesquisa sobre o Direito a qual não implique a consideração concomitante daqueles três fatores. A tridimensionalidade específica do Direito resulta de uma apreciação inicial da correlação existente entre fato, valor e norma no interior de um processo de integração, de modo a abranger, em unidade viva, os problemas do fundamento, da vigência e da eficácia do Direito, com consequências relevantes no que se refere aos problemas básicos das fontes do direito, dos modelos jurídicos e da hermenêutica jurídica. (REALE, 2002, p. 513, 515)

Assim, pois, considera-se tridimensionalismo jurídico específico a concepção, segundo a qual *fatos* e *valores* se integram dialeticamente em um *processo normativo*. Desse modo, o tridimensionalismo constitui uma tentativa de superar as concepções jurídicas abstratamente fundadas no fato, na norma e no valor. (REALE, 2002, p. 194)

Miguel Reale foi um intelectual de excelência: professor, filósofo, jurista, poeta e idealizador de um modelo tridimensional (específico e dialético) que serviria para indicar a conexão inevitável entre três dos fatores determinante do trabalho do jurista, a saber, o *fato*, o *valor* e a *norma*. Surgiu assim, em 1968, uma *Teoria Tridimensional* por meio da qual se caracterizou um estruturalismo jurídico, abordando os aspectos elementares e basilares do Direito.

A internacionalmente conhecida *Teoria Tridimensional* serviria para traçar um mapeamento da estrutura do Direito destacando, essencialmente três domínios. Assim, o Direito estaria composto de três domínios interligados. Contudo, o *caráter normativo* do direito, que outrora motivou outras tantas teorias e concepções, a saber, o "Direito como conjunto de normas", "Teoria do Ordenamento Jurídico", "Teoria da Norma Jurídica", estaria fatalmente conectado, também, a seu aspecto *fático* e *valorativo* (axiológico).

Destarte, o fenômeno jurídico define-se indubitavelmente pela relação necessária entre um *fato jurídico* subjacente e de conteúdo socioeconômico, um valor que, como objeto ideal, constitui-se numa referência para a qualificação do fato e, finalmente, uma norma que representaria o recurso para inibir a ação e modificar a conduta humana. Nessa perspectiva, a *norma* é tida como uma consequência do confronto entre o *fato* e o *valor*.

Assim, o nosso autor supera o pensamento reducionista e analítico vigorante no século XIX que procurava indicar a unidade, a validade e a coerência normativos como únicos problemas dos juristas, ficando esquecidos outros tantos problemas sociais e históricos, que assentados no contexto da realidade jurídica, também preocupam o jurista.

Assim, o confronto entre *formalismo* (lógico-normativo) e *sociologismo* (realismo jurídico) engendraria novos problemas e não resolveria a questão histórica da definição do Direito e sua realidade jurídica. Outro esclarecimento ainda se torna necessário: o formalismo lógico-normativo, em extremo, imputa falho o sociologismo por ignorar o fundamento pelo qual a realidade deve ser ordenada normativamente. Já o sociologismo declara o defeito de um formalismo lógico-normativo que apresenta um Direito morto.

Em síntese: o tridimensionalismo veio para cessar essa disputa. Ora, apresentados os três domínios sobre os quais, também se assentam a cientificidade jurídica (perspectiva científica) e o caráter discursivo (perspectiva discursiva) do Direito.

3.1.5.2 Contribuição metodológica: as três partes integrantes do Direito

De acordo com a Teoria Tridimensional do Direito, o campo dos estudos jurídicos está interligado à organização jurídica (ordem e instituições jurídicas), à evolução legislativa e expressão teórico-doutrinária. Dessa forma, os estudos jurídicos poderão versar sobre a parte teórico-sistemática do Direito: sistemas jurídicos, institutos, normas (sobre uma questão protegida e resolvida por regras jurídicas), sobre a crítica teórica e doutrinária, ou ainda, sobre determinados fenômenos que estão vinculados ao direito.

Para Miguel Reale é impossível lidar com a experiência jurídica sem lidar simultaneamente com os fatos sociais, com os valores e com as normas. Assim, *fatos*, *valores* e *normas* são partes integrantes da experiência jurídica. A interdependência existente entre eles permite pensar o Direito, seja pelo ângulo interno ou externo. Em outras palavras, permite lidar com o Direito como um sistema independente, estudando as normas e sua inserção no ordenamento (ângulo interno), sem descurar que é um sistema dependente dos fatos sociais e dos valores (ângulo externo). O tridimensionalismo, como uma Filosofia Jurídica, baseada na experiência jurídica, contribui para dar um status epistemológico aos procedimentos intelectuais de que se vale o jurista para comprovar, aplicar e conciliar normas de Direito Positivo. (LAFER, 2004, p. 56)

Eis por que a tridimensionalidade do Direito supera o esquema lógico-formalista já visto no positivismo jurídico centrado na norma. O argumento tridimensional do direito abre a possibilidade de identificar o Direito como um fenômeno universal e cultural. O Direito, assim, deveria ser estudado com base numa unidade, constituída pela conexão existente entre as normas, os fatos e os valores. Diz-se de uma orientação que exige do jurista teórico e prático uma compreensão integral do fenômeno jurídico, evitando-se, desta forma, o parcelamento, isto é, a fragmentação do Direito. A verdade é que a fragmentação do Direito reduz sua metodologia a um mero capítulo da Lógica, da Sociologia, da Psicologia ou da Filosofia Moral.

Em suma, a postura tridimensionalista conflita com o *reducionismo jurídico*, assunto a ser estudado no próximo capítulo (Capítulo 9) em que analisaremos as implicações teóricas e práticas da abordagem fragmentada ou unidimensional do

Direito. Resta-nos ainda tratar dos critérios para a crítica jurídica fornecidos pelo tridimensionalismo jurídico. Eis que o tridimensionalismo, como vimos, coloca em evidencia a conexão, talvez dialética entre *norma*, *fato* e *valor*. Nessa dialeticidade, o *valor* se torna o elo mediador e principal que comunica o *fato* à *norma*.

Imaginemos, pois, a seguinte situação: (a) eis um comportamento (conduta) "*X*"; (b) "*X*", de fato, é *um comportamento antijurídico e socialmente perigoso: um comportamento socialmente perigoso deve ser proibido*. Logo, (c) é proibido "*X*". Observe-se que tais são juízos, a saber, juízo de fato (a), juízo de valor (b) e juízo prescritivo (c) justificam a prática do Direito, isto é, os processos de criação (processo legislativo), de interpretativo (a hermenêutica jurídica), e de aplicação da norma jurídica. Ora, tais juízos e processos são objetos e a razão da atividade científica e discursiva do Direito.

Quanto a este aspecto, a realidade jurídica não necessariamente se define pelos pressupostos propostos pelo jusnaturalismo clássico, medieval e moderno. Tampouco o positivismo jurídico seria capaz de abordar integralmente a realidade jurídica por privilegiar a razão de utilidade e não necessariamente a justiça. Os realistas tornariam o fato jurídico em um elemento primário do Direito centrando seu esforço na Sociologia Jurídica (Sociologismo Jurídico).

Neste ponto, julgamos conveniente destacar que o estruturalismo jurídico, proposto pelo tridimensionalismo tanto genérico com específico, é de total utilidade prática, porém orienta parcialmente o trabalho metodológico. Trata-se de uma teoria que facilita a compreensão da comunicação dos domínios *factual*, *valorativo* e *normativo*, e que nos alerta acerca da dialeticidade dos problemas fenomenológico, axiológico e lógico, possibilitando, assim uma análise integral e não fragmentada do Direito.

Por meio da teoria Tridimensional do Direito, desvendam-se os alicerces e fundamento das teorias e dos discursos jurídicos. Abre-se um leque de possibilidades para o trabalho do cientista, tornando-se mais claro o objeto sobre o qual as nossas pesquisas hão de se desenvolver.

Segundo o ponto de vista anterior, a crítica jurídica há de estar fundada na relação dialética entre esses elementos ou domínios do Direito. Aqui a metodologia nos autoriza a indagar as razões da existência das normas e seus diversos problemas: validade, coerência, completude, eficácia, justiça etc. Abre-se, portanto, um leque maior de possibilidades para o estudo de outras importantes perspectivas, a saber, científica e discursiva do Direito que, direta ou indiretamente incidem na atividade prática do jurista.

Deve-se ver o tridimensionalismo como uma teoria que coopera para o estudo dos problemas histórico-culturais do Direito. Talvez a falha do tridimensionalismo esteja na concepção do Direito como um "fato histórico-cultural", ou melhor, como um fenômeno histórico-cultural assentado numa realidade (dialética) limitada á relação dos três domínios aqui estudados. Trata-se, pois, de uma concepção estruturalista do Direito hodiernamente superada pela concepção funcionalista do Direito a ser explicada em próximo tema.

CAPÍTULO 4

Variações Conceituais do Direito

No presente tema cuidaremos das perspectivas jurídico-reducionistas, indicando o aspecto, aparência e forma que adota o Direito quando definido a partir de um enfoque unidimensional ao Direito.

4.1 Reducionismos jusfilosóficos

Por meio do vocábulo "reducionismo", indicamos a tendência a analisar ou descrever o fenômeno jurídico, com base num enfoque unidimensional, considerando como determinante um dos elementos componentes da realidade jurídica, a saber, o *fato*, o *valor* ou a *norma*. Trata-se de uma relação de identidade ou de equivalência vista no modo de pensar o Direito, a partir de perspectivas teóricas limitadas.

A postura reducionista tem como origem a fragmentação da realidade jurídica. O fato é que, segundo o reducionismo, o Direito deve ser concebido em termos linguísticos, lógicos, hermenêuticos, éticos (morais), políticos, ideológicos, psicológicos etc. ou condicionado a uma ideia de Justiça, de Poder, à Natureza, à Economia, à Histórica, à Sociedade etc.

Admitimos, pois, que a unidade existente entre os aspectos *fático*, *axiológico* e *prescritivo* do Direito não foi claramente percebida por alguns jusfilósofos, que consideram o fenômeno jurídico à luz de um ou de dois dos elementos discriminados, dando, assim, origem às teorias reducionistas, por meio das quais se estuda o Direito como *fato* (sociólogos, etnólogos, psicólogos e historiadores do Direito); como *valor* (axiólogos e politólogos do Direito); ou como *norma* (juristas e lógicos do Direito). Como existem três elementos, sugiram as tentativas de setorização do fenômeno jurídico, investigando-se, assim, a eficácia, o fundamento ou a vigência do Direito, motivo pelo qual surgiram concepções unilaterais associadas ao sociologismo jurídico, ao moralismo jurídico ou ao normativismo abstrato. No fundo, o que prevalece é o antigo entendimento positivista da Filosofia como uma "Enciclopédia do saber científico". (REALE, 2002, p. 511, 512,514)

Estudaremos, a seguir, as teorias reducionistas que descrevem o fenômeno jurídico com base na conexão do Direito com a Linguagem, a Lógica, a Hermenêutica, a Ética, a Ideologia, a Política, a Justiça, o Poder, a Psicologia, a Natureza, a Economia, a História, a Cultura e a Sociedade.

4.2 Perspectiva linguística: Direito e Linguagem

A perspectiva linguística do Direito dá-se pela concepção desta área do saber humano como mero texto, isto é, como linguagem escrita: Direito como linguagem, como texto.

A linguagem tem um papel importante na concretude do Direito. O Direito se torna objetivo quando escrito, assim, o jurista é capaz de analisar, caracterizar, descrever e julgar a norma por meio de seu dispositivo, por meio do qual o legislador comunica aos destinatários semelhantes um dever ser, o comando que objetiva inibir a conduta humana.

Eis que o conhecimento jurídico se objetiva por meio da fala ou da escrita. Ele se torna fisicamente objetivo e acessível a todos por meio do discurso. É no discurso onde usamos construções linguísticas que nos auxiliam na objetivação das nossas ideias e concepções. Auxiliamo-nos das palavras para representar objetos e explicar fenômenos. Assim, as *palavras* surgem como sinais sensíveis e necessários da comunicação jurídica.

Chama-se de *signo* ao aspecto material da palavra (o som, a escrita) por meio dos quais designamos os objetos, isto é, toda coisa ou toda representação, de que temos consciência. É por meio da combinação de palavras que objetivamos o nosso pensamento.

Dessa forma, "uma palavra, afirma Paul Ricoeur (1976, p.13), por si mesma não é verdadeira nem falsa, embora uma combinação de palavras possa significar alguma coisa e, no entanto, nada apreende. O suporte deste paradoxo é, mais uma vez, a frase e não a palavra".

As palavras que constituem a linguagem são termos que resultam de uma razão e de uma necessidade, pois, por meio das palavras, representamos as ideias que nós formamos sobre as coisas ou fenômenos; assim, por exemplo, as palavras: imaginar, compreender, conceber, instalar, degustar, confusão, tranquilidade etc. são todas tomadas das operações das coisas sensíveis e aplicadas a certos modos de pensar. Nesse sentido, Leibniz considerava que:

> sendo as palavras empregadas pelos homens para serem sinais das suas ideias, podemos perguntar primeiro como é que estas palavras receberam um sentido determinado. Ora, temos que convir em que tal acontece, não por algum nexo natural que existiria entre certos sons articulados, e certas ideias (pois neste caso só haveria uma língua entre os homens), mas em virtude de uma convenção arbitrária, em razão da qual certa palavra se tornou o sinal de certa ideia. (LEIBNIZ, 1996, p. 267)

Certamente, durante o processo de análise e resoluções dos problemas jurídicos procuramos estabelecer relações entre os fenômenos, por meio das palavras, os termos ou nomes. Assim, com as palavras representamos situações e relações de direito quer voluntária quer involuntárias, por exemplo: "contrato" – "casamento" – "morte" – "nascimento", nessas sequências e termos conclui-se que a "morte" e o "nascimento" são "fatos jurídicos" e "contrato" e "casamento", mais do que simples fatos, são atos jurídicos. A significação de tais construtos dá-se pela definição aceita na doutrina construída na própria ciência. Tais recursos linguísticos servem para relacionar as unidades de observação com as variáveis, ou estas últimas entre si. Assim, o contrato é uma relação jurídica que, com caráter patrimonial, vincula a duas ou mais pessoas. Eis uma definição que deriva da relação entre os construtos: contrato, relação jurídica, patrimônio.

Pois bem, por meio das palavras ou termos designamos as propriedades, qualidade, quantidades das pessoas, fenômenos e coisas. Tal designação ajuda na formação das ideias que temos do mundo que nos cerca, ou seja, na distinção das pessoas: jovem, velho, alto, calvo, inteligente, magro etc. e das coisas: doce, salgado, preto, etc. No caso específico do Direito, usamos denominações para indicar um aspecto (campo de ação) mais concreto do conceito: exemplos: Direito – Direito Civil, Norma – Norma Jurídica, Relação – Relação Jurídica, Contrato – Contrato do Trabalho.

Assim, a linguagem facilita a passagem da norma pensada à regra escrita, tornando-se a escrita num verdadeiro dado, um instrumento de realização da vontade do legislador que representa a vontade da sociedade.

Todavia, a linguagem é o instrumento de concretude da Ciência do Direito, nasce aqui a ideia do discurso escrito como uma interessante perspectiva do Direito. Nesse sentido, na escrita se traduz o pensamento do jurista teórico (doutrinador) do jurista prático (operador do direito: legislador, juiz, advogado, promotor etc.)

Entenda-se a escrita como a produção intelectual e normativa. É o recurso por meio do qual passamos do discurso oral ao escrito, ora sustentado nos tipos de linguagem, a saber, explicativa (descritiva) ou prescritiva.

Certo é que a escrita simboliza a realidade objetiva que se explica ou se prescreve como é o caso das teorias e da ordem normativa. Entre as grandes vantagens da escrita (Direito escrito) é a fixação do pensamento buscando a aproximação da certa jurídica.

Resumindo, do entrelaçamento entre linguagem e Direito podemos concluir:

Primeiro: a escrita (texto jurídico escrito) é o resultado de uma atividade humana, que visa a um objetivo ou finalidade: explicar, demonstrar, prescrever etc. o que se torna possível por meio de um sistema linguístico, isto é, o uso de uma terminologia apropriada.

Segundo: verifica-se a conexão entre realidade empírica (fato ou conduta) e o mundo intelectual (o pensamento feito texto). Eis que as palavras, frases e proposições tornam-se objeto do nosso estudo, por refletirem as propriedades (qualidades, quantidades) dos fatos e a oportunidade das normas.

Terceiro: a linguagem é um instrumento do Direito, isto é, um veículo para sua objetivação por meio de símbolos ou das construções linguísticas destinadas a expressar e perpetuar o pensamento do autor e a intenção do legislador.

4.2.1 A linguagem jurídica

A linguagem tem um papel importante na formação da consciência e do conhecimento. O homem, como ser social, sente, escuta, analisa, julgar, afirma, nega, deseja e também comunica aos seus semelhantes as suas impressões e seus pensamentos. Assim, a linguagem facilita a passagem da contemplação, isto é, da cognição sensorial ao pensamento generalizado e abstrato, e daí ao conhecimento concreto e objetivo.

A linguagem é o instrumento comum do qual nos servimos para compreender o nexo que existe entre o conhecimento *subjetivo* e *objetivo*. O estudo da linguagem, ainda que breve, nos permitiria conhecer melhor o nexo existente entre pensamento humano e a produção intelectual. Entenda-se por produção intelectual: a produção artística, (poemas, narrativas, ensaios e obras literárias), filosófica, religiosa ou científica onde, como bem afirma Paul Ricoeur (1976, p. 40), a escrita toma o lugar da fala.

Para Ricoeur (1976, p. 40), a escrita não é apenas a fixação de um discurso oral prévio, a inscrição de uma linguagem falada, mas é o pensamento humano diretamente trazido á escrita sem o estádio intermediário da linguagem falada. Certo é que racionalidade, linguagem, descrição e argumento, todos se podem referir tanto a alguma realidade objetiva como a alguma teoria (crítica). Portanto, aos efeitos de nosso estudo, concordamos com a ideia de que o conhecimento (subjetivo e objetivo) e a linguagem estão estreitamente ligados.

Geralmente podemos operar com um dado conhecimento só quando este se adotou na forma da linguagem. Destarte, por meio da linguagem (da palavra articulada), podemos expressar, isto é, representar os pensamentos e as opiniões formadas tendo como base objetos, fenômenos e idéias. Assim, a linguagem aparece como um meio que vincula as nossas mentes ao mundo.

É obvio que para explicitar o nosso conhecimento, isto é, para explicar uma ideia ou teoria devemos usar palavras. Para compreender o significado do explicitado (explicado) investigamos (interpretamos) o sentido e o alcance da fala ou da escrita, descendo da ideia à palavra que a exprime. Assim sendo, todo homem é capaz de falar, pois é capaz de compreender os sinais, e a reflexão da qual se serve intencionalmente. O homem é capaz de conhecer e refletir a realidade por meio do pensamento, no entanto, a linguagem designa e expressa o pensamento, eis o nexo entre a linguagem e o conhecimento.

Contudo, qualquer que sejam as prerrogativas da linguagem falada, as palavras se perdem; daí a necessidade de fixá-la, expressá-la por meio da escrita. É nesse sentido que o pensamento humano é trazido à escrita, tomando a esta última o lugar da fala. (RICOEUR, 1976, p. 40)

Entre as grandes vantagens da escrita, podemos destacar a sua fixidez, sua permanência. Fixando o pensamento, a escrita o coloca em condições de perdurar no tempo e espaço, de falar aos ausentes e às gerações futuras. Assim, podemos dizer que a escrita é a memória da humanidade.

Resumindo, do entrelaçamento das duas *espécies* de conhecimento aqui estudadas e a linguagem podemos deduzir:

Primeiro: O conhecimento é o resultado da atividade humana, isto é, uma assimilação ideal da realidade (objetiva ou subjetiva) indispensável para o desenvolvimento humano, sendo que tal conhecimento se expressa mediante um sistema linguístico.

Segundo: Existe uma estreita relação entre realidade, pensamento e linguagem, pois as palavras refletem propriedades (qualidades, quantidades ou valores) já vistas nos fenômenos, nas coisas e, ainda, nas ideias. Assim sendo, sem uma ideia a exprimir, a palavra já não é palavra, mas mero som. Todo pensamento permanece mais ou menos incompleto enquanto não se houver revestido de expressão oral ou mental.

Terceiro: A linguagem é um instrumento do conhecimento, isto é, um conjunto de sinais destinados a exprimir o pensamento. Assim, antes de exprimir um sinal, precisamos de alguma coisa a significar. Nesse sentido, o fim principal da linguagem é comunicar o pensamento (o conhecimento) e instruir a quem lê, escuta e se interessa pelas ciências e pela cultura.

A finalidade do discurso exige de uma tipologia de linguagem específica, a saber: *valorativa*, *descritiva*, *prescritiva*. Assim, por exemplo, a linguagem científica - doutrinária é essencialmente descritiva e argumentativa (exemplo: *A* é *B*, por *C*), isto é, tem como função a descrição e a argumentação das teses. O juízo valorativo resulta da linguagem valorativa, isto é, se faz possível quando invocamos valores (Se *A* é Justo, *A* é Bom). Já o texto normativo se constrói com recursos próprios da linguagem prescritiva (Se *A* é Ruim, deve ser proibido. Logo, não é permitido *A* ou se *A*, deve ser *B, mas, se não B, então C* – sanção).

Destarte, o Direito se faz cada dia mais simbólico pela necessidade da escrita (discurso). Observa-se que tanto as teorias quanto os códigos existem como um sistema de signos, isto é, de símbolos, por meio dos quais se procura explicar, descrever ou prescrever ou fato ou a conduta.

Devido a essa conexão, modernamente alguns autores se empenham em demonstrar que o Direito é um texto: o Direito como Texto, buscando nesse texto, ora como objeto de estudo, os problemas que nascem da lógica ou da interpretação (hermenêutica). A teoria é falha quando unicamente coloca em relevância a norma, isto é, a linguagem prescritiva.

Como exemplo mais recente citamos a *Teoria Comunicacional do Direito*, por meio da qual se propõe uma nova leitura do direito, tomando como tese principal que o Direito é um grande fato comunicacional. Trata-se de uma concepção que tem em vista a perspectiva histórica, numa analise longitudinal da realidade. Tal perspectiva teórica situa-se no marco da filosofia da linguagem, mas pressupõe interessante combinação entre o método analítico e o hermenêutico. Diz-se de uma nova e instigante Teoria do Direito, que se ocupa das normas jurídicas enquanto mensagens produzidas pela autoridade competente e dirigidas aos integrantes da comunidade social. (ROBLES, 2005)

4.2.1.1 O Direito como Texto

Autores que consideram ser o Direito um Texto insistem na ideia de que o Direito é um mero sistema de comunicação. Assim, qualquer análise do fenômeno jurídico há de ser feito "percorrendo o estudo do emitente, da mensagem, do meio e do receptor". (ROBLES, 2005)

A concepção em estudo considera que o Direito se manifesta necessariamente na forma de linguagem: é linguagem é texto. Contudo, todo direito é uma mensagem expressa em forma de texto, supera-se a já criticada "teoria normativa ou pura do direito".

Ao reduzirmos o Direito a um Texto assumimos o caráter linguístico do Direito e, conciliando o método analítico com o hermenêutico, se pretende investigar os diferentes discursos que se produzem em seu âmbito. (ROBLES, 2005)

Assim, ensina Gregório Robles (2005, p. 1-2),

> cada ordenamento jurídico é um texto gerado por *atos de fala*, que denominamos *decisões* jurídicas. As decisões geram texto num processo inacabado até que o ordenamento, por qualquer razão, desapareça. Conforme o nosso autor, as decisões produzem texto *verbalizado* cujas unidades elementares chamamos de *normas jurídicas*. Estas normas jurídicas não são proporcionadas diretamente pelas decisões, mas, em verdade, constituem o resultado de uma reconstrução hermenêutica que opera sobre o *material bruto* do *ordenamento*. O conjunto das normas forma o *sistema jurídico*, conceito paralelo ao de ordenamento, mas que não se confunde com ele porque o *sistema* também é produto da reconstrução hermenêutica do material bruto que o ordenamento é.

Conforme o citado autor, as decisões e as normas se articulam em torno de unidades mais amplas que estas últimas, chamadas instituições jurídicas. Estas refletem o aspecto organizador do texto jurídico, que não pode ser entendido como mera agregação de normas.[23]

Veja-se aí que, conforme esse argumento, o direito continua a ser norma prescritiva de conduta. A contribuição da teoria radica na necessidade de orientar, por meio de tais normas, o comportamento humano, conforme os valores presentes na consciência coletiva. Porém é falha ao esquecer outros tantos domínios do Direito.

Atribuímos ao reducionismo em estudo a seguinte repercussão metodológica:

1. Contribuição epistemológica: Por meio da teoria comunicacional do Direito se nos apresenta o direito como linguagem (não como um direito puro: ordenamento), mas como o material empírico (sistema impuro[24]), objeto das pesquisas, que orienta o comportamento das pessoas de tal modo que se estabeleçam os valores presentes na consciência coletiva.

2. Contribuição metodológica: A teoria aponta o método hermenêutico-analítico como recurso metodológico necessário para a abordagem do direito escrito. Assim, nos fornece as bases para novas formar (axiologia) de interpretação e de argumentação jurídicas.

Consideramos que, como valor metodológico, a teoria nos propõe o direito como o material empírico das pesquisas e o método hermenêutico-analítico como recurso necessário para sua abordagem. É uma justificação dos motivos dos reducionismos lógico e hermenêutico que, a seguir, estudaremos.

4.3 Perspectiva lógica: Direito e Lógica

O reducionismo lógico coloca o Direito como resultado das operações lógicas. O conhecimento do uso da linguagem e da lógica jurídica permitiria entender corretamente o sentido dado à redação da norma. Igualmente, o conhecimento do uso da linguagem e da lógica jurídica é ferramenta fundamental que nos permite argumentar uma sentença, fundamentar adequadamente um relatório e realizar todo o trabalho de aplicação da lei.

A lógica formal é, consoante se vê, o estudo das estruturas formais do conhecimento, ou do "pensamento sem conteúdo", isto é, dos signos e formas expressionais do pensamento, em sua consequencialidade essencial. No campo da Lógica forma, o que importa é a consequência rigorosa das proposições entre si, e não a adequação de seus enunciados com os objetos a que se referem. (REALE, 2002)

Certamente, o Direito, sendo uma ciência, também tem sua Lógica. Há uma Lógica Jurídica ou uma Lógica do Direito, que trabalha, evidentemente, com categorias ideais, porquanto toda Lógica só o é em razão de objetos ideais. Isto não quer dizer, porém, que a Ciência Jurídica, seja toda ela reduzível a uma Lógica ou só concebível segundo estruturas lógico-formais. A Lógica condiciona todo conhecimento científico, mas não esgota esse condicionamento. Juristas contemporâneos acabam reduzindo o

---

[23] Tem especial importância a diferenciação entre o conceito e ordenamento e o conceito de sistema. Para o autor, o ordenamento é o texto jurídico bruto, resultado da atividade de decisão, o sistema representa o texto jurídico elaborado graças ao trabalho da dogmática jurídica. Esta não é entendida como uma ciência descritiva, mas construtiva e prática; e o sistema que ela produz é o verdadeiro centro de interesse da teoria do direito.

[24] Consideramos a norma (conjunto de normas: ordenamento) um material impuro, pois os processos da sua criação, interpretação e integração se ligam a outros fatores não normativos (sociológico, político e valorativo).

Direito a uma ciência puramente ideal. Assim, por exemplo, para alguns seguidores de Hans Kelsen a Ciência do Direito é uma ciência que tem por objeto normas, entendidas estas como puros juízos lógicos e objetos ideais. Esta tese que se continha na formulação originária da chamada "Teoria Pura do Direito", se apresenta com muitas ramificações, em vários países, inclusive na América Latina e no Brasil. Mas, posteriormente, Kelsen veio a reconhecer que a norma jurídica não é mera entidade lógica e que a questão primordial para toda a teoria do Direito, não é um problema de Lógica. (REALE, 2002, p. 185)

4.4 Perspectiva hermenêutica: Direito e Interpretação

Este segundo modelo, diz Tércio Sampaio (1980, p. 48), vê a decidibilidade do ângulo da sua relevância significativa. Trata-se aqui, acentua o autor, de uma relação entre a hipótese de conflito e a hipótese de decisão, tendo em vista o seu sentido. A Ciência do Direito, neste caso, se assume como atividade interpretativa, constituindo-se como um sistema compreensivo do comportamento humano.

A interpretação jurídica é vista como a essência do direito, portanto, se afirma que o direito é essencialmente uma ciência hermenêutica, em que o jurista busca o sentido, alcance e finalidade da norma nos textos legais. Então, o jurista já não só tem como atividade fundamental a configuração sistematicamente a ordem normativa, mas também determinar o sentido das normas colocadas nesse sistema.

Destarte, da consideração do direito como um sistema de normas, surgiu a ideia da necessidade de interpretá-lo a partir do conceito de sua unidade, assim sendo, interpretar o direito era analisar a norma dentro um sistema. A neutralidade da interpretação normativa é determinante para a obtenção das conclusões que possibilitem a aplicação do Direito. Assim sendo, se reconhece que "a função do cientista do Direito não é a mera transcrição da norma, já que estas não se agrupam em um todo ordenado, mas sim a descrição e a interpretação, que consistem, fundamentalmente, na determinação das consequências que derivam dessas normas". (DINIZ, 1998, p 9)

Vale aqui observar uma importante diferença entre o campo de ação da interpretação e da hermenêutica. A interpretação é um processo pelo qual se obtém o fim (determinação do sentido e alcance da norma). A hermenêutica é a teoria que serve de ferramenta para alcançar esse fim, pois os critérios hermenêuticos nos orientam na interpretação restritiva ou extensiva da norma. Destarte, o modelo interpretativo possibilita compreender o porquê das normas jurídicas, ou melhor, por que as normas jurídicas devem ser concebidas dentro de um esquema sistemático que, como vimos no modelo anterior, se respeita a questão de hierarquia do direito.

Do ponto de vista metodológico, pensamos que o modelo hermenêutico não tem como objetivo resolver as questões que geram a obscuridade normativa, porém, busca-se por meio dele estimular a interpretação a partir do estudo dos métodos com os quais o intérprete possa tirar conclusões sobre as deficiências normativas e se aprofundar nas questões das deficiências que limitam o entendimento do sentido, alcance, aplicação das normas e solução dos conflitos jurídicos.

Para alguns hermeneutas interpretar uma lei implica desenvolver um processo em que se vinculam a razão, a sabedoria e a experiência ao conteúdo das relações jurídicas e das proposições prescritivas. Outros preferem afirmar que interpretar é atribuir o sentido à norma jurídica, observando a realidade ou fenômeno vinculado a ela, consistindo a atividade interpretativa na busca do sentido e significado das normas jurídicas, por meio dos textos ou signos de exteriorização. (DIEZ-PICAZO, 1995, p. 113)

Contudo, é comum encontrar nos textos a concepção que explica a interpretação jurídica como um processo importante por meio do qual o intérprete, com o auxílio da hermenêutica jurídica, se situa no lugar e nível do legislador para repetir artificialmente sua atividade. Para Carlos Maximiliano (1996, p. 1), por exemplo, "a hermenêutica jurídica tem por objeto o estudo e a sistematização dos processos aplicáveis para determinar o sentido e o alcance das expressões do direito".

Sobre a interpretação normativa tem-se formulado vários sistemas, conceitos e classificação que, devido a sua extensão não serão tratadas no presente estudo, no entanto, podem ser vistas em noutros importantes trabalhos. (FRANÇA, 1999)

O que mais nos interessa da análise desses sistemas (conceitos e classificações) é destacar que, ainda que toda interpretação verse sobre uma norma jurídica, qualquer que seja a fonte de sua produção, o resultado obtido pelo intérprete dá lugar a uma interpretação declarativa, se o conteúdo da norma coincide com o que se desprende de seu texto; e a outra que, a grosso modo, pode-se denominar modificativa quando introduz alguma correção. Como bem afirma Luiz Diez Picazo, o intérprete não pode corrigir o conteúdo da lei, mas pode estender ou restringir sua formulação literal, se resultar não-ajustada, para se ajustar a seu conteúdo substancial, à sua *ratio*. (DIEZ-PICAZO, 1995, p. 120)

Entre os vários sistemas interpretativos da norma jurídica, apresentam-se como mais importantes: o dogmático, o exegético (jurídico-tradicional); o histórico-evolutivo; o da livre pesquisa ou livre criação do direito. Reduzir o Direito a mera interpretação é apresentar a interpretação como a atividade mais importante do jurista, servindo-se da hermenêutica como recurso para desvendar o sentido e o alcance dos textos jurídicos. Contudo, considera-se o direito como ciência hermenêutica.

Fala-se do século XI, época da chamada *Ciência europeia* do Direito de Bolonha em que aparece uma resenha crítica dos Digestos justinianeus transformados em texto escolar do *jus civile europeu*. Os juristas da época tomam como base os textos de Justiniano e passaram a dar-lhe um tratamento metódico, cujas raízes estavam nas técnicas explicativas usadas em aulas. Desenvolveu-se uma técnica especial de abordagem de textos pré-fabricados e aceitos por sua autoridade, caracterizada pela glosa gramatical e filológica, pela exegese ou explicação do sentido, pela concordância, pela distinção. Na leitura e aplicação dos textos dogmáticos, o jurista se empenhava numa harmonização, procurando paralelos e concordância entre eles, buscando também distinguir peculiaridades das regras, sanando, assim, as contradições. Essa tarefa pode ser denominada exegética ou interpretativa, era o modo de enfrentar a falta de acordo relativamente comum dos textos. (FERRAZ, 1980, p. 21-22)

Carlos Maximiliano (1996, p 11) assinala como causas da interpretação, as dúvidas surgidas após a promulgação dos instrumentos jurídicos sobre a aplicação de dispositivos bem redigidos, pois acontece que o legislador oferece preceitos abstratos, traçando os delineamentos exteriores da ordem jurídica, dentre os quais o intérprete acomoda isoladamente o caso concreto.

Os problemas da interpretação das normas também estão vinculados à linguagem e à lógica jurídica e por este motivo ao se interpretar deve-se utilizar o método exegético-analítico, com o qual se verifica a intenção do legislador, por meio da análise do sentido das palavras utilizadas no texto.

Em resumo, foram aceitos, a partir da contribuição de Savigny à teoria do direito, diferentes critérios na interpretação das normas jurídicas: gramatical, lógico, histórico e sistemático, representando diversas atividades que têm que estar unidas para que a interpretação tenha sucesso, pois, caso contrário, como afirma Engish, apenas se encobre o problema de uma forma elegante, pela inexistência de ordenação e hierarquia entre os critérios interpretativos, conduzindo a resultados contraditórios. (MAXIMILIANO, 1996, p 11)

Em épocas posteriores, a hermenêutica passou a formar parte das ciências jurídicas como uma atividade que facilita a sistematização dos processos utilizados para obtenção de uma interpretação efetiva das normas. Assim, a hermenêutica se constituiu como uma técnica para a interpretação correta das leis, seguindo determinado sistema de regras já estabelecidas.

Assim, o caráter geral e abstrato da lei é entendido como uma das causas da interpretação jurídica.

4.5 Perspectiva moralista: Direito e Moral

O reducionismo jusmoralista (moralismo jurídico) acaba por identificar o Direito com a moral, reduzindo o Direito, ora concebido como um conjunto de normas jurídicas, a um mero capítulo da Filosofia moral.

Contudo, o estudo das regras de *dever ser*, coloca a experiência moral ao lado da experiência religiosa e da experiência jurídico-política. Os esforços de diferenciar Direito e moral não devem ser maiores que os de demonstrar suas imbricações. O Direito pode caminhar em consonância com os ditames morais de uma sociedade, assim como andar em dissonância com os mesmos. (BITTAR, 2009, p. 501, 503)

Em verdade, se existe uma interconexão entre a norma jurídica e a norma moral, suas semelhanças e diferenças são também evidentes. É por esse motivo, que "o tema da relação entre Direito e Moral, normalmente seja tratado de forma que se indique a experiência moral e a norma moral como anteriores, sobretudo tendo-se em vista o cronológico surgimento das regras de direito relativamente às regras da moral". (BITTAR, 2009, p. 502)

À primeira vista, parece acertado dizer-se que "o Direito se alimenta da moral, tem seu surgimento a partir da moral, e convive com a moral continuamente, enviando-lhe novos conceitos e normas, e recebendo novos conceitos e normas". Conforme essa perspectiva, a moral seria uma espécie de ponto de partida e de ponte de chegada do Direito. Com isso, conclui-se também que "Direito sem moral, ou Direito contrário às aspirações morais de uma comunidade, é puro arbítrio, e não Direito". (BITTAR, 2009, p. 506)

Certamente, a concepção do direito envolve a polêmica originada da relação entre Moral e Direito. Assim, afirma Robert Alexy (2009, p. 3-5):

> Apesar de uma discussão de mais de dois mil anos, duas posições fundamentais continuam se contrapondo: a positivista e a não positivista.
>
> Todas as teorias positivistas defendem a *tese da separação*. Esta determina que o conceito de direito deve ser definido de modo que não inclua elementos morais. A tese da separação postula que não existe nenhuma conexão conceitualmente necessária entre o direito e a moral, entre aquilo que o direito ordena e aquilo que a justiça exige, ou entre o direito como ele é e como ele deve ser [...]. Assim, ao conceito positivista de direito restam apenas dois elementos de definição: o da legalidade conforme o ordenamento

> ou dotada de autoridade e o da eficácia social. As numerosas variantes do positivismo jurídico resultam das distintas interpretações e ponderações desses dois elementos de definição. Todas elas têm em comum o fato de considerarem que o que é direito depende exclusivamente do que é estabelecido e/ou eficaz. Uma correção quanto ao conteúdo, seja que de que natureza for, não tem nenhuma importância.
>
> Em contrapartida, todas as teorias não positivistas defendem a *tese da vinculação*. Esta determina que o conceito de direito deve ser definido de modo que contenha elementos morais. Apesar disso, nenhum não positivista que deva ser levado a sério exclui do conceito de direito os elementos da legalidade conforme o ordenamento e da eficácia social. O que o diferencia do positivista é muito mais a concepção de que o conceito de direito deve ser definido de forma que, além dessas características que se orientam por tatos reais, inclua elementos morais. Mais uma vez, são possíveis as mais diversas interpretações e ponderações.

Dessa relação entre Direito e Moral vemos que, por exemplo, a norma jurídica é sempre coercitiva, escrita, e sempre resultado de um processo legislativo e deduzida conforme à utilidade e a um sistema de valores observado pelo legislador. Se bem que em ambas as áreas, encontramos uma ideia de sanção, a sanção jurídica é diferente da sanção moral. A sanção jurídica é evidente, explicita na norma escrita. Já a sanção moral é pressuposta e declarada positiva e negativamente pela sociedade, também conforme a um sistema de valores.

A inclusão da moral no Direito ajuda a resolver alguns problemas, mas cria também vários inconvenientes. Os problemas que a inclusão da moral pode ajudar a solucionar são, em primeiro lugar, o problema das avaliações básicas próprias da fundamentação e da justificação do direito; em segundo lugar, o problema da realização da aplicação do direito e, em terceiro lugar, o problema dos limites do direito. Assim, se concebermos a moral como algo incluído no direito, as razoes morais podem e devem participar na justificação das decisões jurídicas, quando esgotadas as razões autoritativas. A teoria do raciocínio jurídico tenta explicar este fenômeno, concebendo a este último como um caso especial de raciocínio prático geral.[25]

Todavia, o objeto da norma jurídica sempre será o fato jurídico simples e humano, voluntário ou involuntário (fato jurídico e ato jurídico). Já o objeto da norma moral é sempre a conduta humana: ato jurídico ou não jurídico, isto é, o fato humano sempre voluntário: conduta humana. Assim sendo, o fato natural, não voluntário (ex. maioridade, morte, nascimento, causa telúrica etc.), não é cuidado pela Ética e sim pelo Direito.

4.6 Perspectiva axiológica: Direito e Justiça

Posturas jusnaturalistas reduzem o Direito à Justiça, afirmando que as normas jurídicas vigorantes num determinado país são instrumentos de realização da justiça. Vê-se, assim, a justiça como um "elemento fundante do ordenamento jurídico [...]. A justiça, nesse sentido, passa a ser *ratio essendi* do Direito, que por si e em si, sem esse parâmetro valorativo, não possui sentido". (BITTAR, 2009, p. 509)

Afirma-se que o direito é o objeto da justiça, estabelece uma ordem para a convivência humana, sob a exigência da Justiça, ordem que, numa determinada comunidade jurídica, se sabe vinculante a cada momento. (LARENZ, *apud*, CUSTÓDIO, 1989, p. 1)

---

[25] ALEXY, Robert. *La Naturaleza de la Filosofía del Derecho*. Texto publicado en Associations 7 (1), 2003, p. 63-75. Disponível em: www.cervantesvirtual.com/ Acesso em 11,11,2011.

Especificamente, as teorias do direito natural asseveram que o direito, em sua natureza essencial, vincula-se aos valores da justiça, do correto e do bem comum. (SIMMONDS, 2002, p. 390-391)

Pode-se objetar que o Direito não é primordialmente valor, como afirmam os jusnaturalistas históricos e modernos. Se bem que o Direito se funda em valores, ele é o resultado da combinação dialética entre o fato, valor e a norma. Daí ser inconsequente reduzir o Direito á Justiça. Diz-se de um reducionismo que procura igualar o direito á justiça e que acaba por afirmar que Direito injusto não é Direito.

Afirma-se que o direito é o objeto da justiça, estabelece uma ordem para a convivência humana, sob a exigência da Justiça, ordem que, numa determinada comunidade jurídica, se sabe vinculante a cada momento. (LARENZ, *apud*, CUSTÓDIO, 1989, p. 1)

A ideia de Justiça se dá por meio da "solidariedade ética, que a justiça objetiva, implica antes uma tensão viva os quadrantes da história, sendo o Direito uma força decisiva na sempre almejada composição social de valores". (REALE, 2002, p. 190)

O problema da *justiça*, ensina Bobbio (2001, p. 45 - 52), é o problema da correspondência ou não da norma aos valores últimos ou finais que inspiram um determinado ordenamento jurídico. Bastaria constatar que todo ordenamento jurídico persegue certos fins, estes fins representam os valores a cuja realização o legislador, mais ou menos conscientemente (ou adequadamente), dirige a sua própria obra a pergunta de se uma norma é *justa* ou *injusta* equivale a perguntar se é apta ou não a realizar esses valores (universais ou históricos que inspiram certo ordenamento jurídico). O problema se uma norma é justa ou não é um aspecto do contraste entre o *mundo ideal* e o *mundo real*, entre o que *deve ser* e o que *é*: norma justa é aquela que deve ser; norma injusta é aquela que não deveria ser. Por isso, o problema da justiça se denomina comumente de problema *deontológico*[26] do Direito. 1. *O problema da justiça* dá lugar a todas aquelas investigações que visam elucidar os valores supremos a que tende o Direito, em outras palavras, os fins sociais. Nasce daí a Filosofia Jurídica como *Teoria da Justiça*.

Com efeito, "o que se percebe é que Direito e justiça são conceitos diferentes, que às vezes andam em sintonia, às vezes em dissintonia". (BITTAR, 2009, p. 510)

4.7 Perspectiva estatalista: Direito e Poder

O Direito, quando visto como um conjunto de dispositivos, também se considera mero instrumento de poder, como uma faculdade de obrigar da classe governante.

É uma acepção subjetiva do direito que insiste em mostrar que ele não é mais que um conjunto de faculdades concedidas ou reconhecidas às pessoas ou titulares. Afirma-se, pois, que o direito (direito estrito) "se funda, na verdade, na consciência da obrigação de todos, segundo a lei; porém, para determinar o arbítrio em consequência dessa obrigação, o direito estrito ou puro (aquele em que não se mescla nada próprio da moral) não pode nem deve se referir a essa consciência como móvel; pelo contrário, deve se apoiar no princípio da possibilidade de todos, segundo leis gerais [...]. O direito e a faculdade de obrigar são, portanto, uma mesma coisa". (KANT, 1993, p. 48)

Conforme essa postura reducionista, o Direito não é uma formalização abstrata e geral, Direito não é um valor universal, que pretende mudar a conduta humana para que

---

[26] 1. O estudo dos princípios, fundamentos e sistemas de moral. 2.Tratado dos deveres.

no futuro se ajustem a modelos preestabelecidos. Poder-se-ia dizer que as normas não são como as ideias, não são uma expressão idealista do mundo, algo ao qual a realidade deve-se ajustar, mas simplesmente instrumentos dinâmicos para resolver os problemas que essa mesma realidade contém. (DÍEZ-PICAZO, 1999, p. 5-22)

Visto que o Direito está conformado por um conjunto de normas sancionadas pela força do Estado, concebe-se o mesmo como uma expressão da vontade da classe dominante, estando o mesmo "a serviço do poder, é um trabalho incessante, não somente dos poderes públicos, mas ainda de uma nação inteira" (RUDOLF, 1996, p 1). Contudo, o Direito, se afirma, é uma expressão dos interesses de classe.

O reducionismo em questão está muito ligado à "teoria do Direito como norma" (norma coativa) está a "teoria imperativista da norma" que apresenta como centro nuclear a noção de vontade que "dá a oportunidade de ver na norma jurídica uma relação de superioridade entre o que ordena e o que recebe a ordem, explicando-se a impositividade do direito como um caso de um querer dotado de poder". (FERRAZ, 1980, p. 51)

Desta forma os que reduzem o Direito ao poder consideram que o primeiro é um conjunto de normas impostas pelo Estado, por uma autoridade que tem o poder de fazê-la respeitar, recorrendo em última instancia também à força. Em outras palavras, se reduz o Direito não mais a conjuntos de normas derivadas de princípios éticos, mas a produto de um poder capaz de impor regras de conduta a um grupo social. (BOBBIO, 2008, p. 200, 201)

Juristas definem o poder como uma forma específica de situação subjetiva ativa que consiste na capacidade, atribuída a certos sujeitos pelo ordenamento, de produzir efeitos jurídicos. Assim, o ordenamento jurídico só existe se tem como fundamento um poder. O poder sem direito é cego, mas o direito sem poder é vazio. Logo, não é a sabedoria, mas a autoridade quem cria a lei. (BOBBIO, 2008, p. 195-198)

Existem íntimas conexões entre os conceitos Direito e Poder. "A conexão é muito estreita tanto se por 'Direito' entendemos o Direito em sentido objetivo, isto é, um conjunto de normas vinculadoras, que passam a vigorar recorrendo em última instância à coação". (BOBBIO, 2008, p. 194)

O poder é elemento essencial no processo de criação e de aplicação da norma jurídica. Isso porque "toda norma jurídica envolve uma opção, uma decisão por um dentre muitos caminhos possíveis. É, precisamente, essa necessidade da escolha de uma diretriz de conduta que nos revela o que há de essencial na relação entre norma e poder". (DINIZ, 1996, p. 25)

Nítida é, portanto, a relação entre Direito e Poder, quando considerado o primeiro como um conjunto de normas. É evidente que o Direito positivado é oriundo de uma decisão do Poder legislativo de um Estado que segue orientações resultantes da política de uma nação ou país. Logo, o Direito vê-se como consequência de poder e competência. Assim sendo, ele existe e é válido desde que criado por agentes nomeados e representantes do Estado, quem ditam as normas jurídicas.

Em consonância com isso, não seria possível que "uma norma se torne norma de Direito positivo sem poder. Clara é a implicação do poder na gênese de uma norma jurídica, pois é a coparticipação opcional da inteligência governante que converte em norma uma dentre as muitas vias normativas possíveis. A vida plena do direito depende, portanto, de um poder". (DINIZ, 1996, p. 27)

Assim sendo, somente será jurídica a declaração de vontade do grupo que detenha o poder nesse Estado. Logo, o Direito seria uma consequência do Poder e da Política.

4.8 Perspectiva ideológica: Direito e Ideologia

O Direito é consequência de uma ideologia. Assim, o Direito é uma forma de expressão das ideias de grupos e classes, acerca do lícito e o ilícito, do legal e do ilegal, do justo e do injusto e sobre as formas de regulamentação das relações sociais. Tal ideologia se expressa por grupos de especialistas em trabalhos sobre teoria do Direito.

O Direito e suas normas historicamente foram concebidos como puras entidades ideais, "de tal modo que seria impossível pensar uma norma ou preceito jurídico, sem o representar no mundo das ideias". (REALE, 2002, p. 186)

Portanto, o Direito seria uma espécie de ciência das ideias, sistema de normas ou preceitos ideais. Um conjunto sistematizado de ideias, valores e doutrinas que cercam e defendem os interesses de determinada sociedade (grupo ou classe social). O Direito se reduz, assim, a um sistema de ideias dogmaticamente organizado como um instrumento de luta política, criado a partir de crenças próprias de um lugar ou época.

Conclui-se que o Direito é, em verdade, uma construção ideológica que deriva da vontade de uma classe economicamente dominante. Ora, "onde domina a *voluntas* e não a *lex*, temos não um rei, mas um tirano". (BOBBIO, 2008, p. 205)

O interesse dos ideólogos do Direito é afiançar, justificar ou fundamentar, por meio de teorias e doutrinas jurídicas, o ordenamento jurídico que defende, influindo na mente e sentimento dos demais. Desse modo, a consciência jurídica se forma, tanto pela influência das condições da vida jurídica dos indivíduos, como pela influência das ideias, teorias, doutrinas e teses jurídicas elaboradas pelos ideólogos. Portanto, o lugar da ideologia no estudo do Direito seria de extrema importância.

4.9 Perspectiva economicista: Direito e Economia

O reducionismo economicista pretende afirmar que o Direito depende da economia, pois, "toda relação jurídica possui fundo econômico, e retrata determinada condição de relações socioeconômicas predominantes". (BITTAR, 2009, p. 357)

Conforme a compreensão marxista, o Direito forma parte da Superestrutura dos Estados e encontra-se vinculado e dependente à base econômica por meio de uma necessária lei de correspondência.

Assim, as normas jurídicas não devem ser vistas como uma ordem formal e isoladas das relações socioeconômicas, elas estão condicionadas a um conjunto de relações de produção: distribuição, intercâmbio e consumo de uma determinada Formação Econômica Social (F.E.S.).

Contrariando o reducionismo economicistas podemos afirmar que, se o Direito se relaciona com a economia, sua autonomia dele o separa. Logo, Direito não é economia, isto é, não é necessariamente resultado da produção econômica, mas regula a ordem econômica: relações de produção, distribuição, intercâmbio e consumo. (Veja-se art. 170 da Constituição Federal)

Veja-se que nem toda relação jurídica tem um conteúdo econômico. As normas e instituições tuteladas pelo Direito de Família, por exemplo, adoção, filiação etc. assim como outras normas que regulam a pessoa natural e a capacidade jurídica, por exemplo, personalidade jurídica, maioridade etc. não têm como fundo as instituições econômicas.

> É pela democracia participativa que podemos, até certo ponto, neutralizar as forças perversas do mercado, que funcionam diariamente. A ditadura não é de feição meramente política, mas econômica: o ditador é o mercado. O mercado funciona diariamente. As bolsas de valores são movimentadas diariamente, com bilhões e bilhões de dólares. A comunidade não tem poder sobre ela. Essas bolsas envolvem, em suas articulações e práticas de investimentos, decisões fundamentais para a sociedade, decisões básicas para a estrutura vital da sociedade. (CAFFÉ ALVES, 2004, p. 103)

4.10 Perspectiva historicista: Direito e História

O reducionismo historicista do Direito se apoia na ideia de que o Direito é resultado ou consequência da evolução histórica do homem. Dessa forma, o verdadeiro Direito seria aquele resultante da história: da evolução da tradição jurídica.

Conforme a Escola histórica: "o Direito não é uma ideia da razão, mas sim um produto da história. Nasce e se desenvolve na história, como todos os fenômenos sociais, e, portanto, varia no tempo e no espaço". (BOBBIO, 1995, p. 51)

O direito visto como um fenômeno histórico, isto é, como produto da evolução histórica, e, portanto, como positivo, tem como fundamento e origem as críticas formuladas pela Escola Histórica à filosofia do jusnaturalismo, por meio das quais apresentou-se o direito como uma ciência histórica e também filosófica (sistemática e racional).

A Escola histórica do Direito, predecessora do Positivismo Jurídico, nasce de um movimento filosófico que teve sua origem na Alemanha entre o fim do século XVIII e começo do século XIX, sendo o seu maior expoente Savigny. A escola histórica, que auxiliaria o Positivismo na sua luta contra o Jusnaturalismo, seria também precursora de certas correntes jusfilosóficas, a saber, escola sociológica e a realista que se desenvolveram principalmente no mundo anglo-saxão, que, no fim do século XIX e no início do século XX, assumiram uma posição crítica frente ao juspositivismo. (BOBBIO, 1995, p. 45, 54)

Toda sociedade obedece a uma tábua de valores, de maneira que a fisionomia de uma época depende da forma como seus valores se distribuem ou se ordenam. Eis que o homem, servindo-se das leis naturais, que são instrumentos ideais, erigiu um segundo mundo sobre o mundo dado: é o mundo histórico, o mundo cultural. (REALE, 2002, p. 191, 205)

Os adeptos desta acepção afirmam que todo o sistema conduz à filosofia. A exposição de um simples sistema histórico conduz uma unidade, a um ideal, em que aquela se baseia – e isto é filosofia. De maneira que toda legislação acontece no tempo e isto conduz à acepção de uma história do direito que estreitamente se conjuga com a história do Estado e a história dos povos, visto que a legislação é uma atividade do Estado. (LARENZ, p. 10)

Estudando cuidadosamente o desenvolvimento da ciência do direito, constataremos que as teorias e doutrinas jurídicas se sucedem em tudo a história, expressando de forma concreta sua época. Assim, o direito se constrói a partir das constatações certas, cuja evidência, em determinada época, nos indica, em alto grau, que elas são verdadeiras. A partir delas, a ciência se caracteriza pela busca de termos seguramente definidos, constituindo um corpo sistemático de enunciados. Como a noção de enunciado verdadeira está ligada às provas propostas e aos instrumentos de verificação desenvolvidos no correr da História, o conhecimento científico pode ser bem diferente de uma época para outra. (FERRAZ, 1980, p 10)

4.11 Perspectiva sociológica: Direito como relação jurídica

Para os adeptos a este tipo de reducionismo, o Direito seria derivado da sociedade e mais especificamente das relações sociais. Afirma-se assim que, por meio do Direito, se busca regular e proteger juridicamente situações jurídicas advindas das relações sociais.

Trata-se de uma perspectiva, de corte sociológica que apresenta a sociologia jurídica como a verdadeira ciência do Direito que investiga os fatos sociais subjacentes, isto é, que são a base científica de todo Direito. Considerando a organização social como um critério fundamental para distinguir uma sociedade jurídica de uma sociedade não jurídica se afirma que o fenômeno jurídico não pode situar-se fora da esfera social, por isso o jurídico tem um sentido estritamente sociológico e, portanto, é essencialmente histórico.

Neste reducionismo se observa uma forte influência do positivismo sociológico francês seguido por importantes sociólogos e juristas que defendem os critérios próprios do sociologismo jurídico. Afirma-se que as relações jurídicas são relações sociais adaptadas, isto é, relações sociais objetivas esboçadas nas regras jurídicas nascidas espontaneamente do costume e que são reveladas ou descobertas pelos que procuram o Direito nos fatos sociais. Diz-se de relações cujo fim é prover à adaptação, conseguindo saber o grau de verdade, de eficácia: de acerto ou desacerto da regra jurídica proposta para ajustar ou conciliar os interesses humanos presentes. (COSSIO, *apud*, DINIZ, 1999, p. 20)

De acordo com tais interpretações, pode-se considerar que o Direito tem como objeto imediato a realidade específica e bem determinada e que é conformada por fenômenos: fatos e relações sociais, que por serem regulados ou protegidos pelo Direito, se convertem em jurídicas.

Conclui-se, assim, que todo operador do Direito faz dele uma ciência empírica, nos moldes da Sociologia ou da Psicologia (FERRAZ, 1980, pp. 13-14). Sendo então concebido como uma técnica de solução de casos. Portanto, como ênfase num positivismo sociológico, a acepção científica do Direito, parte das próprias raízes da vida social que serve de conteúdo, e adotam a forma de normas e regras de conduta, expressivas de interesses sociais. Como consequência "remetem-se os juristas para as ciências sociais como as únicas donde poderiam esperar conhecimentos relevantes". (LARENZ, 1983, p. 2)

Por esse caminho, o Direito seria uma relação jurídica. Geralmente, a defesa desta postura reducionista considera que:

a) toda relação jurídica tem sua origem nos fatos jurídicos;

b) a relação jurídica existe conformada pelo poder jurídico (direito ou faculdade) e a obrigação;

c) ao relacionar e submeter os fatos ao direito, damos certa organização às relações sociais e econômicas.

Concebe-se o Direito como uma relação jurídica, isto é, como uma relação de direito correspondente a um vínculo social ou econômico concreto, estabelecido entre vários indivíduos no momento da satisfação de necessidades materiais ou espirituais.

Com frequência, definem-se as relações jurídicas como as relações sociais ou vitais das pessoas, enquanto reconhecidas ou reguladas pelo Direito objetivo ou pelo ordenamento jurídico e enquanto se extraem efeitos ou consequências jurídicas. Destaca-se que a relação se estabelece entre duas pessoas ou mais. (DIEZ-PICAZO, 1995, p 141)

4.12 Perspectiva psicológica: Direito e Psicologia

O reducionismo psicológico se assenta da descrição ou explicação do fenômeno jurídico com base nos processos psíquicos humanos (REALE, 2002, p. 180). Autores "empenharam-se em defender a tese segundo a qual a Ciência Jurídica deve ser concebida em termos puramente psicológicos".

O Direito, segundo esses tratadistas, reduzir-se-ia a um complexo fenômeno de consciência, a fatos de ordem psíquica. Se o Direito, afirmam eles, existe enquanto o homem se inclina segundo uma linha de interesse e é movido por desejos e vontades; se o Direito é o interesse protegido, e o interesse é um elemento de ordem psíquica, toda a Ciência Jurídica tem em sua base a Psicologia do jurídico e do justo, de modo que o método filosófico, como escreveu Alessandro Levi, não significa nada mais nada menos que método psicológico. (LEVI, *apud*, REALE, 2002, p. 181)

Diz-se da teoria apresentada por Ernst Rudolf Bierling por meio da qual se entende o Direito como tudo aquilo que as pessoas, que convivem em qualquer comunidade, reciprocamente reconhecem como norma e regra de viver em comum; sendo que os elementos essenciais desse conceito de Direito são a norma e o reconhecimento recíproco. Assim, a norma para Bierling é expressão de um querer que espera que outrem lhe dê execução, ao passo que o reconhecimento significaria um comportamento duradouro, habitual, isto é, o respeitar habitualmente, duradouramente, uma norma. Ainda esclarece o citado autor que a norma é inerente também ao nosso espírito, de sorte a poder impor à nossa consciência exercer a sua orça de estímulo, não apenas se o espírito expressamente a invoca, mais inclusive involuntariamente, graças às leis da associação de ideias, até ser expulsa por uma norma contrária ou até vir a perder-se por completo para o mesmo espírito. Desta forma se reconduze o Direito a fenômenos ou fatos psíquicos. (LARENZ, 1983, p. 45)

Esta doutrina acaba por reduzir o Direito a mero capítulo da Psicologia. Vemos aí o que se pode chamar de psicologismo jurídico. É, conforme explica Reale, uma das tantas concepções unilaterais e falhas da Ciência Jurídica, porque se limita a ver no Direito apenas um de seus elementos, tentando reduzir a complexidade da vida jurídica a um fator isolado de sua gênese e de seu processo. Todavia, o Direito pode ser definido como instrumento de organização social, ou, "como símbolo visível da solidariedade social". (REALE, 2002, p. 181, 199)

Certamente, o Direito, e também a Ética, são áreas do saber humano que estudam um objeto comum, a conduta humana e projetam os mesmos objetivos, a consciência social: jurídica e moral. Ambas as áreas, se aproximam, fundam-se no mesmo esquema *estruturalista*[27] (fato, valor e norma) e *funcionalista*[28], pois objetivam a convivência humana e consciência social. Por outro lado, o Direito e a Ética, se

---

[27] Ambas as áreas do saber humano: a) têm uma dimensão teórico-científica; b) apresentam um objeto comum, a conduta humana; c) possuem um aparato normativo.

[28] O caráter educativo e formação de uma consciência são características e finalidade tanto da Ética como do Direito.

separam, visto que o conteúdo de ambas é diferente. Uma dessas diferenças centra-se na distinção entre as normas morais e as normas jurídicas.

Daí a fórmula: Consciência = Ética – Direito. Eis que quando maior é a consciência social, menor será a necessidade do Direito. No mesmo sentido, quando maior é a observância da norma moral, menor será a necessidade da norma jurídica. Logo, a maior consciência menor sanção.

De acordo com esta acepção, o Direito constitui uma forma específica de expressar a realidade, também é uma forma de consciência social: consciência jurídica. Nesse sentido, a consciência jurídica pode definir-se como o conjunto de concepções por meio das quais se expressam as relações jurídicas de uma sociedade dada, em diferentes períodos de seu desenvolvimento. Assim sendo, o Direito influi de maneira direta na formação da consciência jurídica da sociedade. As ideias e opiniões jurídicas se expressam com base num Direito vigente, isto é, com base na legalidade e na justiça social, conceitos aplicados aos homens, aos Estados e às nações.

Capítulo 5
Modelos Teóricos do Direito

O Direito, assim como qualquer área do saber humano que se diga ciência, é constitutivo de princípios, métodos e modelos que possibilitam a compreensão e a resolução de problemas teóricos e práticos. Neste capítulo estudaremos as razões das diferentes posturas assumidas pelos juristas teóricos e práticos, a saber, dogmática (dogmática jurídica), zetética (zetética jurídica) e crítica (crítica jurídica): modelos que, como explicaremos, orientam a construção de argumentos, a crítica e a pesquisa jurídica.

5.1 Dogmática jurídica

Dogmática, vocábulo que etimologicamente deriva do construto *dokein*[29] pode indicar a existência de um conhecimento definido, acabado e pré-determinado, que não se discute, perene, estabelecido, que não se questiona. Daí a ideia da existência de "dogmas", aquilo que não muda: conceitos, proposições ou princípios que alcançam idênticos significados e utilidade, independentemente do tempo e do lugar. Diz-se de construtos estáveis muitas vezes considerados premissas fundamentais e indiscutíveis de determinadas doutrinas ou sistemas de direito.

Conforme ensina Tércio Sampaio (1980, p. 13, 17), fala-se, frequentemente, de ciência dogmática do Direito, para distingui-la da Psicologia, da Sociologia, da História e outras. Eis que, conforme explica o citado autor, o próprio sentido dogmático da Ciência Jurídica, que dela faz uma linguagem técnica, ordenada e refinada, dos interesses e conflitos expressos na linguagem comum. Essa ordem de refinamento aparece na forma de enunciados e conjuntos de enunciados válidos, que se organizam em teorias que tornam conceituável aquilo que se realiza como Direito e mediante o Direito. Portanto, a Ciência do Direito não só como teoria dos princípios e regras do comportamento justamente exigível, mas também que consiste em certas figuras de pensamento, as chamadas figuras jurídicas.

Assim, continua o citado autor, são disciplinas dogmáticas, no estudo do direito, a ciência do Direito civil, comercial, constitucional, processual, penal, tributário, administrativo, internacional, econômico, do trabalho etc. Uma disciplina pode ser definida como dogmática à medida que considera certas premissas, em si e por si arbitrárias (isto é, resultantes de uma decisão), como vinculantes para o estudo, renunciando-se, assim, ao postulado da pesquisa independente. Ao contrário das disciplinas zetéticas, cujas questões são infinitas, as dogmáticas tratam de questões finitas. (FERRAZ, 2003, p. 47-48)

A dogmática orienta que os juristas, em termos de um estudo estrito do Direito, procurem sempre compreender e tornar este aplicável dentro dos marcos da ordem vigente. Essa ordem que lhes aparece como um dado, que eles aceitam e não negam, é o ponto de partida inelutável de qualquer investigação. Ela constitui uma espécie de limitação, dentro da qual os juristas podem explorar as diferentes combinações para a

---

[29] *Derivations in Greek* (*Doketai* ou dogma).

determinação operacional de comportamentos juridicamente possíveis. É verdade que o jurista teórico, por outro lado, não pode desprezar as investigações a respeito de qual é o Direito efetivo de uma comunidade, quais os fatores sociais que condicionam sua formação, qual sua eficácia social, qual sua relevância como instrumento de poder, quais os valores que o justificam moralmente etc. Ou seja, o jurista vale-se também da pesquisa zetética. Apesar disso, porém, em sua perspectiva prepondera o aspecto dogmático. Essa limitação teórica pode comportar posicionamentos cognitivos diversos que podem conduzir, por vezes, a exageros, havendo quem faça do estudo do direito um conhecimento demasiado restritivo, legalista, cego para a realidade, formalmente infenso à própria existência do fenômeno jurídico como um fenômeno social; pode levar-nos ainda a crer que uma disciplina dogmática constitui uma espécie de prisão para o espírito, o que se deduz do uso comum da expressão dogmático, no sentido de intransigente, formalista, obstinado, que só vê o que as normas prescrevem. (FERRAZ, 2003, p. 48)

5.1.1 Raízes históricas da dogmática jurídica

Foram os juristas romanos, levados pelo anseio de conquista e dominação que atribuíram ao direito uma ideia de permanência: o Direito criado para a solução de casos concretos. Assim, por exemplo, se fala da evolução histórica das instituições do Direito Romano, do qual seus conceitos facilitam a compreensão e o estudo deste importante direito nas universidades.

Os romanos buscaram e encontraram na dogmática, no direito pátrio, sua ciência no meio da vida. Contudo, na Ciência do Direito posterior, ou melhor, na nova Ciência do Direito, que começou com o século XII com a Escola dos pós-glosadores, também aconteceu isto. (IHERING, 2005, p. 60-61)

Verifica-se, portanto, que dentro das questões mais relevantes do Direito Romano, está sua contribuição terminológica e normativa para a teoria do Direito, contribuição que repercute no trabalho legislativo (elaboração das regras e normas jurídicas), na interpretação e aplicação do Direito por parte dos juízes e demais operadores, e na explicação e construção de novas teorias por parte dos professores, pesquisadores e demais profissionais da área jurídica.

Sabe-se que o Direito utilizado por um povo constitui uma das expressões mais significativas do grau de sua cultura (CRUZ, 1996, p. 22). Mas, em verdade, também se sabe que alguns conceitos se perpetuaram na história, cuja evolução não afetou totalmente seu significado, assim, por exemplo, contrato, obrigação, crime, relação jurídica etc.

Destarte, "muitos institutos do Direito Romano não morreram: estão vivos, ou exatamente como foram, ou com alterações tão pequenas que se reconhecem, ainda, nos modernos institutos de nossos dias que lhes corresponde [...]" (CRETELLA, 1991, p. 10). A terminologia criada pelo gênio romano transitou por toda a história jurídica e se inseriu nas mais modernas legislações, sendo ainda fonte do conhecimento jurídico, histórico e político.

Viu-se, posteriormente, a transição da "jurisprudência de conceitos" para uma "jurisprudência de interesses" (FERRAZ, 1980, p. 33), momento importante na nova concepção científica e funcionalista do Direito.

5.1.1.1 A contribuição dos glosadores

Para Tércio Sampaio (1980, p. 21) a chamada Ciência europeia do Direito nasce propriamente em Bolonha, no século XI. Tal afirmação obedece à descoberta, nessa cidade e naquele século, de uma resenha crítica dos *Digestos justinianeus* transformados em textos escolares do *jus civiles europeu*. Eis que tomando como base os textos de Justiniano, os juristas da época passaram a dar-lhes um tratamento metódico, cujas raízes estavam nas técnicas explicativas usadas em aulas, uma técnica especial de abordagem de textos pré-fabricados e aceitos por sua autoridade, caracterizada pela glosa gramatical e filológica, pela exegese ou explicação do sentido, pela concordância, pela distinção. Nesse confronto de texto estabelecido e do seu tratamento explicativo é que nasce a Ciência do Direito com seu caráter eminentemente dogmático, portanto, de Dogmática Jurídica enquanto processo de conhecimento, cujas condicionantes e proposições fundamentais eram dadas e predeterminadas por autoridade.

Em verdade, os glosadores tiveram muita responsabilidade pelo desenvolvimento de um Direito posterior ao Direito Romano. Mas, naquela época tratava-se de um Direito que hoje não podemos chamar de científico, pois, simplesmente se assentou na glosa, basicamente comentando os textos herdados do sistema romano de direito. Contudo, não há razão alguma para depreciar o inestimável mérito dos glosadores. Mas, tanto para os glosadores como para os pós-glosadores o Direito Romano seria considerado "uma coletânea de leis", que era considerada, no mesmo sentido que o Direito positivo. (IHERING, 2005, p. 65)

No processo de leitura e da aplicação dos textos dogmáticos, o jurista se empenhava numa harmonização, procurando paralelos e concordâncias entre eles, buscando distinguir as peculiaridades das regras, sanando, assim, as contradições e organizando-os na forma de *Summa*. Essa tarefa pode ser denominada exegética ou interpretativa, um modo de enfrentar a falta de acordo comum dos textos. Assim, as contradições davam lugar a dúvidas e à sua discussão científica que exigia uma solução. Esta era a usualmente chamada elaboração de concordância, cujo método mais simples era a subordinação (hierárquica) de autoridade, que acabavam por fazer com que cada texto se mantivesse num círculo limitado de validade. De qualquer modo, a Ciência Jurídica na época dos glosadores se assume como ciência dogmática do Direito como Dogmática Jurídica, em que sobressai o caráter exegético dos seus propósitos e se mantém a forma dialético – retórica (no sentido aristotélico) do seu método. O pensamento jurídico, à maneira dos glosadores, dominou a Ciência do Direito sem oposição até o século XVI, quando começou, então, a sofrer críticas, sobretudo dizia-se quanto à sua falta de sistematicidade. Existia certo impulso para um tratamento sistemático da matéria jurídica entre os glosadores, mas longe das exigências que a nova ciência da Era Moderna iria estabelecer. (FERRAZ, 1980, p. 22)

5.1.2 A teoria dogmática no pensamento jurídico contemporâneo

Como vimos, o trabalho dos glosadores deu origem à ciência do Direito, com caráter dogmático, ou seja, a dogmática jurídica, com o caráter exegético dos seus propósitos e a forma dialético-retórica (no sentido aristotélico) do seu método. Mas esse pensamento jurídico que dominou a ciência do direito até o século XVI, isto é, até o Renascimento, pecava pela falta de sistematicidade.

Pois bem, a *teoria dogmática* prioriza a construção e significação dos conceitos jurídicos considerados estáveis e universais, cujo uso, importância e significados independem das crenças e posturas. Contudo, a dogmática, ao priorizar a significação dos conceitos, destina-se à construção de doutrinas, cuja função é explicativa. Logo, a dogmática objetiva doutrinar, ensinar (*dokein*).

Nesse sentido, o "dogmatismo" reduz o Direito à suas fontes formais (a ordem normativa), procurando priorizar a importância e o papel do Direito Positivo que é seu objeto. A norma ou, o sistema normativo, seria o centro de todo estudo ou análise, ficando de fora a especulação, a inquirição, (o direito impuro) a Filosofia (a Ética), a História, a Moral, a Política, e a Sociologia.

Dominaria, assim, o processo lógico-analítico na interpretação e na aplicação do Direito. Autores se empenharam em definir os conceitos (Direito, norma etc.) basilares do Direito buscando universalizar seu significado. Todavia, surge o interesse pela análise lógica deôntica (lógica das normas). Vejamos.

5.1.3 Postura contrária à dogmática jurídica

As principais críticas feitas ao dogmatismo centram-se na ideia de que a Dogmática nega a cientificidade do Direito.

Devido a sua importância e originalidade, sugerimos a obra de Rudolf von IHERING (2005, p. 9, 54), jurista alemão que, com base numa inspiração científica, contextualizada no cenário intelectual alemão de século XIX, no apogeu da Escola Histórica, delineado pela proposição de um sistema denominado jurisprudência dos conceitos, no momento em que surge o positivismo como um novo paradigma da Filosofia Jurídica. Neste contexto, IHERING, guiado pelo pensamento teleológico, busca na finalidade o sentido científico do Direito, fincando as suas raízes na junção dos aspectos jurídico, histórico e filosófico, condicionando a existência da Ciência do Direito à assimilação destes três aspectos pela cultura jurídica-positiva.[30] Logo, o Direito não pode ser reduzido a conceitos. (Veja-se Reducionismos Jurídicos), assim como a cientificidade do Direito não pode ser limitada ao Direito vigente num determinado país ou região. A ciência do Direito não se funda em incertezas e especulações, não depende "do humor do legislador: o que hoje é correto amanhã é irregular; aqui é falso o que ali é verdadeiro?".

A dogmática, no sentido de IHERING (2005, p. 26) é a fundamentação normativa das convicções profissionais do Direito. Em verdade, a dogmática limita o conhecimento a algo conhecido, já afirmado que não admite críticas. Logo, para o Direito ser considerado ciência deve ter uma base epistemológica, um objeto, um ou vários métodos e objetivos próprios e independentes das fronteiras dos poderes dos Estados. A verdadeira crítica à dogmática jurídica se volta também contra o positivismo jurídico. Eis que a dogmática empobrece o Direito, limitando-o a um objeto único: a ordem normativa.

Vê-se, assim, o positivismo como um,

> inimigo mortal da Ciência do Direito; pois a degrada em trabalho manual; e, depois, trava uma luta de vida ou morte com ela [...], assim, aconteceu em

---

[30] Rudolf von IHERING nasceu em 1818 em Aurich, no seio de uma família de juristas. Estudou em Heidelberg, Gôttingen, Munique e Berlin, onde se doutorou em 1845. Em 1868, fixou-se em Viena, onde proferiu a sua famosa conferencia A luta pelo Direito. Em 1872, dirigiu-se para Gottingen, onde morreu em 1892. Ihering foi o grande jurista da segunda metade do século XIX e influenciou sobremaneira as teorias jurídicas do século XX que predominantemente, concebem o Direito como ciência, tornando por base a sua concepção dogmática, responsável pela investigação do sistema de normas jurídicas que compõe determinado ordenamento jurídico positivo, sem menosprezo dos elementos históricos e filosóficos, que constituem faces do mesmo fenômeno. IHERING distancia-se do positivismo e caminhou para um Ciência do Direito não limitada a um conceito de razão].

> Roma, quando, no século IV, desapareceu a força científica na Ciência do Direito e se expandiu profusamente o positivismo. Então, surgiu uma multidão de autores, montanhas de citações, inclusive Valentino III impôs uma lei própria para copilar e fazer excertos nos últimos escritos. Assim, pois, o positivismo convida a fazer literatura de segunda mão com tesouras. Isto aconteceu na época dos pós-glosadores e depois, no século XVII e no século atual. (IHERING, 2005, p. 57-58)

O positivismo jurídico vai de encontro com o tecnicismo e ameaça a Ciência do Direito. Trata-se de um "perigo interior de dependência intelectual". Exige-se, pois, de uma ciência, como a Ciência do Direito, a capacidade crítica e um pensamento próprio, tanto ou mais do que outras ciências. (IHERING, 2005, p. 56)

O pensamento dogmático torna-se limitado e frágil, pois se funda num conhecimento não aprofundado e repetitivo de conceitos considerados estáveis ou permanentes. O profissional se faz depender dos dizeres dos professores, os professores se tornam meros repetidores dos conceitos dos doutrinadores que, por sua vez, funcionam como mediadores entre as teorias propostas por um pensador e seus interlocutores: professores e alunos. Como resultado disso, o aluno aprende e repete o que o professor diz de um comentador ou autor.

5.1.4 Contribuição teórica e prática

A dogmática trouxe a colação uma reflexão primitiva baseada nas seguintes questões: O que é o Direito? O que é norma? Qual é a estrutura da norma? O que é validade? O que é prescrição? O que é coerência normativa? O que é hierarquia normativa? Tal é a base da doutrina jurídica com base na qual autores brilharam no mundo da Teoria do Direito, tendo como aporte importantes obras tais como, *Teoria Pura do Direito* (Hans Kelsen, 1881-1973). *O Conceito do Direito* (H. L. A. Hart, 1907-1994), *Teoria da Norma Jurídica e Teoria do Ordenamento Jurídico* (Norberto Bobbio, 1909-2004) somente para citar alguns exemplos que estudaremos no que chamaremos de pressupostos doutrinários.

A dogmática se desenvolve com base na reflexão sobre o objeto "norma". Assim, diversos estudos e teorias foram desenvolvidos visando à significação do Direito ora visto como um conjunto de normas. A norma jurídica foi objeto de teorização, originando, assim, perspectivas reducionistas. Tais posturas reducionistas têm como origem a fragmentação da realidade jurídica e, identificando o direito com a norma jurídica, fez nascer importantes teorias, a saber, "Teoria da norma jurídica", "Teoria do Ordenamento Jurídico" etc.

O fato é que, segundo o reducionismo normativo, o Direito deve ser concebido em termos linguísticos, lógicos, hermenêuticos. De fato, o reducionismo normativista, aquele que considera o Direito como um mero conjunto de normas, serviu de alicerce para um moderno pensamento que pode ser qualificado de normativismo abstrato. Vejamos.

5.1.5 Repercussão da Dogmática no Direito Moderno

O trabalho com os conceitos jurídicos, se por um lado trouxe uma perspectiva teorética do Direito, por outro, contribuiu para reduzir o direito a dogmas e consequentemente a uma mera técnica. Tal foi a repercussão da dogmática no pensamento jurídico moderno. O Direito, quando reduzido a uma simples técnica, fica desbussolado. (COMPARATO, 2004, p. 4)

Modernamente, o pensamento dogmático tem invadido as universidades brasileiras e latino-americanas, condenando o aluno a pensar com base nas informações ditadas e copiadas em sala de aula. Esse fato faz com que o aluno não desenvolva sua capacidade, habilidade crítica e investigativa, questão que se verifica e influi decisivamente no desenvolvimento de pesquisas na graduação, e na pós-graduação (mestrado e doutorado).

Nos dias atuais, quando se fala em Ciência do Direito, no sentido do estudo que se processa nas Faculdades de Direito, há uma tendência em identificá-la com um tipo de produção técnica, destinada apenas a atender às necessidades do profissional (o juiz, o advogado, o promotor) no desempenho imediato de suas funções. Na verdade, nos últimos 100 anos, o jurista teórico, por sua formação universitária, foi sendo conduzido a esse tipo de especialização, fechada e formalista. Essa especialização, embora indesejável porque demasiado restritiva, tem sua explicação. Afinal, não podemos esquecer que o estudo dogmático do Direito está ligado a uma dupla abstração. Ou seja, como não existe sociedade sem dogmas- pois, sem pontos fixos de referência, a comunicação social (interação humana) é impossível (por exemplo, sem a fixação básica do sentido das palavras é impossível falar um com o outro, daí a ideia de língua como um código) - toda comunidade elabora suas normas. Todavia, as normas só não bastam. Sua ambiguidade e vagueza (afinal elas se expressam por palavras) exigem também regras de interpretação. E preciso saber dizer não só qual é a norma, mas também o que ela significa. Ora, as normas (ou dogmas de ação) são, elas próprias, um produto abstrato, e as regras sociais de interpretação (dogmas que dizem como devem ser entendidas as normas) são também um produto abstrato. Temos, pois, um produto abstrato, as regras, que têm por objeto outro produto abstrato, as normas. Daí a dupla abstração (no sentido de isolar normas e regras de seus condicionamentos zetéticos). Pois bem, o objeto do conhecimento jurídico-dogmático é essa dupla abstração, que o jurista elabora num grau de abstração ainda maior (regras sobre as regras de interpretação das normas). Com isso, seu estudo paga um preço: o risco de distanciamento progressivo da própria realidade social. (FERRAZ, 2003, p. 49)

Quanto ao segundo ponto, é preciso esclarecer o seguinte: quando se diz que o princípio básico da dogmática é o da inegabilidade dos pontos de partida, isso não significa que a função dela consista nesse postulado, ou seja, que ela se limite a afirmar, repetir dogmas pura e simplesmente. A dogmática apenas depende desse princípio, mas não se reduz a ele. Nesse sentido, uma disciplina dogmática, como a jurídica (a teologia é outro exemplo), não deve ser considerada uma prisão para o espírito, mas um aumento da liberdade no trato com a experiência normativa. Isso porque, com a imposição de dogmas e regras de interpretação, a sociedade espera uma vinculação dos comportamentos, o trabalho do teórico cria condições de distanciamento daquelas vinculações.

O jurista, assim, ao se obrigar aos dogmas, parte deles, mas dando-lhes um sentido, o que lhe permite certa manipulação. Ou seja, a dogmática jurídica não se exaure na afirmação do dogma estabelecido, mas interpreta sua própria vinculação, ao mostrar que o vinculante sempre exige interpretação, o que é a função da dogmática. De um modo paradoxal, podemos dizer, pois, que a dogmática deriva da vinculação e de sua própria liberdade. Por exemplo, a Constituição prescreve: ninguém é obrigado a fazer ou deixar de fazer alguma coisa senão em virtude de lei. O jurista conhece essa norma como o princípio da legalidade. Prende-se a ele. No entanto, que significa aí lei? Como é o jurista que vai esclarecer isso, cria-se para ele um âmbito de disponibilidade significativa: lei pode ser tomado num sentido restrito, alargado, ilimitado etc.

Visto desse ângulo, percebemos que o conhecimento dogmático dos juristas, embora dependa de pontos de partida inegáveis, os dogmas, não trabalha com certezas, mas com incertezas. Essas incertezas são justamente aquelas que, na sociedade, foram aparentemente eliminadas (ou inicialmente delimitadas) pelos dogmas. Por exemplo, se uma nova Lei das Sociedades por Ações pretendesse eliminar incertezas quanto à proteção das minorias, exigindo vinculação, à Dogmática do Direito Comercial incumbiria mostrar que as novas normas, postas diante da incerteza anterior, envolvem outras incertezas ainda maiores que rompem com o sentido restritivo do dogma que deverá, então, prever também o que não previu, dizer também o que não disse, regular também o que não regulou. (FERRAZ, 2003, p. 50)

A evolução doutrinária do Direito redundou na configuração de diversas tendências que dominaram o século XIX e transformara a Ciência do Direito ora em dogmática jurídica como ciência positiva da norma, ora em sociologia, ora em psicologia da vida do Direito (FERRAZ, 1980, p. 32). Prioriza-se uma visão estritamente conceitual em detrimento do método histórico, crítico e filosófico-evolutivo do Direito.

5.2 Zetética jurídica

A Zetética (*zetein*) representa o ato de perguntar e tentar conhecer a natureza ou razão das coisas, partindo de evidencias, constatações que podem vir a ser modificadas e questionadas.

Zetética vem de zetein, que significa perquirir, dogmática vem de dokein, que significa ensinar, doutrinar. Embora entre ambas não haja uma linha divisória radical (toda investigação acentua mais um enfoque que o outro, mas sempre tem os dois), sua diferença é importante. O enfoque dogmático releva o ato de opinar e ressalva algumas das opiniões. O zetético, ao contrário, desintegra, dissolve as opiniões, pondo as em dúvida. Questões zetéticas têm uma função especulativa explícita e são infinitas. Questões dogmáticas têm uma função diretiva explícita e são finitas. Nas primeiras, o problema tematizado é configurado como um ser (que é algo?); nas segundas, a situação nelas captada configura-se como um dever ser (como deve ser algo?). Por isso, o enfoque zetético visa saber o que é uma coisa, já o enfoque dogmático, preocupa-se em possibilitar uma decisão e orientar a ação. (FERRAZ, 2003, p. 41)

Para a Zetética nada é estático, tudo fica na dúvida, mesmo os conceitos e os princípios ou proposições podem ser submetidas a questionamentos. Assim, cada afirmativa constitui a base de novas pesquisas. Nesse sentido, a Zetética tem uma função especulativa ou investigadora, a exemplo da Filosofia, da Sociologia ou da Metodologia.

O questionamento aberto, que faz dos problemas zetéticos questões infinitas, não significa que não haja absolutamente pontos de partida estabelecidos de investigação. Isso é, não se quer dizer que algumas premissas não sejam, ainda que provisória e precariamente, postas fora de dúvida. Assim, por exemplo, uma sociologia do Direito (zetética) parte da premissa de que o fenômeno jurídico é um fenômeno social. Isso, entretanto, não a confunde com uma investigação dogmática. No plano das investigações zetéticas, podemos dizer, em geral, que elas são constituídas de um conjunto de enunciados que visa transmitir, de modo altamente adequado, informações verdadeiras sobre o que existe, existiu ou existirá. Esses enunciados são, pois, basicamente, constatações. Nossa linguagem comum, a que usamos em nossas comunicações diárias, possui também constatações desse gênero. Eis que a ciência, no entanto, é constituída de enunciados que completam e refinam as constatações da linguagem comum. (FERRAZ, 2003, p. 42)

Como visto, o pensamento dogmático, preso ao ordenamento, nunca despreza a doutrina que a análise desse ordenamento se desenvolve. O pensamento zetético não se importa com a aceitação e verdade de uma conclusão, porém como seu fundamento.

A Zetética jurídica se apóia na ideia de que o mundo é mutável, assim como toda relação e condicionamento humano. Nesse sentido, os conceitos e definições criadas para descrever o mundo também mudam, daí a necessidade de novos convencionalismos conceituais. Do ponto de vista normativo, as normas mudam e acompanham os novos fatos e condutas. O que hoje pode ser considerado lícito amanhã pode vir a ser ilícito. O avanço de novas tecnologias (na área da comunicação e da informática) e consequentemente novos crimes cometidos por meio da internet, são exemplos de tal dinâmica.

5.2.1 A origem da Zetética

Com Aristóteles (384 – 322 a.C) aprendemos que não basta a ciência ser internamente coerente: ela deve também ser ciência sobre a realidade. Desse modo, não é suficiente que ela parta de axiomas e teses, desenvolvendo-se dedutivamente com rigor lógico. A definição nominal diz apenas o que uma coisa é, mas não afirma que ela é, ou seja, que realmente existe. Afirmar a existência seria, assim, mais do que apresentar uma tese, explorar o significado de uma palavra: seria assumir uma hipótese. Por meio de hipóteses, cada ciência afirma a existência de certos objetos o que não pode ser feito por demonstrações, antes permanecendo na dependência e uma reflexão sobre o que existe enquanto apenas existe, sobre o "ser enquanto ser". (ARISTÓTELES, 1999, p. 19)

A lógica, para não ficar restrita ao domínio das palavras e para atingir a realidade das coisas, constituindo um instrumento para a ciência da realidade, remete, portanto, a especulações metafísicas. As definições buscadas pelo conhecimento científico não devem ser simples esclarecimentos sobre o significado das palavras, mas sim enunciar a constituição essencial dos seres. De fato, com Aristóteles tem início o esforço sistemático de exame da estrutura do pensamento enquanto capaz de forjar provas racionais. (ARISTÓTELES, 1999, p. 19)

A teoria da prova racional, contida na silogística aristotélica dos Analíticos, serviria de ponto de partida da tradição da lógica formal, que evoluiu até a atualidade. Como autor dos Tópicos, Aristóteles também foi ponto de partida da corrente que investiga outro tipo de comprovação racional: a comprovação do tipo argumentativo ou persuasivo. Essa corrente, foi retomada e desenvolvida no século XX sobretudo pela Nova Retórica de Chaïn Perelman. (ARISTÓTELES, 1999, p. 20)

Para Aristóteles, a realidade é constituída por seres singulares, concretos mutáveis. A partir dessa realidade, isto é, a partir do conhecimento empírico, a ciência deve tentar estabelecer definições essenciais e atingir o universal. Assim, a repetição das observações de casos particulares permitiria uma operação do intelecto, a indução, que justamente conduziria a um encaminhamento contrário ao da dedução do particular ao universal. O universal seria, portanto, o resultado de uma atividade intelectual: surge no intelecto sob a forma de um conceito. Ao contrário de Platão, Aristóteles não considera o universal algo subsistente e, portanto, substancial. Mas se o universal existe apenas no espírito humano, sob a forma de conceito, ele não é criação subjetiva: estaria fundamentado na estrutura mesma do objeto que o sujeito conhece a partir da sensação. (ARISTÓTELES, 1999, p. 21)

Nesse sentido, os conceitos reproduziriam não as formas ou ideias transcendentes ao mundo físico, mas sim, a estrutura inerente aos próprios objetos. Isso significa que os conceitos utilizados pelas diversas ciências estariam dependentes, em última instância, de uma investigação que fosse além dos respectivos campos dessas ciências e penetrasse na estrutura íntima dos seres. As ciências voltadas para o mundo físico seriam, assim, justificadas pela especulação metafísica. O intelecto, usando os dados fornecidos pela sensação, construiria conceitos. A metafísica seria, assim, a garantia de que os conceitos não são meras convenções do espírito humano e de sua lógica, o instrumento que permite a utilização cientifica desses conceitos, estaria fundamentada na realidade, sobre a qual ela pode, então, legitimamente operar. (ARISTÓTELES, 1999, p. 21-22)

5.2.2 A teoria zetética no pensamento jurídico contemporâneo

Zetética jurídica pode ser considerada uma orientação que privilegia a pesquisa, isto é, a investigação do Direito, com base na Filosofia, Sociologia, Atropologia, História, Psicologia, Ciência Política, etc.

Uma investigação científica de natureza zetética, em consequência, constrói-se com base em constatações certas, cuja evidência, em determinada época, indica-nos, em alto grau, que elas são verdadeiras. A partir delas, a investigação caracteriza-se pela busca de novos enunciados verdadeiros, seguramente definidos, constituindo um corpo sistemático. Como a noção de enunciado verdadeiro está ligada às provas propostas e aos instrumentos de verificação desenvolvidos no correr da História, a investigação zetética pode ser bem diferente de uma época para outra. (FERRAZ, 2003, p. 42)

Conforme esta orientação, a realidade jurídica também abrange aspectos vinculados a tais áreas do saber humano. Contudo, a investigação zetética se caracteriza pela sua abrangência, considerando que o objeto do Direito é muito mais amplo do que a ordem normativa. A teoria zetética tem como ponto principal a investigação os problemas jurídicos tendo como ponto de partida uma preocupação cognitiva, objetivando a construção de um conhecimento novo.

A dogmática nos fornece os conceitos e a zetética nos convida a pensar o Direito a partir desses conceitos, tais são: Justiça, cidadania, democracia, dignidade, responsabilidade, desenvolvimento, ética, consciência. Tais conceitos cooperam na construção de uma abordagem funcionalista do Direito. Do ponto de vista metodológico, a Zetética privilegia, problematizando, colocando em debate os conceitos, visando a se aproximar da *verdade*. Nesse empenho, parte-se de premissas aparentemente seguras (leis) ou relativas (hipóteses) a serem testadas: provadas ou reprovadas. Nesse caso poderão surgir novas premissas e hipóteses no decorrer da pesquisa.

Atualmente, sabe-se de um raciocínio zetético no contexto da cientificidade do conhecimento humano. Em verdade a Zetética se nos apresenta em todas as ciências em geral e no Direito em particular. Este tipo de raciocínio é de tipo questionador. Assim, o sujeito se preocupa com *O que é? Por que é? Para que é? e Como é?* Tais são preocupações básicas de todo investigador.

5.2.3 Contribuição teórica e prática

A Zetética se assenta numa perspectiva científico-metodológica do Direito. Assim, a linha zetética objetiva a busca do conhecimento por meio da investigação jurídica. A vertente Zetética supera as barreiras que o formalismo (normativismo) jurídico impôs ao Direito, pois problematiza as fontes do conhecimento jurídico e, contrariamente à teoria pura de Kelsen, destaca a correlação do Direito com a História, a Sociologia, a Psicologia e a Políticas etc.

A Zetética tem como ponto de partida um conjunto de proposições que orientam a resolução de um problema derivado conscientemente de uma determinada problemática jurídica. Para a Zetética nada é definitivo, tudo pode ser questionado procurando-se um conhecimento novo. Diz-se de uma concepção multidisciplinar o Direito, indispensável para um pensamento crítico.

As teorias zetéticas possibilitam uma aprendizagem epistemológica e mais consciente dos problemas jurídicos, por considerar outras áreas vinculadas ao Direito, a saber, Lógica, Metodologia Jurídica, Teoria Geral do Direito, Hermenêutica, Teoria da Argumentação, Semiótica etc.

Assim, nos ensina Tércio Sampaio (2003, p. 45) que, em toda investigação zetética, alguns pressupostos admitidos como verdadeiros passam a orientar os quadros da pesquisa, é possível distinguir limites zetéticos. Desta forma, uma investigação pode ser realizada no nível empírico, isto é, nos limites da experiência, ou de modo que ultrapasse esses limites, no nível formal da lógica, ou da teoria do conhecimento ou da metafísica, por exemplo. Além disso, a investigação pode ter um sentido puramente especulativo, ou pode produzir resultados que venham a ser tomados como base para uma eventual aplicação técnica à realidade.

Tendo em vista esses limites, podemos assim falar em zetética empírica e zetética analítica. A partir da aplicação técnica dos resultados da investigação, falamos em zetética pura e aplicada. Assim, por exemplo, a investigação da constituição com vista à realidade social, política, econômica, dá-se no plano da experiência, sendo, pois, uma investigação zetética empírica. Se partirmos, porém, para uma investigação de seus pressupostos lógicos, endereçando-nos para uma pesquisa no plano da lógica das prescrições, indagando do caráter de norma primeira e fundamental de uma Constituição, então estaremos realizando uma investigação zetética analítica.

Por outro lado, se a investigação do fenômeno constitucional se dá com o fim de conhecer o objeto para mostrar como Constituições, social, histórica, política, economicamente atuam, então estamos tratando de zetética aplicada, pois os resultados da investigação podem ser aplicados no aperfeiçoamento de técnicas de solução de conflitos. Se, porém, a investigação tem uma motivação desligada de qualquer aplicação, então um estudo da constituição, por exemplo, como forma prescritiva fundamental, base lógica de um sistema de normas, terá o sentido de uma zetética pura. O direito, como objeto, comporta todas essas investigações. Assim, podemos dizer, mais genericamente, que sua investigação zetética (Zetética Jurídica) admite a seguinte classificação: 1. Zetética empírica: a) Pura (sociologia jurídica, antropologia jurídica, etnologia jurídica, história do direito, psicologia jurídica, politologia jurídica, economia política, b) Aplicada (psicologia forense, criminologia, penalogia, medicina legal, política legislativa, 2. Zetética analítica: a) Pura (Filosofia Jurídica), lógica formal das normas, metodologia jurídica, b) Aplicada: teoria geral do direito, lógica do raciocínio jurídico.

Assim, sintetiza o citado autor (FERRAZ, 2003, p. 46):

a) zetética analítica pura: desse ponto de vista, o teórico ocupa-se com os pressupostos últimos e condicionantes bem como com a crítica dos fundamentos formais e materiais do fenômeno jurídico e de seu conhecimento;

b) zetética analítica aplicada: desse ponto de vista, o teórico ocupa-se com a instrumentalidade dos pressupostos últimos e condicionantes do fenômeno jurídico e seu conhecimento, quer nos aspectos formais, quer nos materiais;

c) zetética empírica pura: desse ponto de vista, o teórico ocupa-se do direito enquanto regularidades de comportamento efetivo, enquanto atitudes e expectativas generalizadas que permitam explicar os diferentes fenômenos sociais;

d) zetética empírica aplicada: desse ponto de vista, o teórico ocupa-se do Direito como um instrumento que atua socialmente dentro de certas condições sociais. Para esclarecer essa síntese, tomemos como exemplo o chamado Direito natural. Trata-se, conforme a tradição doutrinária e em linhas muito gerais, do direito que não é posto por nenhuma autoridade humana, mas que nasce com o ser humano (por exemplo, o direito à vida, à liberdade etc.). Pois bem, no âmbito da analítica pura, no caso de uma Filosofia Jurídica, a questão encaminha-se no sentido de discutir sua existência, de saber se se trata de um direito ou apenas de um conjunto de qualidades do ser humano ao qual se atribui o caráter de direito, de investigar se e como é possível seu conhecimento (por exemplo: a liberdade é um dado? Precede o estabelecimento de normas?).

No âmbito de uma analítica aplicada, digamos de uma lógica dos sistemas normativos, já se discutiria como as prescrições de direito natural se posicionam idealmente em face do Direito positivo dos povos, isto é, do direito estabelecido por uma autoridade, atuando sobre eles como padrão: por exemplo, como a obrigatoriedade de respeitar a liberdade delimita o âmbito das normas que proíbem certos comportamentos. No âmbito de uma zetética empírica pura (uma sociologia jurídica), já se desejaria saber quais as regularidades efetivas de comportamento que correspondem ao chamado Direito natural, se elas são de fato universais, quais as diferenças observáveis de povo para povo (por exemplo: a liberdade tem o mesmo sentido para povos diferentes, em épocas diferentes?). No âmbito da zetética empírica aplicada (digamos, uma política legislativa), estaríamos, por último, interessados em mostrar, por exemplo, quais as dificuldades por que passa um legislador quando pretende modificar certos comportamentos prescritos por um direito natural, ou, ao contrário, qual a efetividade daquelas prescrições em face de um direito historicamente dado: por exemplo, num regime de economia de mercado, o congelamento de preços por normas de direito econômico, ao restringir a liberdade de comércio, em que termos e limites pode funcionar?

5.2.4 Repercussão da Zetética no Direito Moderno

A Zetética promove uma investigação interdisciplinar, em que os problemas jurídicos são pesquisados por meio de estudos sociológicos, históricos, filosóficos, psicológicos, sob o nome de Sociologia do Direito, História do Direito, Filosofia Jurídica, Psicologia Forense etc.

O pensamento zetético constitui-se com base em enunciados não verdadeiros, hipotéticos e duvidosos, mas passíveis de comprovação e verificação. Assim, o jurista trabalha com hipóteses sujeitas a questionamento, podendo ser substituídas, provadas ou reprovadas. O importante aqui é a ideia de que uma investigação zetética tem como ponto de partida uma evidência, que pode ser frágil ou fracas. E nisso ela se distingue de uma investigação dogmática. Em ambas, alguma coisa tem de ser subtraída à dúvida, para que a investigação se proceda.

Enquanto, porém, a zetética deixa de questionar certos enunciados porque os admite como verificáveis e comprováveis, a dogmática não questiona suas premissas, porque elas foram estabelecidas (por um arbítrio, por um ato de vontade ou de poder) como inquestionáveis. Nesse sentido, a zetética parte de evidências, a dogmática parte de dogmas. Propomos, pois, que uma premissa é evidente quando está relacionada a uma verdade; é dogmática quando relacionada a uma dúvida que, não podendo ser substituída por uma evidência, exige uma decisão. A primeira não se questiona, porque admitimos sua verdade, ainda que precariamente, embora sempre sujeita a verificações. A segunda, porque, diante de uma dúvida, seríamos levados à paralisia da ação: de um dogma não se questiona não porque ele veicula uma verdade, mas porque ele impõe uma certeza sobre algo que continua duvidoso.

Por exemplo, para o sociólogo do Direito, a questão de se saber se funcionário público pode ou não fazer greve tal como qualquer trabalhador é uma questão aberta, na qual a legislação sobre o assunto é um dado entre outros, o qual pode ou não servir de base para a especulação. Sem compromisso com a solução de conflitos gerados por uma greve de fato, ainda que legalmente proibida, o sociólogo se importará com outros pressupostos, podendo, inclusive, desprezar a lei vigente como ponto de partida para explicar o problema. Já o dogmático, por mais que se esmere em interpretações, está adstrito ao ordenamento vigente. Suas soluções têm de ser propostas nos quadros da ordem vigente, não a ignorando jamais. A ordem legal vigente, embora não resolva a questão da justiça ou injustiça de uma greve de funcionários públicos (a questão da justiça é permanente), põe fim às disputas sobre o agir, optando por um parâmetro que servirá de base para as decisões (ainda que alguém continue a julgar injusto o parâmetro estabelecido, isto é, a dúvida permaneça no plano dos fatos e das avaliações sociais). Ora, posto isso, é preciso reconhecer que o fenômeno jurídico, com toda a sua complexidade, admite tanto o enfoque zetético, quanto o enfoque dogmático, em sua investigação. (FERRAZ, 2003, p. 43)

5.3 Crítica jurídica

A teoria crítica (crítica construtiva ou construtivismo crítico) considera-se uma das correntes que objetiva a teorização do Direito a partir da sua perspectiva ou finalidade. A teoria crítica, em verdade, nos coloca um problema de existência. Diz-se de:

> questões existenciais de grande significado para o homem e que não podem ser resolvidas com mera lógica [...]. Isso porque uma coisa é a lógica, digamos, científica, a lógica da representação intelectiva que envolve os critérios de verdade e falsidade, outra, é o saber da prudência, da vontade dirigida por valores da dignidade humana, da *praxis* humanista. Assim, a lógica do racional deve ceder lugar à lógica do razoável, que é a lógica do sentimento, do afeto, da busca dos valores. (CAFFÉ, 2004, p. 86-87)

E aqui se situa o pensar crítico: as razões do Direito têm de ser ampliadas. Ele, o Direito não pode ser visto como um mero instrumento coercitivo. De fato, a introdução dos elementos éticos dentro do Direito trouxe importantes mudanças no pensamento jusfilosófico contemporâneo.

5.3.1 Características das teorias críticas

Construtivismo crítico se assenta na correlação existente entre ciência e pensamento sistemático do Direito. Trata-se de uma correlação que surge no século

XVII, período em que o conceito “sistema” tornou-se comum e necessário no intuito de considerar uma área de conhecimento humano como ciência.

Contudo, o conceito “sistema” significou-se como um *nexus veritatum*, que tinha como pressuposto o formalismo dedutivo, por meio do qual procurava-se encontrar o fundamento da conexão entre pensamento e realidade. Tratava-se de um pressuposto da continuidade do real que outorgava certa certeza ao conhecimento científico.

Diz-se que o conceito sistema é a maior contribuição do chamado jusnaturalismo moderno (Direito Racional) ao Direito europeu. Assim, a jurisprudência europeia, que até então era mais uma ciência de exegese e de interpretação de textos singulares, passa a receber um caráter lógico-demonstrativo de um sistema fechado, cuja estrutura dominou e domina até hoje os códigos e os compêndios jurídicos. Numa teoria que deveria legitimar-se perante a razão, mediante a exatidão matemática e a concatenação de suas proposições, o Direito conquista uma dignidade metodológica toda especial. A redução das proposições a relações lógicas é pressuposto obvio da formulação de “leis naturais”, universalmente válidas, a que se agrega o postulado antropológico, que vê no homem não um cidadão da Cidade de Deus ou (como no século XIX) do mundo histórico, mas um ser natural, um elemento de um mundo concebível segundo leis naturais. A partir de princípios fundamentais se desenvolve uma sistemática jurídica característica, mediante a conjugação da dedução racional e da observação empírica, cujas bases já se encontram, sem dúvida, no dualismo cartesiano do método analítico e sistemático. Por meio disso, é estabelecida uma relação imediata com a própria realidade social, ao mesmo tempo que não se confundem os limites entre uma teoria do dever social e a matéria colhido pela própria realidade social. (FERRAZ, 1980, p. 24, 25, 26)

A ideia de sistema tornaria os princípios do direito natural em premissas absolutas e hipotéticas. As primeiras obrigam independentemente das instituições estabelecidas pelo próprio homem. As segundas, as pressupõem, dotando certa variabilidade e flexibilidade, possibilitando ao direito natural moderno uma espécie de adequação à evolução temporal. Assim, a teoria jurídica passa a ser um construído sistemático da razão e, em nome da própria razão, um instrumento de crítica da realidade. Dessa teoria surgem duas contribuições importantes: a) o método sistemático conforme o rigor lógico da dedução; b) o sentido crítico-avaliativo do direito posto em nome de padrões éticos contidos nos princípios reconhecidos pela razão. (FERRAZ, 1980, p. 26)

5.3.2 A teoria crítica no pensamento jurídico contemporâneo

A corrente crítica (crítica jurídica) pode ser considerada uma perspectiva que orienta o estudo do Direito com base na sua concepção instrumental. O Direito assim, e visto como instrumento de transformação social e independente de qualquer ideologia de grupos e classes.

Contudo a corrente crítica parte do pressuposto de que o Direito é um instrumento para a realização da Justiça. Destarte, a crítica jurídica opõe-se ao dogmatismo na ciência do Direito que, como estudado, objetiva uma postura acrítica e passiva na construção do conhecimento jurídico, devido à preponderância outorgada às afirmações das autoridades por meio das quais procura-se apresentar como indiscutível, acabado e perfeitamente adequado os conceitos e dogmas.

O construtivismo crítico nos convida a pensar o Direito a partir de valores e princípios, considerados humanos e universais, tais são: Justiça, cidadania, democracia, dignidade, responsabilidade, desenvolvimento, ética, consciência.

É uma perspectiva que coopera na construção de uma abordagem funcionalista do Direito. Vê-se, assim, que o pensamento jurídico contemporâneo, de tipo "pós-analítico" ou "pós-positivista", apesar de não representar uma escola unitária, considera-se uma orientação "construtivista" que supera o marco de um conhecimento válido e que objetiva um Direito a serviço da construção social ativa e de interesse coletivo.

Trata-se de uma concepção que não nega a utilidade do Direito Positivo, mas que realça a importância de um direito natural necessário e moderno que procura satisfazer o ideal de unidade e sistematização do Direito.

O pensar crítico supera a mera descrição da ordem jurídica positiva (dogmática) e, auxiliando-se das concepções filosófico-moralista, política, psicológica e sociológica investiga, de forma valorativa, os fundamentos do direito.

5.3.3 Repercussão da Crítica no Direito Moderno

O estudo do Direito com base na perspectiva crítica fornecer aos graduando e profissionais a compreensão abrangente do fenômeno jurídico. Assim, o estudo do Direito sob o ponto de vista de outras áreas do saber humano, a saber, Sociologia, Filosófica (Ética), Política, Psicologia etc. permite uma abordagem investigativa com enfoques humanísticos, característica própria das ciências sociais. Substituem-se, assim, as certezas dogmáticas, no universo jurídico, pela perspectiva humana (humanística) e necessária.

Capítulo 6
Critérios Fundamentais da Valoração Jurídica

A pesquisa e, em especial, a crítica jurídica se desenvolvem com base em critérios de valoração fundados em conceitos representativos dos problemas que alberga a realidade jurídica. No presente capítulo abordaremos alguns desses conceitos que, pela sua importância, julgamos facilitadores da valoração jurídica: da crítica e da pesquisa no Direito.

6.1 O critério de Justiça

A Ciência Jurídica se assenta sobre uma larga base de experiência axiológica, valendo-se de dados que só a intuição pode apreender, para a elaboração e a verificação racionais. Como se vê, é complexa a metodologia jurídica, como complexa é a realidade histórico-social do direito, que integra normativamente formas de comportamento, o *ser* social em sentido de *dever ser* ou de *valores*, correspondendo a um modo particular da existência humana, considerada esta não apenas em suas relações causais, mas, sobretudo segundo os valores que lhe emprestam significado e dos quais resultam exigências normativas. (REALE, 2002)

Contudo, os critérios para a crítica jurídica no modelo jusnaturalista parte da ideia de que existe um Direito (leis) que, por meio da razão governa o homem, são leis que invocamos conforme a natureza humana e que tem como objetivo a Justiça e a Convivência Social. Diz-se, assim, de um modelo que se apóia na moral, sendo assim chamado de Direito moralista, cuja eficácia depende da maneira como os destinatários qualificam as normas jurídicas, fazendo uso da razão. Daí a afirmação: "o Direito Natural é aquele de que obtemos conhecimento por meio da razão, de vez que esta deriva da natureza das coisas [...], exemplo de Direito Natural, o principio '*pacta sunt servanda*'". (BOBBIO, 1995, p. 22)

Assim, o Direito Natural tem como pressuposto o Bom e o Justo. Neste sentido se analisa a eticidade, isto é, a Ética ora entendida como doutrina do valor do bem e da conduta humana enquanto objetiva, é preciso lembrar que ela não é senão uma das formas de "atualização ou de experiência de valores", ou, por outras palavras, um dos aspectos da Axiologia ou teoria dos valores, que constitui uma das esferas autônomas de problemas postos pela pesquisa ontognoseológica, pois o ato de conhecer já implica o problema do valor daquilo que se conhece. (REALE, 2002)

Se lembrarmos que toda especulação filosófica é necessariamente crítica, e que criticar implica em *valorar*, em apreciar algo sob prisma de valor, chegaremos à conclusão de que, nesse sentido especial ou a essa luz, a Filosofia é Axiologia. A Axiologia pressupõe, porém, problemas concernentes à essência de "algo" que se valora e às condições do conhecimento válido, assim como põe problemas relativos à projeção histórica do que é valorado. Daí, dizemos que a Filosofia não se reduz à teoria dos valores, embora o problema do valor esteja no centro da Filosofia. Criticar é fazer apreciação de algo segundo determinado critério, tão certo como pensar é julgar. A atitude do jurista implica uma tomada de posição perante os fatos, perante aquilo que a conduta humana se refere a valores. Daí a importância básica que o estudo da Axiologia tem para a Ciência. A crítica filosófica e, também, a jurídica é sempre a apreciação dos pressupostos de algo, segundo critérios de valor, tanto assim que se pode afirmar que toda crítica se distingue por sua natureza axiológica. Daí, preferimos a expressão "crítico-axiológica" para por em realce o elemento valorativo como componente essencial do conhecimento crítico e como condição de sua objetividade. (REALE, 2002, p. 194)

Criticamos uma conduta invocando valores. Contudo, a crítica formulada depende dos valores invocados. Mas, no plano do racionalismo jurídico, uma boa crítica é aquela que se formula invocando valores universais que, por serem reconhecidos socialmente, independem de nossas crenças. Assim, *é proibido matar*, *não é permitido roubar* etc. são prescrições formuladas com base a valores que envolvem a proteção coletiva da *Vida*, da *Liberdade* e da *Propriedade* em todo tempo e lugar. Essa concepção universal (ou generalizada ou globalizada) dos valores nos ajuda a justificar que a conduta de um criminoso ou de um corrupto é errada em qualquer parte do mundo. Destarte, pena de morte, aborto eutanásia etc. são temas bem ligados a essa concepção universal e global de valores, fundamentalmente do valor *Vida* em face da Convivência Social.

6.2 O critério de Oportunidade

O critério da oportunidade pode derivar de uma necessidade social ou de uma orientação ou interesse político. Em muitos casos, também encontramos leis que são oportunas, porém incompletas, por não haver sido decretado seu correspondente regulamento que facilitaria sua execução. Quando esta deficiência ocorre, as consequências negativas repercutem na eficácia das normas jurídicas que estão contidas nestes instrumentos jurídicos, pois, ainda em vigor, a lei ou o decreto-lei, é difícil sua interpretação e sua aplicação porque seu texto nos remete a normas que não existem; tudo isso gera lacunas e confusão normativa. Com tal variedade e dispersão de textos legais, se faz difícil também a unificação de critérios para a solução dos conflitos sócio-jurídicos.

6.3 O critério de Completude

Um problema que obstaculiza o processo de aplicação ou integração do Direito é o problema da falta de completude deste, ou melhor, da existência de lacunas jurídicas.

A lacuna jurídica implica uma deficiência na lei, ou seja, uma inexistência de norma aplicável ao conflito. É uma quimera pretender que a lei regule toda hipótese geral e abstrata possível. Em verdade, pretender que exista um Direito bem equipado, isto é, dotado de normas e instituições jurídicas altamente aperfeiçoadas é um sonho (um ideal). Muitas vezes leis são elaboradas desrespeitando a relação entre regras ou, então, leis que regulam um determinado acontecimento tornam-se incompatíveis com outras leis e normas (antinomia jurídica). Vejam-se, por exemplo, os sistemas políticos em que, por meio da Constituição se reconhece a liberdade contratual e, por meio de Códigos se limitam a propriedade e a autonomia da vontade.

Enfim, a enumeração das causas pelas quais uma determinada situação não encontra sua regulação legal seria interminável. Desta feita, estamos diante de lacuna de lei quando inexiste hipótese concreta para determinado caso, tornando-se a mudança da lei necessária para a convivência, na concepção jurídica e cultural de uma comunidade num momento histórico. (DIEZ-PICAZO, 1995, p. 122)

O problema da completude ou das lacunas tem a ver com a necessidade de se regular cada caso. Assim, um ordenamento completo (ideal) é aquele em que se pode encontrar uma norma para tutelar toda relação socioeconômica, para resolver todo conflito jurídico. A lacuna, como deficiência legislativa, existe quando há quebra da correspondência entre a norma e a realidade social. A crítica formulada com base na existência de lacunas não deve ser fundamentada na convicção de que a norma desejada inexiste (lacuna ideológica). A ausência de norma se verifica quando investigamos o ordenamento jurídico como um todo.

Resumindo, entre o conhecimento jurídico e a parte da realidade representada no modelo ou subsistema empírico – jurídico, existe uma dialética interessante. Por exemplo, o processo por meio do qual procuramos interpretar uma norma se comunica com o processo por meio do qual desejamos integrar o direito e, ainda, com o processo pelo qual explicamos ou pesquisamos, seguindo certa orientada fenomenológica, os problemas jurídicos. Assim, concluímos: os processos de explicação, pesquisa e aplicação do Direito, antecedidos pela interpretação, desenvolvem-se numa relação contextual (contexto) em que se avalia: 1) o *sentido* e o *alcance* das normas (sua teleologia e objetividade jurídica); 2) a *oportunidade* e a *completude* do direito (a partir da observação da relação existente entre *fenômenos* e *normas* e, finalmente; e) a *eficiência* e a *eficácia* social do direito (observado a consecução dos fins e a obedecida à norma).

6.4 O critério de Unidade

O Direito Positivo tem como referência crítica, por um lado, a ideia de necessidade e de utilidade do Direito positivado, isto é, de um Direito posto pela sociedade, e, por outro, a concepção sistemática desse Direito posto.

Ao se conceber o Direito como um sistema de normas apresenta-se o fenômeno jurídico como um fenômeno exclusivamente "normativo". Limitam-se, assim, os problemas jurídicos e seus consequentes estudos a uma determinada parte componente da perspectiva teórica do direito em que se desenvolve todo tipo de análise sobre o *conteúdo* lógico e formal do *ordenamento jurídico* e se examina a unidade do Direito: *validade* e *coerência* de suas normas como única preocupação do jurista.

A função da Ciência Jurídica, afirma Tércio Sampaio (1980, p. 101), é descobrir e descrever o significado objetivo que a norma confere ao comportamento. Porém, qual o critério para operar essa descrição? Kelsen afirma que ele se localiza sempre em alguma outra norma, da qual a primeira depende. O jurista deve, assim, caminhar de norma em norma, até chegar a uma última, que é a primeira de todas, a norma fundamental, fechando-se assim o circuito. O Direito é assim, para ele, um imenso conjunto de normas, cujo significado sistemático cabe à Ciência Jurídica determinar.

Estudaremos, a seguir, os principais problemas observados no modelo analítico que são: o problema da unidade, o problema da validade, e o problema da coerência normativa.

A unidade, um dos principais problemas vistos neste modelo, se refere ao necessário respeito da relação hierárquica entre normas. Assim sendo, é geralmente interesse do jurista verificar se as normas jurídicas são elaboradas respeitando o princípio da hierarquia no Direito. Assim, o critério de unidade é baseado na existência de normas superiores e inferiores que devem estar estritamente relacionadas. Portanto, a análise da validade de uma norma é realizada gradativamente, verificando-se a relação entre as normas até se chegar à norma superior (Constituição Federal).

6.5 O critério de Validade

A validade é um termo que serve para sopesar a norma jurídica. É certo que existem diferentes critérios de validade. A questão é compreender que definitivamente a validade "é a existência específica da norma. Dizer que uma norma é válida é dizer que pressupomos sua existência ou – o que redunda no mesmo - pressupomos que ela possui força de obrigatoriedade para aqueles cuja conduta regula". (KELSEN, 2000, p. 43)

A validade significa que o sujeito que ditou a norma é competente, que o procedimento é adequado, e que o conteúdo da norma é compatível com o da norma superior.

Para Kelsen (2000, p. 58), uma norma é considerada válida apenas com a condição de pertencer a um sistema de normas, a uma ordem que, no todo, é eficaz. Assim, a eficácia é uma condição de validade; uma condição, não a razão da validade. Assim, para o citado autor, uma norma não só perde sua validade mediante a derrogação, como também pelo fato de que vença o prazo para o qual essa norma estava em vigor em virtude de uma determinação estabelecida pela própria norma, ou pelo fato de que na realidade (essa norma) não seja mais obedecida ou aplicada, quer dizer, perda de sua eficácia que é a condição de sua validade. Esses modos de perder a validade devem distinguir-se da derrogação.

Outros autores veem a validade diferentemente; por exemplo, para Kelsen a validade era a forma específica de existência das normas, enquanto que para Alchourrón e Bulygin equivaleria a pertencer a um sistema jurídico. (AGUILÓ, s.d., p. 77)

No entanto, como Aguiló afirma, ao analisar a validade temos que nos referir, necessariamente, aos diferentes critérios relacionados a ela:

a) os critérios de validade dos atos normativos, os quais nos informam que eles estão regulamentados tanto por normas de competência, que conferem a um sujeito a autoridade, a função, a competência ou o poder para produzir normas, como por normas de procedimento, que determinam a forma típica por meio da qual a competência tem que ser exercida.

Como consequência disso, diz-se que o ato normativo é válido se foi realizado por um sujeito com poder e, mais, seguindo o procedimento típico.

b) os critérios de validade das normas, em que se verifica se uma regra dominante na conduta dos homens existe ou não e se é realmente uma regra jurídica pertencente ao ordenamento jurídico.

Uma norma é válida sempre que represente o significado de uma ou várias formulações de normas que, por sua vez, são o resultado de atos normativos válidos; e sempre que, também, seja compatível com o resto das normas adstritas à fonte do Direito hierarquicamente superior. (AGUILÓ, s.d., p. 80-81)

A norma é válida em sentido normativo quando está fundamentada. A legitimidade só se dá naquelas que foram ditadas por autoridade competente, quando existe uma norma superior que permita ditar a inferior. (GONZÁLEZ, 1995, p 371)

Para julgar a validade, diz Norberto Bobbio (1987, p. 21), é necessário realizar investigações de caráter empírico-racional, que se fazem quando se trata de estabelecer a entidade e a dimensão de um evento.

Particularmente, para decidir se uma norma é válida (isto é, se existe como regra jurídica que pertence a um determinado sistema) com frequência é necessário realizar três operações:

1. Determinar se a autoridade que a promulgou tinha o poder legítimo para expedir normas jurídicas, investigação que nos conduz inevitavelmente à norma fundamental, que é a base da validade de todas as normas de um determinado sistema.

2. Comprovar se a norma em questão não foi derrogada, isto é, se não existe uma posterior no tempo que regule a mesma matéria.

3. Comprovar que ela não é incompatível com outras normas do sistema, particularmente com uma hierarquicamente superior ou com uma posterior.

O problema da *validade* é o problema da existência da regra enquanto tal, independentemente do juízo de valor sobre ela ser justa ou não. Enquanto o problema da justiça se resolve com um *juízo de valor*, o problema da validade se resolve com um *juízo de fato*, isto é, trata-se de constatar se uma regra jurídica existe ou não, para julgar a validade é preciso realizar investigações de tipo empírico-racional, é necessário realizar três operações: 1. Averiguar se a autoridade de que quem ela emanou tinha o poder legítimo para emanar normas jurídicas (esta investigação conduz inevitavelmente a remontar até a norma fundamental, que é o fundamento de validade de todas as normas de um determinado sistema. 2. Averiguar se não foi ab-rogada. 3. Averiguar se não é incompatível com outras normas do sistema, particularmente com uma norma hierarquicamente superior ou posterior. Trata-se do problema *ontológico*[31] do direito.

O problema da validade constitui o núcleo das investigações que pretendem determinar em que consiste o Direito enquanto regra obrigatória e coativa, quais são as características peculiares do ordenamento jurídico que o distinguem dos outros ordenamentos normativos (como o moral) e, portanto, não os fins que devem ser realizados, mas os meios cogitados para realizar esses fins, ou o Direito como instrumento de realização da justiça. Daí nasce a Filosofia Jurídica como *Teoria Geral do Direito*. (BOBBIO, 2001, p. 45 - 46)

Nesta perspectiva o Direito é uma ciência que aplica de preferência o método dedutivo, enquanto tem por objeto normas que, apreciadas em sua estrutura, são objetos ideais, embora não possam ser consideradas meras entidades lógicas. (REALE, 2002)

6.6 O critério de Coerência

Uma norma é incoerente quando é inconsistente, portanto não há coerência em uma norma que autoriza e limita o desempenho de uma determinada atividade. A incoerência normativa se distingue da validade. Uma norma pode ser válida, porém incoerente. Uma norma pode ser coerente, mas não válida. Portanto, a coerência normativa não é verificada por razões estruturais ou formais, mas de conteúdo.

A incoerência normativa, a rigor, é um tipo de conflito em que - segundo Alchourrón e Bulygin (*apud* AGUILÓ, s.d., p 58) - é impossível satisfazer duas ordens, pelas quais se autoriza e se proíbe fazer a mesma coisa. No entanto, se um mesmo sistema contém ambas as ordens, então é incoerente, já que contém uma contradição: a promulgação de uma norma e sua rejeição é incompatível.

---

[31] Parte da filosofia que trata do ser enquanto ser, do ser concebido como tendo uma natureza comum que é inerente a todos e a cada um dos seres.

A situação das normas incompatíveis (antinomia) é uma dificuldade tradicional que os juristas têm enfrentado e tem uma denominação própria: antinomia (BOBBIO, 2001, p. 184). Antinomia jurídica é a presença de duas normas conflitantes, sem que se possa saber qual delas deverá ser aplicada ao caso singular (DINIZ, 1998, p 19). Refere-se àquelas normas que conflitam com alguma outra norma, criando uma situação que pode ser denominada como redução ao absurdo, quando o argumento, ainda que correto, inevitavelmente nos leva a uma conclusão contraditória.

De acordo com Tércio (1980), o problema da incompatibilidade é analítico e empírico. Assim, a oposição entre dois textos incompatíveis não decorre apenas da sua oposição formal, mas exige uma referência a uma situação. Não há incompatibilidade entre as normas que prescrevem a pena de morte em um país *A* e as que a proíbem no país *B*. Há incompatibilidade entre norma que se opõem e que não se correspondem com a situação que regulam. Desta forma, vemos ligado o princípio da coerência ao princípio da compatibilidade, pois uma norma coerente deve também ser compatível com a situação que se regula.

Existe conflito normativo quando uma norma determina uma conduta como devida e outra obriga a uma conduta incompatível com a primeira. Nesse sentido, afirma Juan Ruiz Mareno (*apud* AGUILÓ, s.d., p. 30), "há conflito quando o cumprimento de uma norma exclui o cumprimento de outra".

No tema dos conflitos normativos se criou uma importante teoria que explica os tipos de conflitos de normas e os tipos de solução interpretativa, a saber:

a) conflito diacrônico entre normas do mesmo grau;

b) conflito sincrônico e total-parcial entre normas do mesmo grau;

c) conflito sincrônico e total-total entre normas do mesmo grau; e

d) conflito sincrônico e parcial-parcial entre normas do mesmo grau.

Os conflitos diacrônicos entre normas do mesmo grau são aqueles que se manifestam entre as normas que foram promulgadas em tempos diferentes, pelo que a norma posterior, como princípio, derroga a anterior, de tal maneira que "se suprime a validade da norma anterior". (AGUILÓ, s.d., p. 32)

Os conflitos sincrônicos e total-parcial entre normas do mesmo grau se explicam quando ambas as normas foram promulgadas de maneira simultânea e por um ato de um mesmo órgão. Aqui não se pode aplicar o princípio da lei posterior e, neste caso, uma norma limita a validade da outra. (KELSEN, *apud* AGUILÓ, s.d., p 33)

O conflito sincrônico e total-total entre normas do mesmo grau indica que nenhuma das normas pode ser aplicada, sob nenhuma circunstância, sem entrar em conflito com a outra. O conflito sincrônico e parcial-parcial entre normas do mesmo grau é aquele que se apresenta quando cada uma das normas tem um campo de aplicação que entra em conflito com a outra, porém tendo também uma parte adicional de aplicação que não produz conflitos. (ROSS, *apud* AGUILÓ, s.d. p. 34-35)

Muito relacionado com o tema dos conflitos e contradições entre as normas jurídicas para o caso da interpretação, o professor Daniel González (1995, p. 418) em sua obra "Ação e Norma em G. H. von Wright" expõe a lógica de Bentham, como uma mecânica que se pode chamar de lógica do "legislador racional", que responde ao problema da verdade ou falsidade, isto é, para facilitar o conhecimento quando o conteúdo da norma é contraditório. Por isto afirma que "o legislador que promulgou simultaneamente duas normas, mutuamente contraditórias, está atuando irracionalmente".

Esta mecânica possibilita conhecer a contraditoriedade das normas e verificar a unidade e coerência dos textos (regras) criados pelo legislador. Na citada obra se apresenta uma interessante lógica da vontade do legislador, explicando-se a contradição, a contrariedade, a sub-contrariedade e a subordinação entre as normas.

Nessa problemática, como nos ensina Maria Helena Diniz (1998, p. 14), vale consignar que "o conflito entre uma norma que determina um certo comportamento como devido (p. ex. adultério deve ser punido; homicídio deve ser punido com prisão) e outra que impõe também como devida outra conduta, inconciliável com aquela (p. ex. adultério não deve ser punido; homicídio deve ser punido com a morte), não é uma contradição lógica, embora seja usual dizer-se que ambas se contradizem. O princípio lógico da não-contradição é aplicável à asserção que pode ser verdadeira ou falsa, e uma contradição lógica entre duas asserções consiste em que apenas uma ou outra pode ser verdadeira, logo, se só uma delas é a verdadeira, a outra terá de ser falsa. Uma norma não é verdadeira nem falsa, mas válida ou inválida. O conflito de normas pressupõe que ambas as normas conflitantes sejam válidas, pois do contrário não haveria conflito".

Para resolver o problema das antinomias, do ponto de vista da aplicação do Direito, propõem-se várias regras técnicas ou operacionais por meio das quais a incompatibilidade é reconhecida:

a) entre normas que ordenam e proíbem fazer alguma coisa;

b) entre normas que ordenam fazer e não permitem fazer alguma coisa; e

c) entre normas que proíbem e permitem fazer alguma coisa.

Igualmente existe uma tipologia de antinomias por meio da qual se referem os seguintes conflitos normativos:

1. Conflito surgido da relação que existe entre uma norma que obriga, e outra que proíbe o mesmo ato;

2. Conflito surgido da relação que existe entre uma norma que obriga e outra que permite um mesmo;

3. Conflito surgido da relação que existe entre uma norma que proíbe e outra que permite o mesmo ato.

Observe-se que o conceito de antinomia caracteriza as normas que pertencem ao mesmo ordenamento e que têm o mesmo marco de validade temporal, espacial, pessoal e material. Portanto, a antinomia produz incerteza jurídica e falta de ordem ou de relação no conteúdo de uma disposição normativa.

Para resolver o problema das antinomias Norberto Bobbio (1987, p. 202) propõe os seguintes critérios: a) o critério cronológico; b) o critério hierárquico; e c) o critério da especialidade. O primeiro se refere ao princípio da *lex* posterior, pelo qual entre duas normas incompatíveis prevalece a mais recente (a norma posterior), pois sempre será válido o último ato no tempo. O segundo sentido é dirigido à *lex* superior e expressa que, na incompatibilidade de duas normas, a superior revoga a inferior. No terceiro sentido, o conflito entre normas gerais e especiais é resolvido fazendo com que predominem as especiais, sendo revogada aquela parte da norma geral que contradiz as especiais. Como se observa, dá-se importância ao sentido cronológico quando as normas incompatíveis são sucessivas; ao hierárquico quando as normas incompatíveis estão em níveis diferentes; e ao da especialidade quando são conflitos entre normas gerais e especiais.

Pode-se dar o caso, como afirma Bobbio, de conflitos entre normas contemporâneas, gerais e colocadas em mesmo nível. Quando isto acontece, nenhum dos três sentidos ajuda. Sirva como exemplo o caso das normas gerais e incompatíveis de um Código, para o qual busca-se, embora não exista uma regra generalizada, observar o critério imperativo, proibitivo e permissivo que guia a prevalência; deste modo a incompatibilidade existente entre uma norma imperativa ou proibitiva e outra permissiva é resolvida fazendo predominar a permissiva sobre as demais. Esta é uma questão bastante incômoda para o intérprete, que deve favorecer as faculdades e liberdades diante das sanções.

Também nos conflitos entre duas normas imperativas e proibitivas (uma que obriga a fazer algo e outra que proíbe fazer a mesma coisa), elas devem ser eliminadas mutuamente, pois o comportamento antes de ser ordenado ou proibido é considerado permitido e lícito. Para o caso de conflitos entre os diferentes sentidos, é aconselhável que o hierárquico e o da especialidade prevaleçam sobre o cronológico, e o hierárquico sobre o da especialidade (justiça).

O problema da antinomia também afetada a eficácia, pois uma norma exclui a aplicação da outra, e como muitos filósofos afirmam a coerência não é condição de validez, porém de justiça e de certeza, porque ela afeta a paz jurídica e a ordem social.

Resumindo, a descoberta de uso de termos ambíguos e vagos resultam da interpretação gramatical. A procura pela coerência e a contraditoriedade se converte numa ferramenta elementar da interpretação lógica.

Contudo, a procura pela coerência normativa e pela compatibilidade entre normas e as determinadas situações jurídicas implica o esforço de interpretação uma norma em face de uma situação factual, tal fato nos conduz a outro modelo, o modelo empírico ou de aplicação ou integração do direito.

6.7 O critério de Eficácia

Fala-se em eficácia (eficácia social) da norma jurídica como sendo a efetividade da mesma, a qual, de alguma maneira, depende ou não da obediência dos cidadãos, quando se acata ou se cumpre essa norma. Caso contrário, a eficácia estaria respaldada pela existência de uma sanção. São eficazes as normas jurídicas quando a conduta corresponde à norma e esta é ineficaz (ineficácia social) quando é desobedecida pelos cidadãos.

Uma norma eficaz é aquela que pode ser aplicada levando-se em conta uma sanção já prevista para o ato ilícito e que é obedecida pelos cidadãos. A eficácia jurídica implica que os homens realmente se conduzem segundo as normas jurídicas, significando que as normas são efetivamente aplicadas e obedecidas. A validade é uma qualidade do Direito; a chamada eficácia é uma qualidade da conduta efetiva dos homens e não, como o uso linguístico parece sugerir, do Direito em si. A afirmação de que o Direito é eficaz significa apenas que a conduta efetiva dos homens se conforma às normas jurídicas. (KELSEN, 2000, p. 55)

É mister distinguir a *vigência* da *eficácia* da norma. Com Kelsen aprendemos que,

> com a palavra 'vigência' designamos a existência específica de uma norma. Quando descrevemos o sentido ou o significado de um ato normativo

> dizemos que, com o ato em questão, uma conduta humana é preceituada, ordenada, prescrita, exigida, proibida; ou então consentida, permitida ou facultada [...]. Como a vigência da norma pertence à ordem do dever-ser, e não à ordem do ser, deve também distinguir-se a vigência da norma da sua eficácia, isto é, do ato real de ela ser efetivamente aplicada e observada, da circunstância de uma conduta humana conforme a norma se verificar na ordem dos fatos. Dizer que uma norma vale (é vigente) traduz algo diferente do que se diz quando se afirma que ela é efetivamente aplicada e respeitada. (KELSEN, 2000, p. 11)

Norberto Bobbio (2001, p. 45 – 52) nos ensina que o problema da *eficácia* de uma norma é o problema de ser ou não seguida pelas pessoas a quem é dirigida (os chamados destinatários da norma jurídica) e, no caso de violação, ser imposta através de meios coercitivos pela autoridade que a evocou. A investigação para averiguar a eficácia ou ineficácia de uma norma, diz o nosso autor, é de caráter histórico-sociológico, se volta para o estudo do comportamento dos membros de um determinado grupo social e se diferencia, seja da investigação tipicamente filosófica em torno da justiça, seja da tipicamente jurídica em torno da validade. [...] pode-se dizer que o problema da eficácia das regras jurídicas é o problema *fenomenológico*[32] do Direito.

Para Bobbio (2001, p. 45 - 52) o problema da *eficácia* nos leva ao terreno da aplicação das normas jurídicas, que é o terreno dos comportamentos efetivos dos homens que vivem em sociedade, dos seus interesses contrastantes, das ações e reações frente à autoridade, dando lugar às investigações em torno da vida do Direito, na sua origem, no seu desenvolvimento, na sua modificação, investigações estas que normalmente são conexas a indagações de caráter histórico e sociológico. Daí nasce aquele aspecto da Filosofia Jurídica que conflui para a *sociologia jurídica.*

6.8 O critério de Eficiência

A eficiência normativa também é um critério relacionado ao domínio factual ou fenomenológica do Direito. No entanto, é necessário distinguir a *eficácia social* da *eficiência* da lei: a norma é eficaz quando é cumprida e é eficiente quando, além de ser cumprida, são atingidos os fins que motivaram sua criação. Para determinar a eficiência do Direito verificamos sua finalidade (teleologia) ou funcionalidade geralmente expressa no seu preâmbulo.

Ao verificar a eficácia social, já vimos, analisamos a existência social do Direito, ou melhor, sua relação com a realidade social. Disto tratam a eficácia e a efetividade da norma. É necessário observar a conduta social, avaliar se as pessoas se adaptam ao estabelecido na norma, devendo a norma, então, ser avaliada a partir da conduta social. Ao verificar a eficiência normativa, entretanto, analisamos se a norma, quando aplicada, não realiza a finalidade para a qual foi criada. Como se pode apreciar, a norma pode ser eficaz, porém ineficiente.

Para analisar a eficiência, é aconselhável revisar sempre o preâmbulo da lei e verificar sua correspondência com o texto posterior e com o mandato constitucional; só agora "pode-se dizer que todos os argumentos destinados para que as normas sejam mais claras e compreensíveis, mais sistemáticas, e que sejam o máximo possível eficazes, têm força se com isso podem ser mais bem cumpridos os objetivos sociais almejados". (ATIENZA, 1993, p. 224)

---

[32] Estudo descritivo de um fenômeno ou de um conjunto de fenômenos em que estes se definem quer por oposição às leis abstratas e fixas que os ordenam, quer por oposição às realidades de que seriam a manifestação.

Ao se referir à racionalidade teológica (finalidade da norma), o professor Manuel Atienza assinala que "contempladas a partir desta perspectiva, as leis não são outra coisa que instrumentos para alcançar determinados objetivos sociais. Mas, um dos problemas que pode surgir aqui é que nem sempre é fácil saber quais conteúdos normativos são os idôneos para alcançar estes fins [...], por isso a eficácia de uma lei não é o mesmo que sua eficiência social: é possível que os destinatários - particulares e autoridades - cumpram pontualmente com o estabelecido, porém que não se alcancem os objetivos previstos. O outro tipo de problema é que estes objetivos sociais podem, por diversas razões, não ser claros". (ATIENZA, 1993, p. 223)

Em suma, a chamada eficiência ou ineficiência, no sentido estrito, representa a obtenção do fim, ou seja, uma norma será eficiente quando se consegue a finalidade para a qual foi criada; portanto, devemos dizer que, às vezes, uma norma pode ser válida e eficaz, porém não eficiente.

Capítulo 7
Doutrinas da Jusfilosofia Contemporânea

O pensamento jurídico histórico e contemporâneo foi e ainda é complexo, por ser também complexa a realidade jurídica que se investiga e essa característica evidencia-se no ensino e na prática jurídica. Alguns doutrinadores defendem a ideia de que a ciência do Direito tem por objeto uma dada ordem normativa, isto é, o direito positivado que constitui a base ou a fonte da dogmática jurídica. Destacados autores afirmam o caráter sistemático ou científico-crítico do Direito, teses e argumentos são construídos sobrepondo o funcionalismo ao estruturalismo jurídico. Eis a razão pela qual não contamos interpretações jurídicas unívocas e essa realidade transcende nas obras dos autores que, a seguir, privilegiamos.

7.1 Hans Kelsen (1881-1973)

Hans Kelsen (1881 - 1973), jurista austro-americano, foi um dos juspositivistas excludente, mais importantes e influentes do século XX. Kelsen, preocupado com alicerçar o Direito em bases científicas afirmou que seu único objeto (as normas) seria a referência de toda análise jurídica, desposando assim o estudo de toda influência política, ideológica, moralista e sociológica. A Filosofia Jurídica kelseniana pretendia assegurar a autonomia do Direito, como ciência, demarcando uma distinção entre a ciência (teoria descritiva) e seu objeto (a norma) fenômeno jurídico positivo.

7.1.1 Principais obras

Dentre as diversas obras de Hans Kelsen podemos destacar as seguintes:

a) *A Justiça e o Direito Natural.* Coimbra: Armênio Amado, 1979.

b) *Teoria Geral das Normas.* (trad. José Florentino Duarte). Porto Alegre: Sérgio Antônio Fabris Editor, 1986.

c) *Teoria Pura do Direito*. Tradução João Baptista Machado. 4 ed. São Paulo: Martins Fontes, 1995.

d) *Teoria Geral do Direito e do Estado.* Tradução Luis Carlos Borges. São Paulo: Martins Fontes, 1998.

Mas, a obra que mais o consagro e com base na qual formularam-se as mais severas críticas foi a sua *Teoria Pura do Direito.*

7.1.2 Postura: teorias, teses e argumentos

A teoria kelseniana reconhece que os enunciados sobre a lei, as proposições, nas quais a lei é apresentada (descrita), são distintos dos enunciados sobre o ato legisferante ou os atos do processo legislativo. Assim, a ciência do Direito, para Kelsen, contém proposições que são enunciados sobre normas jurídicas. Ela expõe normas jurídicas e as descreve. Essas proposições não são propriamente normas, mas enunciados sobre normas. Como Ciência, o Direito apenas pode conhecer e descrever normas a ele dadas, e não estabelecer normas, isto é, prescrever alguma coisa (KELSEN, 1998, p. 79). Nesse sentido, destaca o citado autor:

> na afirmação evidente de que o objeto da ciência jurídica é o Direito, está contida a afirmação – menos evidente – de que são as normas jurídicas o objeto da ciência jurídica, e a conduta humana só o é na medida em que é determinada nas normas jurídicas como pressuposto ou consequência, ou – por outras palavras – na medida em que constitui conteúdo de normas jurídicas.

O esforço kelseniano acabaria por justificar a distinção entre proposição e norma. Acerca da distinção entre proposição e norma, nota-se um evidente conflito teorético derivado do confronto kelseniano: "ser" e "dever-ser". De acordo com o citado autor, "ser" e "dever-ser" são dois modos essencialmente diferentes um do outro, duas diferentes formas que têm um conteúdo determinado. Nos enunciados, que algo é e algo deve (ser), precisam-se distinguir dois elementos diversos: *que* algo é e o *que* é; *que* algo deve (ser), e o *que* deve (ser). O *que* é e o *que* deve, o conteúdo do ser e o conteúdo do dever-ser são um *substrato modalmente indiferente*. Na proposição: "*A* paga sua dívida de jogo", o substrato modalmente indiferente "pagar dívida de jogo" veste-se no modo do ser; na proposição: "*A* deve pagar sua dívida de jogo", o substrato modalmente indiferente "pagar dívida de jogo" veste-se no modo do *deve-ser*. A norma: "*A* deve pagar sua dívida de jogo" dá ao substrato modalmente indiferente o modo do dever-ser". (KELSEN, 1986, p. 73)

Assim, considera Kelsen que, na medida em que a Ciência Jurídica apenas apreende a conduta humana enquanto esta constitui conteúdo de normas jurídicas, isto é, enquanto é determinada por normas jurídicas, representa uma interpretação normativa destes fatos de conduta. As proposições ou enunciados nos quais a Ciência Jurídica descreve estas relações devem, como proposições jurídicas, ser distinguidas das normas jurídicas que são produzidas pelos órgãos jurídicos a fim de por eles serem aplicadas e serem observadas pelos destinatários do Direito. Proposições jurídicas são juízos hipotéticos que enunciam e traduzem que, de conformidade com o sentido de uma ordem jurídica – nacional ou internacional – dada ao conhecimento jurídico, sob certas condições ou pressupostos fixados esse ordenamento, devem intervir certas consequências pelo mesmo ordenamento determinadas. E continua o autor,

> as normas jurídicas, por seu lado, não são juízos, isto é, enunciados sobre um objeto dado ao conhecimento. Elas são antes, de acordo o seu sentido, mandamentos e, como tais, comando, imperativos. Mas não são apenas comandos, pois também são permissões e atribuições de poder ou competência. Em todo o caso, não são – como, por vezes, identificando Direito com ciência jurídica, se afirma – instruções (ensinamentos). O Direito prescreve, permite, confere poder ou competência – não 'ensina' nada. Na medida, porém, em que as normas jurídicas são expressas em linguagem, isto é, em palavras e proposições, podem elas aparecer sob a forma de enunciados do mesmo tipo daqueles através dos quais se constatam fatos [...]. Do que se trata, porém não é da forma verbal, mas do sentido do ato produtor de Direito, do ato que põe a norma. E o sentido deste ato é diferente do sentido da proposição jurídica que descreve o Direito. Na distinção entre proposição jurídica e norma jurídica ganha expressão a distinção que existe entre a função do conhecimento jurídico e a função, completamente distinta daquela, da autoridade jurídica, que é representada pelos órgãos da comunidade jurídica. A ciência jurídica tem por missão conhecer – de fora, por assim dizer – o Direito e descrevê-lo com base no seu conhecimento. (KELSEN, 1986, p. 81)

Como pode ser observado, nas citadas obras, o destacado jurista reconheceria que a norma jurídica tem uma função de autoridade criadora do Direito e a proposição jurídica uma função da Ciência Jurídica descritiva do Direito. E assim, distingue terminologicamente essas duas formas de expressão chamando-lhes, respectivamente, norma jurídica (postas pela autoridade jurídica) e proposição jurídica (formuladas pela ciência do Direito). Deixaria entender assim que as normas não são proposições jurídicas e que as proposições jurídicas são os enunciados com os quais a ciência do Direito descreve os comandos jurídicos.

Contudo, em Kelsen (1986, p. 1-2, 197, 207), o termo norma designa um mandamento, uma prescrição, uma ordem. No entanto, mandamento, para o autor, não é a única função de uma norma. Também conferir poderes, permitir, derrogar são funções de normas. Norma, afirma o citado autor, dá a entender a alguém que alguma coisa deve ser ou acontecer, desde que a palavra "norma" indique uma prescrição, um mandamento. Sua expressão linguística é um imperativo ou uma *proposição de dever-ser*. Note-se aqui que o confronto kelseniano entre *norma* e *proposição*, se agrava com a ideia de que as *proposições de dever-ser* têm uma significação prescritiva, diferente das *proposições do ser* que podem ser verdadeiras ou falsas. A proposição cuja significação é uma norma prescreve alguma coisa. Nem é verdadeira nem falsa.

A aceitação da existência de *proposições de dever-ser* e de *proposições do ser* também se constata numa das publicações póstumas de Kelsen *Normas Jurídicas e Análise Lógica* (KELSEN - KLUG, 1984, p. 1-106), obra resultante da correspondência travada com o célebre mestre da Lógica Jurídica Ulrich Klug, em que se verificam visíveis mudanças na teoria do autor, já conferidas nas citadas obras: *Teoria Geral do Direito e do Estado* e *Teoria Pura do Direito*. O texto revela a questão levantada por Kelsen acerca da possibilidade de considerar que os princípios da Lógica podem ser aplicados tanto a afirmações (juízos) que podem ser verdadeiros e falsos como a normas, a prescrições devidas, imperativos, ordens, pretensões etc. A essa questão o célebre Professor Ulrich Klug (27.4.1959) (KELSEN - KLUG, 1984, p. 3), Mestre da Lógica Jurídica na Alemanha, responderia:

> Quanto à matéria mesma, gostaria em primeiro lugar de sustentar a tese de que as regras da Lógica de fato, devem aplicar-se a ambos, ou seja, tanto ao Direito, isto é, a normas, como à Ciência do Direito, isto é, ao conhecimento de seu objeto. Isso resulta já de que em ambos os campos se trata de sistemas de proposições para os quais se pressupõe, ademais, que dentro de cada sistema, em princípio as afirmações não devem estar em contradição entre si. Em sua investigação acerca do conceito de ordem jurídica (*Logique et Analyse*, 1958, Caderno 3-4). V. à página 155 se referiu com razão a esta exigência de isenção de contradição. Se, porém, as proposições se contradizem, só se chegará a uma decisão mediante o emprego das regras da Lógica.

Assim, Klug aceitaria que também as *proposições do dever ser* podem ser concebidas como proposições de dois valores, que são falsas ou verdadeiras. De acordo com o citado autor, elas exprimem que um procedimento do dever ser ou é verdadeiro ou é falso. Dessa forma acrescenta Klug que nenhuma diferença existe entre *proposições do dever ser* e do *ser*, pois em ambos os casos parte a dedução de axiomas não mais deriváveis.

A respeito da possibilidade de considerar as normas como verdadeiras e falsas e de aplicar regras da Lógica ao sistema de normas, Kelsen (KELSEN - KLUG, 1984, p. 10-11), num Manuscrito de 15.5.1959 escreveria:

> Aplicando a Teoria Pura do Direito princípios lógicos às normas de uma ordem jurídica, assevera ela que duas normas se contradizem quando uma prescreve que se deve proceder de uma determinada forma e a outra que não se deve proceder assim, não podendo, por consequência, as duas normas considerar-se válidas ao mesmo tempo; e que a validade de uma norma pode deduzir-se da outra norma – mas unicamente de uma norma, não de um fato. Desde que uma norma – como ordem, permissão, autorização – não pode ser verdadeira nem falsa e os princípios lógicos – segundo uma concepção tradicional – somente se aplicam a afirmações que podem ser verídicas ou inverídicas, é de admitir-se que o emprego de princípios lógicos, com relação a normas, só é possível de modo indireto ou *per analogiam*. Esta aplicação, a Teoria Pura do Direito a justifica ao distinguir entre as normas de uma ordem jurídica e as proposições de uma Ética que traça estas normas, e que tem esta ordem moral por objeto de seu conhecimento, assim como ao distinguir também entre as normas de uma ordem jurídica – as normas de Direito – e as proposições da Ciência do Direito, que descrevem essas normas jurídicas e que têm por objeto o conhecimento desta ordem jurídica, a saber, as proposições de Direito. Estas proposições devem ser proposições do dever ser. Não podem elas afirmar que, de acordo com uma determinada ordem moral ou jurídica se proceda efetivamente de uma certa forma, mas unicamente que, de conformidade com certa ordem moral ou jurídica, se deve proceder de determinada maneira, ainda que talvez, na realidade, não se proceda assim.

Com efeito, este interessante debate obrigaria Kelsen (1984, p. 33-34) (em correspondência de 28.7.1959) a aceitar que as normas jurídicas também são proposições. E assim concluiria o autor:

> [...] Se os imperativos são "proposições", então as proposições jurídicas da Ciência do Direito são na verdade proposições acerca de proposições; mas as proposições da Ciência Jurídica são proposições de uma natureza inteiramente distinta daquela das proposições da autoridade jurídica. As primeiras são proposições declarativas, que podem ser falsas ou verdadeiras; as últimas não são de modo algumas proposições de afirmação, mas proposições imperativas, que não podem ser verdadeiras nem falsas. Elas não afirmam alguma coisa acerca de um objeto já determinado, mas antes de mais nada produzem o objeto acerca do qual algo poderá ser afirmado pela Ciência do Direito [...]. Também a norma é uma proposição que obriga, mas de modo algum uma proposição afirmativa, senão um imperativo ou, como também se diz, uma sentença imperativa.

7.1.3 Contribuição científico-metodológica

Kelsen contribui para a concepção científica do Direito. Mas, separando-o de outras áreas do saber humano adota um tecnicismo fechado e direcionado a alguns problemas limitados a conceitos de validade e coerência normativa, descartando a História, a Moral, a Sociologia jurídica etc.

Hans Kelsen orientou sua abordagem científica do Direito procurando atribuir à Ciência Jurídica uma independência e desconexão de outras áreas do saber humano. Seu método se correspondia com o objeto de estudo, ambos encerrados numa única abordagem normativa. Nesse sentido, a conduta humana só será objeto de estudo desde que esteja contida na norma.

A Teoria Pura do Direito de Hans Kelsen foi a mais importante contribuição à Filosofia Jurídica do século, pertence também a escola analítica que, tomada como um todo leva o selo de um formalismo metódico. O Direito é considerado um sistema de normas positivas, isto é, efetivamente vigorantes. A "ciência do Direito" busca apenas estabelecer a existência dessas normas no direito efetivo independentemente de valores éticos e considerações políticas. Tampouco formula a escola analítica qualquer questão relativa às circunstancias sociais penetradas pelo Direito – os fatores sociais que determinam a criação do Direito e seu desenvolvimento, e os efeitos sociais que se produzem ou se pretende produzir mediante normas jurídicas. Esse formalismo encontrou destacada expressão nas obras de Kelsen. A "pureza" que ele exige da ciência do Direito tem objetivo duplo: por um lado livrar a ciência do Direito de qualquer ideologia moral ou política, de outro livra-la de todo vestígio de sociologia, isto é, considerações referentes ao curso efetivo dos eventos. De acordo com Kelsen, a ciência do Direito não é nem filosofia moral nem teoria social, mas sim teoria dogmática específica em termos normativos. (ROSS, 2000, p. 25)

Independentemente das críticas feitas à Teoria Pura do Direito, a postura kelseniana repercutiu decisivamente no pensamento posterior e moderno atribuindo mais força e fundamentos ao positivismo normativista fechado.

7.2 Alf Ross (1899-1979)

Alf Niels Christian Ross (10 de junho de 1899 - 17 de agosto de 1979) jusfilósofo dinamarquês, um dos fundadores do chamado realismo jurídico escandinavo e outro prestigioso representante da jusfilosofia mundial. Alf Ross, da chamada "escola de Copenhague", foi um dos mais expressivos representantes do realismo escandinavo. Ross herdou um conceito materialista da realidade e as tendências de crítica filosófica da linguagem, na esteira do movimento neoempirista que, antes da segunda Grande Guerra, grassava na Europa, por influência do Círculo de Viena e da escola de Cambridge. (ROSS, 2000, p. 9)

Alf Ross se empenhou em desposar o pensamento jurídico de qualquer forma de idealismo e de pressupostos não verificáveis. Assim, suas obras teriam um embasamento científico, assentado num realismo jurídico considerado uma corrente vinculada ao positivismo lógico. Grande parte da obra de Ross foi dedicada a criticar o jusnaturalismo usando os argumentos epistêmicos e metodológicos que teriam como ponto de partida a obra de um de seus mais admirados mestres e colegas: Hans Kelsen.

7.2.1 Principais obras

Junto com os mais destacados trabalhos dos juspositivistas Kelsen, Hart e Bobbio a obra de Ross completa o rol dos grandes nomes do positivismo jurídico que merecem ser estudados e analisados pela nossa comunidade científica. (ROSS, 2000, p. 9)

7.2.2 Postura: teorias, teses e argumentos

A interpretação realista do Direito de Ross realça sua postura empirista. Mesmo ratificando o positivismo normativo de Kelsen, Ross defende um positivismo centrado na aplicação da norma.

Em verdade, o pensamento jurídico de Alf Ross receberia a influência de (Hans Kelsen e Alex Hägerström). Contudo, no empenho em demonstrar a cientificidade do Direito, e com base num pensamento coerente, Ross propõe levar a orientação empirista ao campo do Direito, como consequência da postura claramente positivista (um positivismo centrado na aplicação da norma).

Para Ross, é importante para os propósitos da Filosofia Jurídica operar com um termo que distinga claramente o conhecimento do direito do próprio Direito. Nesse sentido propõe a expressão ciência do Direito para o primeiro. Ross igualmente percebe que toda proposição que se apresenta no estudo doutrinário do Direito (ciência do Direito) contém como uma parte integrante o conceito "direito vigente". Conforme o nosso autor, as leis não são promulgadas a fim de comunicar verdades teóricas, mas sim a fim de dirigir as pessoas. (ROSS, 2000, p. 31, 33, 34)

Neste empenho, Ross sustentará que os valores são subjetivos, expressões de sentimentos e desejos, e não vinculados a propriedades reais dos objetos. Por isso não cabe predicar-lhes a verdade ou a falsidade. Para Ross, a verdade e a falsidade de uma proposição jurídico-científica dependem de sua verificação e contratação na experiência sensível. Todavia, Ross critica a noção kelseniana de validez jurídica e defenderá uma reconstrução realista desse e de outros conceitos do direito, objetivando um conhecimento empírico dos mesmos. (ROSS, 2000, p. 9-10)

De Kelsen, Ross, apesar das críticas à teoria pura do Direito, assimila importantes elementos de sua teoria, como por exemplo, a distinção entre normas e proposições jurídicas (da Ciência Jurídica). (ROSS, 2000, p. 9)

Alf Ross (2000, p. 29-33) se interessaria por uma epistemologia que designa a compreensão das classes de proposições válidas cientificamente. De acordo com o autor, esse deve ser o verdadeiro caminho científico para a análise e conhecimento do Direito. Dessa forma, atribui um significado à expressão linguística, por ele entendida como uma organização consciente da linguagem na utilização real, oral ou escrita. Assim, seria imperioso fazer uma distinção entre expressão e significado, visto que expressões diferentes podem ter o mesmo significado, bem como uma mesma expressão pode, de acordo com as circunstâncias, ter variados significados. Ross pretendia perfazer o caminho científico do direito seguindo um esquema proposicional que consideraria decisivo para considerar o direito como uma verdadeira ciência.

Conforme Ross ensina, chama-se de *sociologia do Direito* o ramo que se ocupa do direito em ação, enquanto chama-se de *ciência do Direito* o ramo que se ocupa das normas jurídicas. O Direito em ação e as normas do Direito não são duas esferas de existência independentes, mas aspectos diferentes de uma mesma realidade. Consequentemente, pode-se falar de dois pontos de vistas cada um deles pressupondo o outro. A ciência do Direito, explica o autor, dirige sua atenção ao conteúdo ideal abstrato das diretivas, ignorando as realidades do direito em ação.

A ciência do Direito visa: a) à descoberta do conteúdo ideal - que poderíamos também chamar de ideologia – que funciona como o esquema interpretativo para o Direito em ação e b) à exposição dessa ideologia como um sistema integrado. Visto que a ciência do Direito se ocupa de normas, se pode denominá-la "normativa". O caráter normativo da ciência do Direito significa, portanto, que se trata de uma doutrina que diz respeito a normas e não uma doutrina composta de normas. Não objetiva "postular" ou expressar normas, mas sim estabelecer o caráter de "direito vigente" dessas normas. A ciência do Direito é normativa no sentido de que é descritiva de normas e não no sentido de expressiva de normas. (ROSS, 2000, p. 42-43)

Ensina-nos o citado autor que "certas expressões linguísticas possuem, adicionalmente, um significado representativo, quer dizer, a expressão *indica*, *simboliza* ou *representa* um estado de coisas". Não se trata, porém, de uma relação causal, mas lógica. Nesse sentido seria possível distinguir entre expressões que têm tanto significado expressivo quanto representativo e expressões que têm apenas significado expressivo. Em conformidade com isso, o autor confirmaria a existência de três tipos de expressões linguísticas, a saber:

1. *Asserções,* expressões com significado representativo;

2. *Exclamações*, expressões sem significado representativo e sem intenção de exercer influência; e

3. *Diretivas*, expressões sem significado representativo, mas com intenção de exercer influência.

Considerando tais antecedentes, Ross, ao formular a pergunta: a qual dessas categorias pertencem as orações encontradas nas regras jurídicas?, responderia parecer óbvio que devam ser diretivas, e não exclamações nem asserções, pois as leis não são promulgadas a fim de comunicar verdades teóricas, mas sim a fim de dirigir as pessoas – tanto juízes quanto cidadãos particulares – no sentido de agirem de uma certa maneira desejada. Portanto, ficaria claro que as regras jurídicas, por seu teor lógico, são diretivas quando notamos que há regras jurídicas que contêm expressões comumente usadas em diretivas. É o caso, por exemplo, de normas penais que expressam que qualquer pessoa, sob certas condições, "deverá ser punida" de um certo modo e, no Direito civil, regras que expressam que uma pessoa "tem de" ou "pode" fazer ou não fazer alguma coisa. (ROSS, 2000, p. 29)

De acordo com Ross, o mesmo vale para a regra jurídica que se nos apresenta gramaticalmente no modo indicativo e aparentemente contém uma descrição (asserção), pois não pode haver dúvida de que o seu significado lógico não consiste em informar sobre fatos, mas sim prescrever um comportamento.

Ross também se preocupa com a compreensão das proposições vistas num livro de direito e, apesar de reconhecer que certamente existe uma similitude entre elas e as normas jurídicas, destaca diferenças no significado lógico de tais construções nos dois contextos (explicativo e prescritivo). De acordo com o autor, não restaria dúvida de que as proposições num livro, pelo menos num certo grau, pretendem descrever, não prescrever. Na medida em que a literatura jurídica pretende ser conhecimento do que é efetivamente o Direito vigente, tem que consistir em asserções, não em diretivas. Toda proposição de um livro, diz o autor, precisa ser entendida sob a condição geral de que o autor está expondo o direito vigorante dentro de um sistema legal específico. Nesse sentido, é evidente a diferença entre as normas jurídicas e as proposições doutrinárias dos livros. As primeiras são diretivas (alógicas), as segundas asserções (lógicas). O nosso autor declara que se não se tiver em mente essa diversidade com clareza e se as normas jurídicas forem colocadas no mesmo plano das proposições doutrinárias que a elas se referem, disto resultará necessariamente uma visão distorcida de umas e de outras.

De acordo com Ross seria igualmente importante para a Filosofia Jurídica operar com um termo que distinga claramente o conhecimento do direito do próprio Direito. Em relação ao conhecimento do Direito, o autor propõe a expressão *doctrinal study of law* ("ciência do Direito").

7.2.3 Contribuição científico-metodológica

O professor Ross, ao perfazer o caminho cientifico do Direito, segue o esquema proposicional de forma incondicional, pois somente assim a ciência do Direito será considerada uma verdadeira ciência. (ROSS, 2000, p. 9-10)

Logo, sua contribuição radica na interpretação realista do Direito, em sua vertente de caráter empirista. Assim, desenvolve os princípios empiristas no campo jurídico. Conforme o autor, a *ciência do Direito* jamais poderá ser separada da *sociologia do Direito*, pois a ciência do Direito é sempre uma abstração da realidade social. A sociologia do Direito dirige sua atenção para o Direito concreto em ação, para o comportamento jurídico e as ideias jurídicas que operam nesse comportamento, e não pode ser separada da ciência do Direito. Mesmos que o jurista não esteja interessado no nexo que liga a doutrina à vida real, esse nexo existe. Reside no conceito de "direito vigente" e constitui parte essência de todas as proposições doutrinária, pois esse conceito se refere à efetividade das normas enquanto constituintes de um fato social. (ROSS, 2000, p. 43)

Os idealistas, ensina Ross, propugnam pela concepção de que o Direito pertence principalmente ao mundo das ideias, onde o pensamento de validez é captado imediatamente pela razão, desprezando o mundo dos fenômenos sensíveis (no tempo e no espaço) como algo básico na formação essencial do Direito. Ross considera o Direito como um conjunto de fatos sociais, reduzido a um único mundo, o da realidade empírica. Conforme a metodologia de Ross, na Ciência Jurídica deve-se sustentar que o Direito é um fato social cuja existência e descrição semente podem se equacionadas em termos puramente fáticos, sensíveis e empíricos, sem necessidade de se recorre a princípios apriorísticos, morais, racionais ou ideológicos. (ROSS, 2000, p. 9-11)

A postura ceticista em face dos valores própria de Ross e dos representantes do positivismo e do realismo jurídico, repercutiu no pensamento positivista moderno.

Para Ross, os juízes são os destinatários da norma e o objeto delas é o exercício da força. Nessa ordem verifica-se uma forte influência da teoria pura de Kelsen. O Direito é uma ordem normativa que estabelece as condições do exercício da força e determina que deve exercê-la. Nas palavras de Ross: um ordenamento jurídico nacional é o conjunto de regras para o estabelecimento e funcionamento do aparato de força do Estado. (ROSS, 2000, p. 12)

De grande significado para a teoria jurídica de Ross é também a questão da vigência jurídica. Afirmar a vigência de uma norma de direito implica dois elementos: um referente à efetividade real da norma, estabelecida pela observação externa; e o outro, referente ao modo como a norma é vivida internamente, enquanto motivadora da conduta, sentida como socialmente obrigatória. Nesse sentido a vigência significa que, dentro de uma comunidade determinada, as normas recebem adesão efetiva. Direito vigente significa que suas normas são efetivamente obedecidas, singularmente no âmbito dos tribunais, precisamente porque elas são vividas como socialmente obrigatórias pelos destinatários (juízes). O Direito em ação (fenômenos jurídicos) consiste justamente na aplicação das normas pelos tribunais, cujo comportamento é entendido como um todo coerente de significado. (ROSS, 2000, p. 9-11)

Ross propõe uma teoria jurídica de caráter realista, na medida em que vê no direito um fenômeno social determinado pela aplicação feita pelos tribunais. A vigência de uma norma jurídica significa que seu conteúdo ideal é ativo na vida jurídica da comunidade, como direito em ação. Enquanto a teoria pura de Kelsen, pergunta-se pela validade da norma cuja resposta se obtém por remissão à norma superior, no pensamento de Ross, a pergunta é pela vigência que se obtém por remissão ao comportamento de seus destinatários. Nas palavras de Ross, ao fazer da validade uma relação internormativa (a validade de uma norma deriva da validade de outra), Kelsen se impediu, desde o começo, de lidar com o cerne do problema da vigência do direito: a relação entre o conteúdo ideal normativo e a realidade social. (ROSS, 2000, p. 13)

A maior contribuição de Alf Ross, radica em realçar a função social do Direito. Conforme explica o autor, uma ciência do Direito que ignora a função social do deste tem que resultar insatisfatória quando julgada segundo o critério do interesse em predizer as decisões jurídicas. O juiz não é motivado exclusivamente pelas normas jurídicas; também o é pelos fins sociais e pelo discernimento teórico das conexões sociais relevantes ao atingir daqueles fins. Por esta razão, tem-se exigido da ciência do Direito, em especial modernamente, que dirija sua atenção para as realidades da vida social. (ROSS, 2000, p. 43)

Como aspecto negativo vemos que Ross limita a ciência do Direito ao contexto nacional. Isso, logicamente, é consequência do seu positivismo. Para Ross "a ciência do Direito no sentido mais estrito ocupa-se de um sistema de Direito definido numa sociedade definida". Logo, a função da ciência do Direito é expor um certo sistema individual e nacional de normas. (ROSS, 2000, p. 45)

7.3 H. L. A. Hart (1907-1994)

Herbert Lionel Adolphus Hart, (H. L. A. Hart) jusfilósofo inglês, extremamente influente na literatura mundial. Conhecido pela sua obra *El Concepto del Derecho* ou *The Concept of Law* (O Conceito do Direito). Hart foi professor da Universidade de Oxford, onde desenvolveu sua sólida teoria sobre o positivismo jurídico, nos marcos da filosofia analítica.

7.3.1 Principais obras

O *Conceito do Direito* foi considerado pelo próprio autor um ensaio sobre a teoria analítica do Direito, já que seu objetivo seria elucidar a estrutura geral do pensamento jurídico e não fazer uma crítica do direito ou das políticas legislativa. (HART, 2009)

7.3.2 Postura: teorias, teses e argumentos

A partir de uma postura evidentemente positivista (**inclusivo**), Hart optou por considerar desnecessário definir o Direito. O nosso autor tinha como objetivo aprofundar a compreensão do Direito, da coerção e da moral como fenômenos sociais distintos mais relacionados entre si. Apesar de sua preocupação com análise Hart se preocupou com a sociologia descritiva, orientando sua obra a partir de uma investigação sobre os significados das palavras.

A tese fundamental da obra de Hart seria que nem o Direito nem nenhuma outra forma de estrutura social podem ser compreendidos sem que se tenham em conta certas distinções cruciais entre dois tipos diferentes de enunciados, a que chamou "internos" e "externos", que podem ambos ser elaborados sempre que normas sociais sejam observadas.

Mesmo que Hart (2009, p. 2) se negue a definir o Direito, considerando a falta de utilidade de uma definição, sua postura contrasta com a ideia de que "o Direito é a norma primária que estipula a sanção".

Desta forma afirma:

> O que as autoridades fazem a respeito dos litígios é [...] o próprio direito. As previsões sobre o que os Tribunais farão... são o que entendo por direito; a legislação é fonte do direito... e não o próprio direito; o direito constitucional é mera moral positiva; é proibido roubar; se alguém roubar, será punido... Caso exista de fato, a primeira norma está contida na segunda, que é a única norma genuína. (HART, 2009, p. 2)

Estas são, explica o autor, apenas algumas das muitas afirmações e negações sobre a natureza do Direito que podem parecer estranhas e paradoxais. Para Hart é evidente que a legislação faz parte do Direito; é pelo menos um ramo do dele. É claro, afirma Hart, que o Direito não pode ser apenas o que as autoridades fazem ou o que os tribunais vão decidir, uma vez que é o Direito que cria uma autoridade ou um tribunal. Não só o Direito e a moral compartilham um mesmo vocabulário, de modo que há obrigações, deveres e direitos tantos jurídicos como morais, mas também todos os sistemas jurídicos internos e intranacionais reproduzem a substância de certas exigências morais fundamentais. O homicídio e o uso gratuito da violência são apenas os exemplos mais óbvios da coincidência entre as proibições do Direito e da moral. Além disso, há uma ideia, a de justiça, que parece unir os dois campos. Esses fatos, conforme o autor, sugerem a interpretação de que o Direito deve ser compreendido como um ramo da moral ou da justiça, e que é a congruência com os princípios da moral. (HART, 2009, p. 2-9)

Contrariando as doutrinas que combatem o positivismo, Hart destacaria que a afirmação de que "uma lei injusta não é uma lei" soa tão exagerada e paradoxal, ou mesmo falsa, quanto a declaração de que "as leis criadas pelo legislador não são leis", ou "o Direito constitucional não é Direito". Para Hart tais são extremos que perpassam toda a história da teoria do Direito que aqueles que não viram na estreita assimilação entre o Direito e a moral nada além de uma dedução equivocada, tirada do fato de que o Direito e a moral compartilham um vocabulário comum que direitos e deveres. Conforme Hart, à primeira vista, poderia parecer que a afirmativa de que um sistema jurídico é composto por normas, pelo menos em geral, dificilmente poderia ser posta em dúvida ou reputada como de difícil compreensão. (HART, 2009, p. 10)

De qualquer forma, Hart foi qualificado de "positivista" que não desmerece a moral no contexto jurídico. Dessa forma, se opõe às correntes exclusivista, isto é, que exclui totalmente a moral do Direito. Hart procurou colocar os ideais jurídicos, inclusive a moral, dentro do próprio fenômeno da juridicidade, não como fundamento metaempírico de validez do Direito positivo, mas como algo empiricamente verificável dento do próprio Direito positivo, exprimindo, por conseguinte, uma realidade social. (DINIZ, 2009, p. 88)

7.3.3 Contribuição científico-metodológica

Em Hart (2009, p. 11), constatamos a afirmação de que há muitos tipos diferentes de normas, não somente no sentido óbvio de que, além das normas jurídicas, existem as regras de etiqueta e as normas da língua, as regras de jogos e as normas de clubes, mas no sentido menos evidente de que, mesmo no interior de qualquer dessas esferas, o que chamamos "normas" pode ter origens diversas e relações muitos diferentes com a conduta à qual a palavra se refere. Assim, no próprio Direito, algumas normas resultam da legislação, enquanto outras não se originam de nenhuma ação deliberada desse tipo. O mais importante é que algumas normas são vinculantes, no sentido de que exigem que as pessoas se comportem de certa maneira: por exemplo, que se abstenham de cometer violência ou que paguem seus impostos, quer queiram, quer não; outras indicam o que as pessoas devem fazer para conferir validade a seus desejos, como as que estabelecem os procedimentos, formalidades e condições para a celebração de matrimônios e a redação de testamentos ou contratos. Observa-se o mesmo contraste entre as regras de um jogo que proíbem certos tipos de conduta, sob pena de sanção (conduta antidesportiva ou insultos ao juiz), e aquelas que especificam o que deve ser feito para marcar pontos ou vencer o jogo.

Hart foi orientador de importantes filósofos do Direito, a saber, Neil MacCormick, John Finnis e Joseph Raz. Nesse sentido, a filosofia hartiana, se assenta num questionamento: "O que é o Direito?". Daí a sua análise estruturalista com base no seu conceito: "O Conceito do Direito", obra que influenciou notadamente o pensamento jurídico moderno.

Em verdade, as ideias de Herert L. A. Hart revolucionaram a Ciência Jurídica inglesa por terem apontado o caminho para uma superação da própria jurisprudência analítica, a que estava ligado, e do próprio realismo jurídico. Sua teoria apresenta grandes afinidades com o movimento realista jurídico escandinavo, pelo abandono de critérios metaempíricos de validade do Direito e pela aceitada existência de ordem jurídica como fenômeno social, isto é, correspondente a uma quantidade de fatos sociais heterogêneos, identificados pela referência à prática efetiva, ou seja, à maneira como os tribunais identificam o que deve ser considerado Direito. Hart, em sua obra, O Conceito do Direito, critica o voluntarismo: teoria que considera a obediência habitual de um grupo social ás ordens do soberano como condição necessária e suficiente da existência do Direito. Ele passa a enumerar os elementos jurídicos, salientando que a característica distintiva do Direito consiste na fusão de normas primárias, que impõem deveres ou obrigações; e secundárias, que conferem poderes, regulamentando a produção jurídica. Clara é, nesta teoria, a relação entre norma e poder. (DINIZ, 2009, p. 88)

7.4 Norberto Bobbio (1909-2004)

Norberto Bobbio (1909 - 2004) filósofo contemporâneo de extrema importância, se destacou na filosofia política, doando valiosas obras para a História e o Direito.

Professor de Filosofia Jurídica e de Filosofia Política em várias Universidades: Universidade de Siena, Universidade de Pádua e Universidade de Turim. Sua dedicação e amor pelo Direito, Filosofia, Política e História, permitira a produção e publicação de obras, hoje consideradas fontes importantes para a pesquisa e a análise do Direito com base numa visão integral.

7.4.1 Principais obras

Suas obras ficaram cada vez mais conhecidas em todo o mundo deixando uma valiosa caracterização das diferenças entre o jusnaturalismo e o positivismo jurídico, e entre a ética e a política.

7.4.2 Postura: teorias, teses e argumentos

Para a maioria dos autores, Norberto Bobbio é considerado um positivista. Já, para outros, um tridimensionalista genérico. Para este segundo grupo de comentadores, "Bobbio propugnava por uma concepção tridimensional genérica do fenômeno jurídico e não tridimensional específica, de base dialética" (BOBBIO, 2001, p. 13), como, a seguir, veremos em Miguel Reale.

Talvez, "por procurar combinar os três pontos de vista unilaterais e, mais precisamente, os resultados decorrentes de estudos levados a cabo separadamente" (REALE, 2002, p. 514). Norberto Bobbio foi qualificado de tridimensionalista genérico do Direito.

Como visto anteriormente Bobbio (2001, p. 13), apesar de ser chamado de positivista, caracteriza o Direito a partir de três ciências distintas: quanto a sua formação e evolução, isto é, quanto à eficácia a que correspondem os problemas de observância, aplicação efetiva e sanção da norma jurídica (sociologia do direito); quanto a sua estrutura formal, a que corresponde a questão da validez, ou seja, aos problemas de existência da norma jurídica (jurisprudência ou ciência formal do direito), independentemente do juízo de valor que sobre ela se possa emitir; e, finalmente, quanto ao seu valor ao qual correspondem os problemas ideais de justiça ou injustiça da norma jurídica (Filosofia Jurídica).

7.4.3 Contribuição científico-metodológica

O pensamento de Bobbio ficaria marcado no empenho em colocar em discussão os três aspectos importantes do Direito, a saber, o *ontológico*, abordando o Direito e sua existência e procurando caracterizá-lo, a partir do seu aspecto *histórico – sociológico* e *valorativo* e *normativismo*. Assim, tomando a norma jurídica como objeto de estudo, indica três critérios de valoração possíveis (justiça, validade e eficácia).

Todavia, como resultado da leitura das suas obras, pode-se indicar uma contribuição metodológica importante para o Direito contemporâneo, centrada na análise de procedimentos lógicos e argumentativos, recursos importantes para a interpretação e a aplicação do Direito.

Do ponto de vista metodológico, Bobbio[33] indica três possibilidades para abordar a norma. Assim, considera que o estudo das regras de conduta, em particular das regras jurídicas, apresenta muitos problemas interessantes e atuais, não só da *teoria geral do Direito* (sobretudo depois de Kelsen), mas também da *lógica* e da *filosofia* contemporânea.

O primeiro ponto que, a meu juízo, é preciso ter bem claro em mente se quisermos estabelecer uma teoria da norma jurídica com fundamentos sólidos, é que toda norma jurídica pode ser submetida a três valorações distintas, e que estas valorações são independentes uma das outras. De fato, frente a qualquer norma jurídica podemos colocar uma tríplice ordem de problemas: 1) se é justa ou injusta; 2) se é válida ou inválida; 3) se é eficaz ou ineficaz. Trata-se de três problemas distintos: da *justiça*, da *validade* e da *eficácia* de uma norma.

O problema da *justiça* é o problema da correspondência ou não da norma aos valores últimos ou finais que inspiram um determinado ordenamento jurídico, basta constatar que todo ordenamento jurídico persegue certos fins, estes fins representam os valores a cuja realização o legislador mais ou menos conscientemente (ou adequadamente), dirige a sua própria obra, a pergunta se uma norma é *justa* ou *injusta* equivale a perguntar se é apta ou não a realizar esses valores (universais ou históricos que inspiram certo ordenamento jurídico). O problema se uma norma é justa ou não é um aspecto do contraste entre o *mundo ideal* e o *mundo real*, entre o que *deve ser* e o que *é*: norma justa é aquela que deve ser; norma injusta é aquela que não deveria ser. Por isso, o problema da justiça se denomina comumente de *problema deontológico*[34] do Direito.

---

[33] Veja-se TRÊS CRITÉRIOS DE VALORAÇÃO em BOBBIO, Norberto. *Teoria da norma jurídica.* Trad. Fernando Pavan Baptista e Ariani Bueno Sudatti. Apresentação Alaôr Caffé Alves. Bauru, SP: EDIPRO, 2001, p. 45 - 52.

[34] O estudo dos princípios, fundamentos e sistemas de moral. 2.Tratado dos deveres.

O problema da *validade* é o problema da existência da regra enquanto tal, independentemente do juízo de valor sobre ela ser justa ou não. Enquanto o problema da justiça se resolve com um *juízo de valor*, o problema da validade se resolve com um *juízo de fato*, isto é, trata-se de constatar se uma regra jurídica existe ou não, para julgar a validade é preciso realizar investigações de tipo empírico-racional, é necessário realizar três operações: 1) averiguar se a autoridade de que quem ela emanou tinha o poder legítimo para emanar normas jurídicas (esta investigação conduz inevitavelmente a remontar até a norma fundamental, que é o fundamento de validade de todas as normas de um determinado sistema; 2) averiguar se não foi ab-rogada; 3) averiguar se não é incompatível com outras normas do sistema, particularmente com uma norma hierarquicamente superior ou posterior. Trata-se do problema *ontológico*[35] do Direito.

O problema da *eficácia* de uma norma é o problema de ser ou não seguida pelas pessoas a quem é dirigida (os chamados destinatários da norma jurídica) e, no caso de violação, ser imposta através de meios coercitivos pela autoridade que a evocou. A investigação para averiguar a eficácia ou ineficácia de uma norma é de caráter histórico-sociológico, se volta para o estudo do comportamento dos membros de um determinado grupo social e se diferencia, seja da investigação tipicamente filosófica em torno da justiça, seja da tipicamente jurídica em torno da validade pode-se dizer que o problema da eficácia das regras jurídicas é o problema *fenomenológico*[36] do Direito.

1. *O problema da justiça* dá lugar a todas aquelas investigações que visam elucidar os valores supremos a que tende o Direito, em outras palavras, os fins sociais. Nasce daí a Filosofia Jurídica como *Teoria da Justiça*.

2. *O problema da validade* constitui o núcleo das investigações que pretendem determinar em que consiste o Direito enquanto regra obrigatória e coativa, quais são as características peculiares do ordenamento jurídico que o distinguem dos outros ordenamentos normativos (como o moral) e, portanto, não os fins que devem ser realizados, mas os meios cogitados para realizar esses fins, ou o Direito como instrumento de realização da justiça. Daí nasce a Filosofia Jurídica como *Teoria Geral do Direito*.

3. *O problema da eficácia* nos leva ao terreno da aplicação das normas jurídicas, que é o terreno dos comportamentos efetivos dos homens que vivem em sociedade, dos seus interesses contrastantes, das ações e reações frente à autoridade, dando lugar às investigações em torno da vida do Direito, na sua origem, no seu desenvolvimento, na sua modificação, investigações estas que normalmente são conexas a indagações de caráter histórico e sociológico. Daí nasce aquele aspecto da Filosofia Jurídica que conflui para a *sociologia jurídica*.

A sua contribuição para a Filosofia Jurídica se dá por meio de diversas e importantes obras, por meio das quais analisa o Direito em suas várias perspectivas: normativa, factual e valorativa, a saber: *Teoria Geral do Direito*, *Teoria da Norma Jurídica*, *Teoria do Ordenamento Jurídico*, *Positivismo Jurídico*, *Direito e Poder* etc. Outras tantas obras foram publicadas, entre as que se destacam 2025 títulos que abordam o Direito, a Ética, a Filosofia e a Política.

---

[35] Parte da filosofia que trata do ser enquanto ser, do ser concebido como tendo uma natureza comum que é inerente a todos e a cada um dos seres.

[36] Estudo descritivo de um fenômeno ou de um conjunto de fenômenos em que estes se definem quer por oposição às leis abstratas e fixas que os ordenam, quer por oposição às realidades de que seriam a manifestação.

Além das obras jurídicas, Bobbio se preocupou com a Democracia e a Política publicou outras importantes obras.[37]

7.5 Theodor Viehweg (1907-1988)

Theodor Viehweg foi um destacado Jusfilósofo e juiz de origem alemã que considerou importante a pesquisa científico-jurídica, a partir da sua obra *Tópica e Jurisprudência,* publicada em 1953. Viehweg destacou-se pela sua inquietação científica e apresentou sua famosa obra à Universidade de Munique para obtenção do título de livre-docência.

Após valiosas leituras e pesquisas, Theodor Viehweg conseguiu recuperar a Tópica e adaptá-la ao contexto dos anos 50 do Séc. XX. Suas leituras contribuíram para o desenvolvimento de uma racionalidade jurídica, especificamente no que se refere à racionalidade prático-jurisprudencial.

Sua obra, como veremos, apresenta a Tópica retomada de Aristóteles, para quem era um pensamento dialético de controvérsias práticas, um processo especial de tratamento dos problemas que consiste na mobilização dos *topoi* sugeridos pelas próprias controvérsias para a ponderação dos prós e dos contras das diversas opiniões que se referem a essas controvérsias.

7.5.1 Principais obras

VIEHWEG, Theodor. *Tópica e Jurisprudência:* Uma Contribuição à Investigação dos Fundamentos Jurídico-Científicos. Fabris, 2008.

________. Some Considerations Concerning Legal Reasoning (*In*: HUGHES, Graham (Org.). Law, Reason and Justice. New York: New York University Press, 1969, p. 257-269)

Foi, a partir da conhecida obra do citado autor, que a orientação zetética (Zetética Jurídica) ganhou fôlego, abrindo caminhos novos para a compreensão do pensamento jurídico moderno.

7.5.2 Postura: teorias, teses e argumentos

Diante da análise do comportamento humano e da enorme gama de possibilidades deste, a regularidade, devido o estabelecimento de prognósticos alternativos, fundados cientificamente, revela dificuldades. As teorias das ciências humanas não só se prendem a determinadas épocas ou culturas, como também têm de levar em conta uma variabilidade que acaba por afastá-las do modelo científico das demais ciências. Viehweg nota, diante deste problema, que o pensamento teórico do jurista se relaciona à práxis jurídica, mas que tem uma natureza peculiar. Assim, observa que a estrutura formal do Direito podia ser entendida como uma conexão

---

[37] Vejam-se: BOBBIO, Norberto. Entre dos Repúblicas- en los origines de la democracia italiana. Taducción de Omar Álvarez Salas. México, D.F.: Siglo Veintiuno Editores, 2002. BOBBIO, Norberto. A Era dos Direitos. Tradução de Carlos Nélson Coutinho. 5 reimp. Rio de Janeiro: Campus, 1992. BOBBIO, Norberto. Qual Socialismo? Discussão de uma alternativa. Tradução de Iza de Salles Freaza. 3. ed. Rio de Janeiro: Paz e Terra, 1987. BOBBIO, Norberto. (org. Michelangelo Bovero) Teoria Geral da Política: a filosofia política e as lições dos clássicos, *cit.* BOBBIO, Norberto. Da democracia para uma certa ideia da Itália. *In*. OLIVEIRA JÚNIOR, José Alcebíades (org.). O novo em Direito e política. Porto Alegre: Livraria do Advogado, 1997. BOBBIO, Norberto. (org. de Alberto Pappuzi). Diário de um Século. Autobiografia. Tradução de Daniela Versiani. Rio de Janeiro: Campus, 1998. BOBBIO, Norberto. Elogio da serenidade e outros ensaios morais. Tradução de Marco Aurélio Nogueira. São Paulo: Editora UNESP, 2002.

dedutiva, explicável pela lógica dedutiva. Contudo, se pensamos na correlação que existe entre as doutrinas jurídicas e a *práxis* a que elas se referem, devemos lembrar que aquelas doutrinas, enquanto teoria, constituem parte do *ethos* social, o qual resulta do costume, de tradição, da moralidade. (VIEHWEG, 2008, p. 2)

Dessa forma, o nosso autor revela que a doutrina tem elementos cognoscitivos (descritivos, explicativos dos fenômenos jurídicos), mas também uma função *não cognitiva.* Ela contém proposições ideológicas (em sentido funcional), das quais decorrem consequências pragmáticas, no sentido político e social. (VIEHWEG, 2008, p. 3)

Ora, para exercer esta função, as teorias jurídicas utilizam-se de um estilo de pensamento denominado tópico. A tópica não é propriamente um método, mas um estilo. Isto é, não é um conjunto de princípios de avaliação da evidência, cânones para julgar a adequação de explicações propostas, critérios para selecionar hipóteses, mas um modo de pensar por problemas, a partir deles e em direção deles. Assim, num campo teórico como o jurídico, pensar topicamente significa manter princípios, conceitos, postulados, com um caráter problemático, na medida em que jamais perdem sua qualidade de tentativa. Como tentativa, as figuras doutrinárias do Direito são abertas, delimitadas sem maior rigor lógico, assumindo significações em função dos problemas a resolver, constituindo verdadeiras fórmulas de procura de solução de conflito. Noções chaves como "*interesse público*", "*vontade contratual*", "*autonomia da vontade*", bem como princípios básicos como "*não tirar proveito da própria ilicitude*", "*dar a cada um o que é seu*", "*in dubio pro réu*" guardam um sentido vago que se determina em função de problemas como a relação entre sociedade e indivíduo, proteção do indivíduo em fase do Estado, do indivíduo de boa-fé, distribuição dos bens numa situação de escassez etc., problemas estes que se reduzem a uma questão nuclear sempre posta e renovadamente discutida e que anima toda a Ciência Jurídica: a aporia da justiça. (VIEHWEG, 2008, p. 3-4)

Esses conceitos e proposições básicas do pensamento jurídico não são formalmente rigorosos nem podem ser formulados na forma de axiomas lógicos, mas são "*topoi*" da argumentação. "Topos" significa lugar (comum). São fórmulas, variáveis no tempo e no espaço, de reconhecimento força persuasiva, e que usamos nas argumentações. Por exemplo, no Direito, são *topoi* as noções como "interesse público", "boa fé", "autonomia da vontade", "soberania", "direitos individuais", "legalidade", "legitimidade", "moralidade". Nesse sentido, a ciência do Direito é constituída por um estilo de pensamento, o pensamento problemático. (VIEHWEG, 2008, p. 4)

O ponto mais importante no exame da tópica, afirma Wiehweg (2008, p. 23, 33), constitui a afirmação de que se trata de uma *techne* do pensamento que se orienta para o problema. Uma *práxis* da argumentação. Aristóteles sublinhou isso em várias ocasiões: a tópica se organiza segundo problemas. Pois, aquilo em torno do que os raciocínios giram são os problemas. A Tópica é, portanto, uma técnica do pensamento problemático. Em verdade, foi Aristóteles que atribuiu o nome de tópica. Diz-se de uma das seis obras aristotélicas que mais tarde foram incluídas no *Organon.* A Tópica ocupa, assim, uma posição especial, pois supõe um regresso a um estágio anterior, do qual só depois se salientou a Ciência Lógica.

Aristóteles (1987, Livro I), preocupou-se com um método com o qual, partindo-se de proposições, conforme as opiniões, seja possível formar raciocínios sobre todos os problemas que se possam colocar, evitando-se as contradições. Trata-se, pois, de raciocinar corretamente, partindo de opiniões que parecem adequadas para atacar ou para defender. Aqui se trata de raciocínios dialéticos e não apodísticos. Para Aristóteles:

1. Uma *apodexis*, que existe quando se obtém um raciocínio partindo de proposições primeiras ou verdadeiras o daquele cujo conhecimento procede, de proposições primeiras ou *verdadeiras*.

2. Um raciocínio *dialético*, que é o que se obtém partindo de proposições conforme as opiniões *aceitas*. (Top. I.1.4)

3. Um raciocínio *erístico* (ou sofístico) é o que se funda em proposições que parecem estar conforme ás opiniões aceitas, mas não o estão de fato, ou aquele que infere na aparência de proposições conforme as opiniões aceitas ou que parecem conformes às opiniões aceitas (Top. I.1.6). Neste último caso, não é, portanto, um raciocínio absolutamente correto. (Top. I.1.7)

4. Finalmente, existe pseudo-raciocínios que se formam com base em proposições especiais de determinadas ciências. (Top. I.1.8)

Dessa forma, os raciocínios de tipo 2 pertencem ao campo da arte da argumentação (tópica). Os raciocínios dialéticos se distinguem dos demais pela índole de suas premissas, o que é característico desse modo de pensar. Raciocínios dialéticos são aqueles que têm como premissas opiniões acreditadas, que devem contar com aceitação. A Tópica tem por objeto raciocínios os quais derivam de premissas que parecem verdadeiras com base em um a opinião reconhecida. Observa-se, assim, que os *topoi* são para Aristóteles pontos de vista utilizáveis e aceitáveis em toda parte, que se empregam a favor ou contra o que é conforme a opinião aceita e que podem conduzir à verdade. Os *topoi* nos podem ajudar, em relação a cada problema, a obter raciocínios dialéticos. (VIEHWEG, 2008, p. 27)

Assim, para os fins da filosofia, devemos tratar dessas coisas de acordo com a sua verdade, mas, para a dialética, basta que tenhamos em vista a opinião geral. Todas as proposições devem ser tomadas em sua forma mais universal, convertendo-se, depois, uma em muitas. (ARISTÓTELES, 1987 [14])

Atualmente podemos considerar os *topoi* como sendo construtos linguísticos que podem servir de referentes para a pesquisa e a argumentação jurídica. No tocante ao número de sentidos que um termo comporta, não devemos limitar-nos a tratar daqueles termos que possuem diferentes sentidos, mas também importa defini-los; por exemplo, não devemos dizer apenas que a justiça e a coragem são chamadas "bens" num sentido e o que favorece o vigor e o que favorece a saúde são assim chamados em outro sentido, mas também que as primeiras recebem essa denominação em virtude de uma qualidade intrínseca que possuem em si mesmas e os segundos porque produzem um certo resultado e não por possuírem em si mesmos alguma qualidade intrínseca. E de modo análogo nos demais casos. (ARISTÓTELES, 1987 [14])

7.5.3 Contribuição científico-metodológica

A obra de Theodor Viehweg constitui um dos marcos importantes na Filosofia do Direito na segunda metade do século XX. O autor, professor emérito da Universidade Gutemberg de Mainz, Alemanha, provocou, uma acentuada renovação no que ele próprio chamou de pesquisa de base da Ciência Jurídica. Seu livro, cuja primeira edição é de 1955 e que foi sua tese de livre-docência na Universidade de Muchen, chamou a atenção de juristas e de filósofos para aspectos do pensamento jurídico que, durante anos, haviam ficado na sobre dos modelos científico desenvolvidos, desde a Era

Moderna, sob a predominância dos padrões matematizantes das ciências naturais. (VIEHWEG, 2008, p. 1)

A velha polêmica sobre a cientificidade da Ciência Jurídica, que remonta ao início do século XIX, se esterilizara na controvérsia em torno da metodologia das ciências humanas ou do espírito, em oposição às exatas e naturais. O nosso autor retomou o tema à luz da experiência grega e romana, atualizando-o com os instrumentos contemporâneos da lógica, da teoria da comunicação, da linguística etc. (VIEHWEG, 2008, p.1)

O nosso autor nos ensina a pensar a ciência do Direito (jurisprudência: termo usado como tema de seu livro atendendo ao uso alemão da palavra), pois os representantes do ideal positivista de ciência costumam ver, como tarefa científica básica, a descrição do comportamento dos objetos em determinado campo objetivo, explicação deste comportamento e a criação de possibilidades de sua previsão, pois um sistema de enunciados que seja capaz de descrever e explicar rigorosamente este comportamento deve ser capaz de prevê-lo. As ciências constroem, assim, teorias, isto é, sistemas axiomáticos que constituem hipóteses genéricas que se confirmam pelos experimentos empíricos, podendo, então, servir de prognósticos para a ocorrência de fenômenos que obedecem às mesmas condições descritas teoricamente. (VIEHWEG, 2008, p. 2)

Conforme essa orientação, a cientificidade do Direito deve permitir a inquirição da realidade jurídica, problematizando e reconstruído suas teorias, em face dos fatos, costumes, valores, fins etc. Falou-se, assim de uma metodologia jurídica que se ocuparia de vários problemas jurídicos.

Em suma, Theodor Viehweg tornou-se responsável pela recuperação da tópica nos anos 50 do Séc. XX. Seu estudo é uma contribuição para a racionalidade jurídica. Viu-se, assim, a Tópica como um pensamento dialético construído com base nas controvérsias práticas, e desenvolvido com base num processo de abordagem dos problemas.

A evolução doutrinária do Direito redundou na configuração de diversas tendências que dominaram o século XIX e transformara a Ciência do Direito ora em dogmática jurídica como ciência positiva da norma, ora em Sociologia, ora em Psicologia da vida do Direito. (FERRAZ, 1980, p. 32)

Autores, defensores da dogmática jurídica consideram que a ciência do Direito tem por objeto uma dada ordem normativa, isto é, o Direito positivado que constitui a base ou a fonte da dogmática jurídica. Destarte, prioriza-se a visão estritamente conceitual do Direito em detrimento do método histórico, crítico e filosófico-evolutivo.

7.6 Chaïn Perelmam (1912- 1984)

Chaïm Perelman (1912- 1984) foi um jusfilósofo belga (Bélgica). Trata-se de um importante teórico da retórica no século XX.

O autor analisa os raciocínios explicitamente formulados em determinada língua que foi empreendida, de modo sistemático, pelo ***Organon* de Aristóteles**, e distingue os raciocínios analíticos dos raciocínios dialéticos. (PERELMAN, 2004, p. 1)

7.6.1 Principais obras

Sua obra principal é o *Tratado da Argumentação* (1958), escrito em coautoria com Lucie Olbrechts-Tyteca (Obra traduzida pela Editora brasileira Martins Fontes (1996).

No Brasil, também contamos com a obra *Lógica Jurídica*, que aqui referenciamos da seguinte maneira:

PERELMAN, Chaïm. *Lógica Jurídica: nova retórica.* Trad. Vergínia K. Pupi; revisão da tradução Maria Ermantina de Almeida Prado Galvão; revisão técnica Gildo Sá Leitão. 2. ed. São Paulo: Martins Fontes, 2004.

7.6.2 Postura: teorias, teses e argumentos

Perelman distingue os raciocínios analíticos dos raciocínios dialéticos. Assim, explica, os raciocínios analíticos são aqueles que, partindo de premissas necessárias, ou pelo menos indiscutivelmente verdadeiras, redundam, graças a inferências válidas, em conclusões igualmente necessárias ou válidas. Os raciocínios analíticos transferem à conclusão, a necessidade e a verdade das premissas: é impossível que a conclusão seja falsa, se o raciocínio foi feito corretamente, a partir de premissas corretas. Os raciocínios dialéticos que Aristóteles examinou nos *Tópicos*, na *Retórica e nas Refutações sofísticas*, se referem, não às demonstrações científicas, mas às deliberações e às controvérsias. Dizem respeito aos meios de persuadir e de convencer pelo discurso, de criticar as teses do adversário, de defender e justificar as suas próprias, valendo-se de argumentos mais ou menos fortes. (PERELMAN, 2004, p. 1-2)

O raciocínio jurídico se distingue do raciocínio que caracteriza as ciências, especialmente as ciências dedutivas – nas quais é mais fácil chegar a um acordo sobre as técnicas de cálculo e de mediação, e daquele que encontramos em filosofia e nas ciências humanas, nas quais, na falta de um acordo e na ausência de um juiz capaz de encerrar os debates com sua sentença, cada um permanece em suas posições. Por ser quase sempre controvertido, o raciocínio jurídico, ao contrário do raciocínio dedutivo puramente formal, só muito raramente poderá ser considerado *correto* ou *incorreto*, de um modo, por assim dizer, impessoal. Para Perelman, quem é encarregado e tomar uma decisão em Direito, seja ele legislador, magistrado ou administrador público, deve arcar com as responsabilidades. Seu comprometimento pessoal é inevitável, por melhores que sejam as razões que se possa alegar em favor de sua tese. (PERELMAN, 2004, p. 8, 9)

À relatividade do raciocínio jurídico impõe-se a constatação de que o Direito foi, durante séculos, dominado pelo ideal de uma justiça absoluta, concebida ora como de origem divina, ora como natural ou racional, o que fez com que o Direito fosse definido durante séculos como *ars boni et aequi* (Digeste, I, 1,1), a arte de determinar o que é justo e equitativo. O papel do jurista, nesta perspectiva, seria o de preparar, com suas reflexões e com suas análises, a solução mais justa em cada caso específico. (PERELMAN, 2004, p. 9)

7.6.3 Contribuição científico-metodológica

Perelman significa a lógica jurídica como uma "parte da lógica que examina, do ponto dc vista formal, as opcraçõcs intclcctuais do jurista". (KALINOWSKI, *apud* PERELMAN, 2004, p. 4)

Para o nosso autor não há senão uma lógica: a lógica pura e simples (pura e simples tomada no sentido teórico ou normativo). Acentua Perelman que é vão tentar estudar uma lógica jurídica no sentido próprio do termo, pois ela não existe. Há apenas uma lógica formal. Não creio que se deva identificar a lógica com a lógica formal, pois isso leva impreterivelmente a tentativa de reduzir os raciocínios habituais dos juristas, tais como os raciocínios *a pari, a contrário* ou *a fortiori*, a estruturas formais, ao passo que se trata de algo inteiramente diverso. Para E. H. Lévi, “o raciocínio jurídico tem uma lógica específica. Sua estrutura se adapta a dar um sentido à ambiguidade e a constantemente verificar se a sociedade chegou a discernir novas diferenças ou similitudes”. Trata-se essencialmente de argumentações pelo exemplo e por analogia. “A lógica jurídica é uma lógica material, que nos deve fazer refletir sobre o que cabe fazer – nos limites do possível – quando se quer chegar a juízos jurídicos verdadeiros ou, ao menos, corretos”. (PERELMAN, 2004, p. 5, 6, 7)

O raciocínio jurídico é considerado um instrumento de justificação, indispensável em todo sistema moderno de Direito. O problema que envolve os fundamentos é se deverá este tão somente conformar-se às leis ou terá de satisfazer também nossa necessidade de justiça e de equidade. Toda a problemática do raciocínio jurídico, especialmente judicial, esforçar-se-á, portanto, para elaborar uma dialética em que a busca de uma solução satisfatória enriqueça o arsenal metodológico que permite manter a coerência do sistema e torná-lo mais flexível. É esta a perspectiva que cabe, sublinha o papel crescente atribuído pelos teóricos do raciocínio jurídico aos princípios gerais do Direito e à tópica jurídica. (PERELMAN, 2004, p. 96, 117)

Ora, o artigo 4 do Código de Napoleão, concomitantemente com o CPC brasileiro, ao proclamar que o juiz não pode recusar-se a julgar sob pretexto do silêncio, da obscuridade ou da insuficiência da lei, obriga-o a tratar o sistema de Direito como completo, sem lacunas, como coerente, sem antinomias e como claro, sem ambiguidades que deem azo a interpretação diversas. Somente diante de um sistema assim é que o papel do juiz seria conforme à missão que lhe cabe, a de determinar os fatos do processo e daí extrair as consequências jurídicas que se impõem, sem colaborar ele próprio na elaboração da lei. (PERELMAN, 2004, p. 34)

A teoria pura do Direito, tal como Kelsen a elaborou, deveria, para permanecer científica, eliminar de seu campo de investigação qualquer referência a juízos de valor, à ideia da justiça, ao Direito natural, e a tudo o que concerne à moral, à política ou à ideologia. A ciência do Direito se preocupará com condições de legalidade, de validade dos atos jurídicos, com sua conformidade às normas que os autorizam. Kelsen reconheceria, sem dúvida, que o juiz não é um mero autômato, na medida em que as leis que aplica, permitindo diversas interpretações, dão-lhe certa latitude, mas a escolha entre essas interpretações depende, não da ciência do Direito nem do conhecimento, mas de uma vontade livre e arbitrária, que uma pesquisa científica, que se quer objetiva e alheia a qualquer juízo de valor, não pode guiar de modo algum. (PERELMAN, 2004, p. 92-93)

Os inconvenientes da teoria pura do Direito de Kelsen, que separa de modo demasiado rígido o Direito do fato, faz concessões excessivas ao arbítrio do juiz dentro do âmbito da lei, despreza o papel essencial da regra de justiça formal, que requer o tratamento igual para situações essencialmente semelhantes, e recusa toda referência a juízos de valor, como se a justiça e a equidade fossem noções alheias ao Direito. (PERELMAN, 2004, p. 94)

Assim, a resposta à questão do que é Direito é determinante para que possamos precisar a noção de raciocínio jurídico, bem como a natureza e o estatuto dos conceitos e das teorias jurídicas. Os juristas formados no século XVIII concebiam que o Direito natural formava uma espécie de pano e fundo do Direito positivo. Um argumento não é correto e coercitivo ou incorreto e sem valor, mas relevante ou irrelevante, forte ou fraco, consoante razões que lhe justificam o emprego no caso. (PERELMAN, 2004, p. 8, 32, 471)

Assim, explica Perelman (2004, p. 10-12), o Direito se elabora por meio das controvérsias e das oposições dialéticas, das argumentações em sentido diverso. Ao argumento *a simili*, fundado na regra de justiça, prendem-se dois outros argumentos, que se apoiam quer sobre os precedentes, quer sobre um texto legal, o *argumento a fortiori* e o argumento *a contrário*. O argumento *a fortiori* apoia-se, não sobre a similitude entre o caso submetido ao tribunal e um precedente apropriado, mas sobre a *ratio decidendi*, a razão alegada para dirimir o caso anterior de um modo determinado. Apoia-se igualmente sobre o espírito da lei. O argumento *a fortiori* pretende que a razão alegada em favor de certa conduta ou de certa regra em um caso determinado impõe-se com força ainda maior no caso atual.

Se foi punido alguém que golpeou e feriu outro homem, deve-se, *a fortiori*, punir aquele que com seus golpes causou a morte. Notemos, a esse respeito, que o argumento *a fortiori* não é, por si só, jurídico, não é um raciocínio puramente formal. O raciocínio, não tendo tomado como ponto de partida uma decisão de justiça, pertence não ao âmbito da lógica jurídica, mas ao da argumentação. Quando se insere argumento *a fortiori* em uma ordem jurídica, ele permite guiar o juiz e justificar-lhe a decisão. O argumento *a contrário* aplica-se normalmente às mesmas situações a que, à primeira vista, seria aplicável o argumento *a simili*. Se uma lei promulga certas disposições relativas aos filhos herdeiros, pelo argumento *a simili* tais disposições serão estendidas também às filhas; ao passo que, pelo argumento a contrário, sustentar-se-á que tais disposições não se aplicam às pessoas do sexo feminino.

Referindo-se à experiência profissional dos juristas, o professor Tarello, em sua explanação consagrada à especificidade do raciocínio jurídico, examinou treze tipos de argumentos que permitem interpretar os textos consoantes a intenção atribuída ao legislador. Esses argumentos não pertencem à lógica formal, pois concernem não à forma, mas à matéria do raciocínio, ao estabelecimento de premissas a partir de textos. São os seguintes. (PERELMAN, 2004, p. 74)

I- O argumento *a contrário*. II- O argumento *a simili* ou o argumento analógico. III- O argumento *a fortiori*. IV- O argumento *a completudine*. V- O argumento *a coherentia*. VI- O argumento psicológico. VII- O argumento histórico. VIII- O argumento apagógico. IX- O argumento teleológico. X- O argumento econômico. XI- O argumento *ab exemplo*. XII- O argumento sistemático. XIII- O argumento naturalista.

I- O argumento *a contrário* é um procedimento discursivo segundo o qual, sendo dada uma proposição jurídica, que afirma uma obrigação, na falta de outra disposição, expressa deve-se excluir a validade de uma proposição jurídica diferente, que afirma a mesma obrigação. Assim é que, se uma disposição jurídica obrigar todos os jovens que chegaram aos vinte anos a prestar o serviço militar, daí se concluirá, ao contrário, que as jovens não são sujeitas à mesma obrigação. (PERELMAN, 2004, p. 75)

Caso Exemplo 1

- *A personalidade civil da pessoa começa do nascimento com vida; mas a lei põe a salvo, desde a concepção, os direitos do nascituro.* (Art. 2º Código Civil 2002)

Logo, se concluirá (a contrário) que, quem não nasce vivo não é considerado pessoa.

Caso Exemplo 2

- *Considera-se empresário quem exerce profissionalmente atividade econômica organizada para a produção ou a circulação de bens ou de serviços.* (Art. 966 Código Civil 2002)

Parágrafo único. Não se considera empresário quem exerce profissão intelectual, de natureza científica, literária ou artística, ainda com o concurso de auxiliares ou colaboradores, salvo se o exercício da profissão constituir elemento de empresa.

- *É obrigatória a inscrição do empresário no Registro Público de Empresas Mercantis da respectiva sede, antes do início de sua atividade.* (Art. 967 Código Civil 2002)

Logo, podemos concluir (a contrário) quem desenvolve uma atividade sem registro (na ordem da econômica informal) não é considerado empresário.

II- A ausência de uma restrição poder-se-ia ter raciocínio *a simili* ou por analogia, dizendo que, sendo dada uma proposição jurídica que afirma uma obrigação jurídica relativa a um sujeito ou a uma classe de sujeito, existe a mesma obrigação a respeito de qualquer outro sujeito, ou classe de sujeito. (PERELMAN, 2004, p. 76)

Caso Exemplo 3

- *Toda pessoa é capaz de direitos e deveres na ordem civil.* (Art. 1º Código Civil 2002)

Logo, se concluirá que mulheres, homens, jovens ou idosos são capazes de direitos e deveres.

Caso Exemplo 4

- *Consumidor é toda pessoa física ou jurídica que <u>adquire ou utiliza produto ou serviço</u> como destinatário final.* (Art. 2º do Código de Defesa do Consumidor)

Parágrafo único. Equipara-se o consumidor a coletividade de pessoas, ainda que indetermináveis, que haja intervindo nas relações de consumo.

Logo, se concluirá que quem sofreu danos derivados do uso e do consumo (e não é necessariamente comprador) pode ser considerado consumido.

III- O argumento *a fortiori*, do qual podemos distinguir duas formas, o argumento a *minori ad maius* (aplica-se no caso de uma prescrição negativa) e *a maiori ad minus* (aplica-se no caso de uma prescrição positiva). Exemplo do primeiro caso: se é proibido ferir, é proibido matar; se é proibido pisar na grama, *a fortiori* é proibido arrancá-la. A segunda forma se manifesta no brocardo: "Quem pode o mais, pode o menos". Pode-se dizer, graças a um raciocínio *a maiori ad minus*, que, do mesmo modo, é possível tornar-se titular de qualquer outro direito real menos importante que o de propriedade. "Se todos os X podem fazer A e todo B é A, então todos os X podem fazer B". (PERELMAN, 2004, p. 77)

Mas essa redução nem sempre é possível, pois não se trata de uma regra que possa ser formalizada. À primeira vista, parece que aquele que é autorizado a comprar três garrafas de álcool em um depósito de bebidas possa comprar apenas uma garrafa, pois todo grupo de três garrafas contém uma garrafa. (PERELMAN, 2004, p. 77)

O argumento *a completudine* ou da completude do sistema jurídico "é um procedimento discursivo segundo o qual, já que não se encontra proposição jurídica que atribua uma qualificação jurídica qualquer a cada sujeito em relação a cada comportamento materialmente possível, deve-se concluir pela validade e pela existência de uma disposição jurídica que atribua aos comportamentos não regulamentados de cada sujeito uma qualificação normativa, particular: ou sempre indiferentes, ou sempre obrigatórios, ou sempre proibidos, ou sempre permitidos". Este argumento funda-se na ideia de que todo sistema jurídico é completo e deve, portanto, conter uma regra geral concernente a todos os casos que não são regulamentados por disposições particulares. Esta concepção, bastante difundida no século XIX, pois era complementar à ideia de que o juiz não deveria participar da elaboração do Direito, supunha a ausência de lacunas e, portanto, também de antinomias, pois estas resultam da ausência de uma regra que permita descartar a aplicação e uma das duas regras incompatíveis, em um caso particular. Ela se opõe, aliás, à ideia de que existem comportamentos não regidos pelo direito. (PERELMAN, 2004, p. 78)

O argumento *a coherentia* é o que, partido da ideia de que um legislador sensato – e que se supõe também perfeitamente previdente – não pode regulamentar uma mesma situação de duas maneiras incompatíveis. Este argumento permite ao juiz intervir para resolver a antinomia, mas, se nos ativéssemos estritamente a hipóteses da coerência do Direito, tal solução preexistiria no sistema jurídico. (PERELMAN, 2004, p. 78-79)

O argumento *psicológico* consiste na investigação da vontade do legislador concreto, recorrendo ao exame dos trabalhos preparatórios. Este argumento é frequentemente utilizado quando se trata de uma lei recente. Tais investigações permitem precisar a razão da lei, reconstruindo a intenção do legislador, pensando no problema concreto que ele deveria resolver, nos princípios a que se refere e nas emendas feitas ao projeto primitivo (**a razão ou motivos da lei**). Esta argumentação permite refutar uma interpretação da lei que poderia ter parecido plausível na ausência de tais indicações. O argumento *histórico*, ou de presunção de continuidade, supõe que o legislador é conservador, isto é, que permanece fiel ao modo como quis regulamentar certa matéria, a menos que tenha modificado expressamente o texto legal. (PERELMAN, 2004, p. 79)

O argumento *apagógico*, ou de redução ao absurdo, segundo o qual se supõe que o legislador é sensato e que jamais poderia ter admitido uma interpretação da lei que conduzisse a consequências ilógicas ou iníquas. Está no centro de todos os raciocínios que se preocupam com as consequências de uma decisão judiciária, com o fato de ser justa ou injusta, e afastam-se, desse modo, de uma concepção puramente positiva do Direito. (PERELMAN, 2004, p. 79-80)

O argumento *teleológico*, referente ao espírito e à finalidade da lei, que desta vez não são reconstituídos a partir do estudo concreto dos trabalhos preparatórios, mas a partir de considerações sobre o próprio texto da lei. Esse modo mais abstrato de argumentar impõe-se quando o estudo histórico não permite esclarecer o intérprete, porque os problemas levantados são novos e não se apresentavam na época.

O argumento *econômico* ou hipótese do legislador não redundante afirma essencialmente que uma interpretação deve ser descartada porque, se fosse admitida, o texto se limitaria a repetir o que resulta de um texto legal anterior e se tornaria, por esta razão, supérfluo. Mas este argumento nem sempre se impõe, pois pode acontecer que uma regulamentação particular não seja mais que a aplicação de um princípio geral.

O argumento *ab exemplo* permite interpretar a lei em conformidade com os precedentes, com uma decisão anterior ou com a doutrina geralmente admitida.

O argumento *sistemático* parte das hipóteses de que o Direito é ordenado e que suas diversas normas formam um sistema cujos elementos podem ser interpretados de acordo com o contexto em que estão inseridos.

O argumento naturalista, ou da natureza das coisas, ou hipótese do legislador impotente conclui do fato que, em dada situação, um texto de lei é inaplicável, porque a natureza das coisas se opõe a isso. (PERELMAN, 2004, p. 80-81)

Perelman se preocupa com a lógica e a argumentação jurídica já, a partir de 1948. Assim, desenvolve uma pesquisa com base no estudo de Frege sobre matemática, procurando revitalizar Retórica Grego-Latina.

Com base em estudos históricos, filosóficos e religiosos Perelman teorizou a lógica como um recurso orientador dos argumentos. Desta forma, afirmaria que o raciocínio humano pode derivar de princípios e premissas gerais.

As conclusões do autor incidiriam na estrutura dos argumentos, constituindo-se em bases da comunicação e concordância entre o comunicador e o receptor. A contribuição do autor se resume em adicionar, por meio de sua obra, uma postura lógico-metodológica para o desenvolvimento das pesquisas e para a teoria e a prática do Direito.

7.7 Karl Larenz (1903 – de 1993)

Karl Larenz (1903 – de 1993) foi um jusfilósofo alemão, professor de importantes universidades da Alemanha (Universidade de Kiel e Munique). Karl Larenz foi um destacado civilista, cujo pensamento teórico e prático influenciou diversos doutrinadores.

7.7.1 Principais obras

A principal obra no marco da Metodologia do Direito do autor é a conhecida *Metodologia da Ciência do Direito.* Assim, consideramos a obra uma pura discussão histórica – metodológica. O autor se preocupa com a construção teorética do Direito.

7.7.2 Postura: teorias, teses e argumentos

Conforme ensina Karl Larenz (1983), não é tarefa de uma metodologia jurídica, ao contrário do que pretende uma opinião amplamente difundida, estabelecer uma espécie de catálogo de regras de procedimento, cuja observância estrita pudesse garantir resultados acertados. Na Jurisprudência (Ciência do Direito), não se trata de um conhecimento de objeto, valorativamente neutro, mas da compreensão de conexões normativas de sentido e de um pensamento orientado a valores. A tarefa da metodologia é mostrar a possibilidade e os modos específicos de proceder deste pensamento. Visto que os métodos da Jurisprudência são estes modos específicos de pensamento e não regras logicamente coagentes, não são de modo algum supérfluo ou pura e simplesmente arbitrários. Quem assim pensa abre a porta a um subjetivismo judicial, deslocado mesmo para muitos dos juízes.

Vemos, assim, em Karl Larenz (1983) uma postura positivista voltada para a discussão metodológica envolvendo o historicismo jurídico. Larenz considera a ciência do Direito como sendo a dogmática jurídica. Logo, por ciência do Direito entende apenas um determinado tipo de ciência. Trata-se de uma Ciência Jurídica que se orienta principalmente pela lei (ou, se se preferir, pela proposição jurídica) e não pelos casos já decididos; nem este caráter se pode considerar modificado pelo fato de a apreciação judicial do caso ter hoje entre nós. Ela aparece-nos, com efeito, na atualidade, já não como uma mera subsunção, mas como um processo intelectual multímodo, cujo resultado se repercute no conteúdo da própria proposição jurídica.

Larenz se opõe ao uso restrito de regras lógicas (silogismo judicial). Assim, afirma que,

> aqueles que consideram como possíveis modos específicos de um pensamento orientado a valores colocam-se em oposição ao conceito cientificista de ciência hoje dominante. Sob o seu influxo, creem muitos, dever restringir a Jurisprudência ao estrito âmbito em que são possíveis operações intelectivas fundadas de modo puramente lógico. Para além deste domínio, no amplo campo em que se trata da transposição de pautas de valoração em decisões concretas, recusa-se à jurisprudência a capacidade de produzir enunciados devidamente fundamentado. (LARENZ, 1983)

Assim, Larenz observa que o homem depara-se com o que tem relevância jurídica no quadro da sua experiência quotidiana e aprende a conhecer o seu significado jurídico. Assim, de acordo com o autor, termos que exprimem o normativo cobram a linguagem da Jurisprudência um significado mais preciso do que o que têm na linguagem corrente e geral. Assim, Larenz, apoiando-se na filosofia do último Wittgenstein, observa que um termo pode significar algo completamente distinto, conforme o contexto em que é usado, ainda que expresse uma realidade normativa ou factual. Portanto, os enunciados sobre o mundo das normas têm de ser considerados como um "jogo de linguagem" particular.

De acordo com o citado autor, para interpretar corretamente uma definição (entenda-se proposição) demonstrativa devemos saber de antemão que papel deve desempenhar realmente a palavra, toda vez que o papel dos termos num jogo de linguagem não é assim apreensível com o mero recurso a uma definição. E especialmente não se pode apreender o significado de um termo no contexto de um jogo de linguagem mediante a remissão para o seu significado num jogo de linguagem distinto.

Em todo caso, afirma Larenz, pode-se dizer que o papel de uma palavra corresponde ao de outra noutro jogo de linguagem. Assim, por exemplo, a validade em sentido normativo exprime a efetividade da norma em sentido sociológico, mas não se podem interdefinir ambos os termos. Não se pode definir o *dever ser* mediante expressões do domínio do fático, como expectativa (de uma sanção) ou poder (mediante imposição), mesmo quando ambas as dimensões aparecem interligadas, uma vez que uma e outra não querem dizer a mesma coisa. Temos de ter assim em conta, de modo muito preciso, em que sentido é que se usa um termo, para que não se "saia" de modo inconsciente de um jogo de linguagem, o que significa sempre uma confusão de conceito.

O autor entenderia o jogo de linguagem como o modo especial por meio do qual se fala de determinado setor de coisas ou âmbito de experiência. Para o autor tais setores seriam, por exemplo, a natureza inanimada e viva, a técnica, a arte, ou mesmo o Direito. Contudo, se numa linguagem fala-se sempre sobre algo, na linguagem jurídica, isto é, normativa, o direito é a coisa da qual se fala.

7.7.3 Contribuição científico-metodológica

Para Larenz (1983) a metodologia de uma ciência é a sua reflexão sobre a própria atividade. Ela não pretende somente, porém, descrever os métodos aplicados na ciência, mas também compreendê-los, isto é, conhecer a sua necessidade, a sua justificação e os seus limites. A necessidade e a justificação de um método decorrem do significado, da especificidade estrutural do objeto que por meio dele deve ser elucidado. Não se pode, portanto, tratar da ciência do Direito sem simultaneamente tratar também do próprio Direito. Toda e qualquer metodologia do Direito se funda numa teoria do Direito. Ela exibe necessariamente um duplo rosto, um que está voltado parra a dogmática jurídica e para a aplicação prática dos seus métodos, outro que volta para a teoria do Direito.

Assim, o nosso autor destaca que a ciência do Direito desenvolve por si métodos de um pensamento orientado a valores, que permitem complementar valorações previamente dadas, verte-las no caso singular e orientar a valoração que de cada vez é exigida. Nesta medida são as valorações susceptíveis de confirmação e passiveis de uma crítica racional. Há, no entanto que afastar a ideia de que os resultados obtidos por essa via poderiam alcançar o mesmo grau de segurança e precisão de uma dedução matemática ou de uma medição empreendida de modo rigorosamente exato. O Larenz fala de uma metodologia, de uma atividade planificada e dirigida à obtenção de conhecimentos. Eis que, em vez de tentar compatibilizar com a ciência do Direito um conceito de ciência rigorosamente adequado (restrito) a outras ciências e denegar à ciência do Direito a capacidade de obtenção de conhecimentos, dever-se-ia procurar determinar a especificidade da Jurisprudência tomando o Direito como ponto de partidas. (LARENZ, 1983, p. 3)

Larenz destaca a importância do conhecimento da História do Direito. Assim, afirma, que o estado atual dos problemas da metodologia jurídica só pode ser plenamente compreendido por quem conheça a evolução da teoria e da metodologia do Direito nos últimos 150 anos. O autor insiste em separar os *juízos de valor* da ciência. Assim afirma que os juízos de valor não são suscetíveis de confirmação científica, pois que se não fundam em percepções, como os juízos de fatos, que são susceptíveis de corroboração por meio da observação e da experimentação, e assim apenas possibilitam conferir expressão à convicção pessoal de que emito o juízo. Nem um procedimento dedutivo logicamente correto garante resultados intrinsecamente adequados, quando a cadeia dedutiva se introduze premissas assentes em valorações. (LARENZ, 1983, p. 2)

A obra de Larenz repercutiu e, ainda repercute, no pensamento jurídico moderno. Principalmente sua perspectiva de Ciência do Direito faria nascer um pensamento metodológico. É conhecida sua afirmação:

Cada ciência lança mão de determinados métodos, modos de proceder, no sentido da obtenção de respostas às questões por ele suscitadas, Quais são os métodos da que recorre a ciência do Direito? Por ciência do Direito entende-se aquela ciência que se confronta com a solução de questões jurídicas no contexto e com base em um ordenamento jurídico determinado, historicamente constituído, ou seja, a tradicionalmente denominada Jurisprudência. Ao Direito reportam-se também outras ciências, como a história do Direito e a sociologia do Direito. Compreende-se que a história do Direito recorra aos métodos da história e a sociologia do Direito aos métodos sociológicos. (LARENZ, 1983, p. 1)

Assim, sua frase: "o achamento do Direito não se esgota de modo algum na aplicação da lei" tem uma forte incidência no pensamento metodológico contemporâneo. Os exemplos que se oferecem a partir da atividade decisória judicial e a dogmática jurídica se tornam os enunciados de uma metodologia jurídica completamente compreensíveis, com prováveis e úteis para a prática dos juristas. Larenz alerta acerca da utilidade da jurisprudência atual afirmando que as decisões judiciais, mesmo quando nelas se plasmam juízos de valor, não podem aceitar-se à cegas; requerem confirmação, no sentido de verificar se são compatíveis com outras decisões e princípios jurídicos reconhecido, se são materialmente justas. O que é de todo impossível sem a observância de determinadas exigências metódicas. (LARENZ, 1983, p. 2, 3)

Para Larenz (1983, p. 4) a metodologia jurídica depende da concepção de Direito que lhe subjaz. Conforme explica o autor, o Direito é um objeto por demais complexo; a ele reportam-se não só as distintas ciências particulares como também a filosofia. A metodologia jurídica não pode existir se a Filosofia Jurídica.

7.8 Tércio Sampaio

Tercio Sampaio Ferraz Júnior é um destacado professor e jurista, autor de diversos livros de Direito, utilizados em faculdades de todo o Brasil. Em 1964 graduou-se em Filosofia, Letras e Ciências Humanas, pela Universidade de São Paulo. Pela mesma universidade graduou-se em Ciências Jurídicas e Sociais, também em 1964.

Terminou o doutorado de Filosofia em 1968, pela Universidade de Mainz e, em 1970, o de Direito na USP, tendo como orientador Miguel Reale. Em 1974 completou o pós-doutorado em Filosofia do Direito.

Atualmente é consultor da Coordenação de Aperfeiçoamento de Pessoal de Nível Superior, professor titular da Faculdade Autônoma de Direito, professor titular da Pontifícia Universidade Católica de São Paulo e professor titular do Departamento de Filosofia do Direito da Faculdade de Direito da Universidade de São Paulo, Largo de São Francisco, tendo como antecessor na cadeira Goffredo da Silva Telles Jr. Tem experiência em diversas áreas do Direito, atuando principalmente nos seguintes temas: Direito, democracia, poder, constituição e ordem econômica.

7.8.1 Principais obras

Possui mais de 90 artigos em periódicos especializados. Dezesseis livros, destacando-se *Estudos de Filosofia do Direito* (2002) e *Introdução ao Estudo de Direito: Técnica, Decisão e Dominação* (1988). Seis livros-coletânea de vários autores com a participação em cada um, com um capítulo. Mais de 150 artigos em revista e jornais de informação. Dezenas de prefácios.

7.8.2 Postura: teorias, teses e argumentos

Vemos em Tércio Sampaio (2003, p. 21) uma postura fenomenológica (fenomenologia jurídico) ou sócio-empirista. Conforme ensina o nosso autor

> compreender o direito não é um empreendimento que se reduz facilmente a conceituações lógicas e racionalmente sistematizadas. O encontro com o

> direito é diversificado, às vezes conflitivo e incoerente, às vezes linear e consequente. Estudar o Direito é, assim, uma atividade difícil, que exige não só acuidade, inteligência, preparo, mas também encantamento, intuição, espontaneidade.

Como o Direito é um fenômeno multifário, os livros de Introdução costumam apresentar alguma peculiaridade: embora os temas que neles são tratados sejam mais ou menos constantes, as formas de abordagem são diferentes. Há quem enfatize alguns aspectos filosóficos, insistindo sobre a inserção do Direito no universo da justiça. Há quem cuide mais das premissas técnicas, dos conceitos básicos, das divisões e classificações fundamentais da Ciência Jurídica. (FERRAZ, 2003, p. 22)

Por tudo isso, podemos perceber que o Direito é muito difícil de ser definido com rigor. De uma parte, consiste em grande número de símbolos e ideais reciprocamente incompatíveis, o que o homem comum percebe quando se vê envolvido num processo judicial: por mais que ele esteja seguro de seus direitos, a presença do outro, contestando, cria-lhe certa angústia que desorganiza sua tranquilidade. De outra parte, não deixa de ser um dos mais importantes fatores de estabilidade social, posto que admite um cenário comum em que as mais diversas aspirações podem encontrar uma aprovação e uma ordem. (FERRAZ, 2003, p. 32)

A esse respeito, afirma-se que o conhecimento científico, em consequência, é construído a partir de constatações, cuja evidência, em determinada época, nos indica, em alto grau, que elas são verdadeiras. A partir delas, a ciência se caracteriza pela busca de termos seguramente definidos, constituindo um corpo sistemático de enunciados. Como a noção de enunciado verdadeiro está ligada às provas propostas e aos instrumentos de verificação desenvolvidos no correr da História, o conhecimento científico pode ser bem diferente de uma época para outra.

Assim, como a ciência é constituída de enunciados verdadeiros, os enunciados duvidosos ou de comprovação e verificação insuficientes são dela, em princípio, excluídos. Desde que, porém, o limite de tolerância para admitir-se um enunciado como comprovado e verificado seja impreciso, costuma-se distinguir entre *hipóteses*- aqueles enunciados que, em certa época, são de comprovação e verificação relativamente frágeis – e *leis* – aqueles enunciados de base à sistematização visada. Quanto à referência à realidade, afirma Tércio Sampaio, um enunciado pode ser descritivo, prescritivo, resolutivo etc. O enunciado científico é basicamente descritivo. A experiência nos mostra que é possível estabelecer proposições cuja verdade não se nega (exemplo: todos os homens são mortais). Todo enunciado científico, neste sentido, é sempre *refutável.* Ele tem validade universal, mas não absoluta. (FERRAZ, 1980, p. 10, 42-43)

Ao respeito do significado e do valor da história, Tércio Sampaio (1980, p. 18, 28) refere que

> o panorama da histórica da Ciência do Direito tem a virtude de nos mostrar como esta ciência, em diferentes épocas, se justificou teoricamente". Geralmente acontece que, ao dar maior preponderância à dimensão histórica, muitos pensadores procuraram e ainda procuram demonstrar que a Ciência do Direito não é uma obra arbitrária de um legislador, porém um ideal adaptado a todos os tempos e povos. Daí que importantes filósofos e juristas atribuam a este importante componente da dimensão teórica da realidade jurídica um especial significado, apresentando "uma nova concepção da 'historicidade' que permitirá a qualificação, também do acontecimento presente como História, criando-se a possibilidade de uma compreensão da ciência jurídica como *ciência histórica*, aparecendo a dogmática jurídica fundamentalmente

como história do direito, ou, pelo menos, como a continuação desta com outros instrumentos.

Assim, por exemplo, na obra do eminente jurista Tércio Sampaio Ferraz Júnior (1980, p. 47) pode ser vista uma excelente referência a três modelos: *analítico, hermenêutico e empírico.* Destarte, por meio de um interessante argumento, o prestigioso professor explica que o Direito sempre envolve um problema de decidibilidade de conflitos sociais. Nesse sentido, o Direito tem por objeto central o próprio ser humano que, pelo seu comportamento, entra em conflito, cria normas para solucioná-lo, decide-o, renega suas decisões etc. Para captá-lo, continua o autor, a Ciência Jurídica se articula em diferentes modelos, determináveis conforme o modo como se encare a questão da decidibilidade. Cada um destes modelos representa, assim, uma efetiva concepção do ser do homem, como centro articulador do pensamento jurídico.

Ora, analisando tais argumentos, concordamos com a ideia de que a divisão do Direito em *subsistemas* ou *modelos* nos permite compreender com maior facilidade quais são, *do ponto de vista teórico*, os maiores "problemas" que preocupam aos juristas e motivam seus estudos; sendo também certo que, *do ponto de vista prático*, "a partir destes modelos temos a possibilidade de mostrar os diferentes modos como a Ciência do Direito se exerce enquanto pensamento tecnológico" (FERRAZ, 1980, p. 48) pelos chamados operadores do Direito.

À explicação do Direito por meio de modelos ou subsistemas também se ligam os chamados *princípios*, *regras gerais* e *axiomas* (máximas ou sentenças) que orientam os processos de criação, interpretação e integração do direito e suas normas.

Independente do valor teórico e prático da doutrina acentua Tércio Sampaio (1980, p. 12), se questiona se ela é propriamente, uma das fontes do Direito ou se talvez como noutras ciências, uma segunda dualidade entre "teoria pura" e "teoria aplicada", entre "investigação" e "aplicação".

Poder-se-ia afirmar que a generalidade é a característica essencial de tais elementos auxiliadores. A verdade é que o caráter geral dos princípios é muito maior do que as regras, pois eles, os princípios, se fazem valer para séries indefinidas de situações. Já as regras valem para séries definidas de casos. Assim sendo, por meio de regras gerais selecionamos, interpretamos e aplicação da norma jurídica com maior precisão. Já os princípios podem estar referidos a valores, tais como: boa-fé, justiça, equidade, respeito às pessoas e a seus direitos fundamentais, ordem política, igualdade perante a lei etc. (FERRAZ, 1980, p. 79-80)

Ao se estudar cuidadosamente o desenvolvimento da ciência do Direito, constataremos que as teorias e doutrinas jurídicas se sucedem em tudo a história, expressando de forma concreta sua época. Assim, o Direito se constrói a partir das constatações certas, cuja evidência, em determinada época, nos indica, em alto grau, que elas são verdadeiras. A partir delas, a ciência se caracteriza pela busca de termos seguramente definidos, constituindo um corpo sistemático de enunciados. Como a noção de enunciado verdadeira está ligada às provas propostas e aos instrumentos de verificação desenvolvidos no correr da História, o conhecimento científico pode ser bem diferente de uma época para outra. (FERRAZ, 1980, p. 10)

Fala-se do século XI, época da chamada *Ciência européia* do Direito de Bolonha em que aparece uma resenha crítica dos Digestos justinianeus transformados em texto escolar do *jus civile europeu.* Os juristas da época tomam como base os textos de Justiniano e passaram a dar-lhe um tratamento metódico, cujas raízes estavam nas técnicas explicativas usadas em aulas. Desenvolveu-se uma técnica especial de abordagem de textos pré-fabricados e aceitos por sua autoridade, caracterizada pela glosa gramatical e filológica, pela exegese ou explicação do sentido, pela concordância, pela distinção. Na leitura e aplicação dos textos dogmáticos, o jurista se empenhava numa harmonização, procurando paralelos e concordância entre eles, buscando também distinguir peculiaridades das regras, sanando, assim, as contradições. Esta tarefa pode ser denominada exegética ou interpretativa, era o modo de enfrentar a falta de acordo relativamente comum dos textos. (FERRAZ, 1980, p. 21-22)

Em resumo, foram aceitos, a partir da contribuição de Savigny à teoria do Direito, diferentes critérios na interpretação das normas jurídicas: gramatical, lógico, histórico e sistemático, representando diversas atividades que têm que estar unidas para que a interpretação tenha sucesso, pois, caso contrário, como afirma Engish, apenas se encobre o problema de uma forma elegante, pela inexistência de ordenação e hierarquia entre os critérios interpretativos, conduzindo a resultados contraditórios. (FERRAZ, 1980, p. 115)

7.8.3 Contribuição científico-metodológica

Qualquer definição do direito envolve algumas dificuldades. A definição é um problema de natureza teórica, mas também prática. A proposta de um conceito envolve seu conhecimento, mas este conhecimento tem sempre repercussão na própria vida jurídica. (FERRAZ, 2003, p. 39)

Assim, o Direito, como objeto, pode ser estudado de diferentes ângulos. Para esclarecê-los, vamos distinguir, genericamente, entre um enfoque zetético e um dogmático (Viehweg, 1969). Vamos admitir que toda investigação científica esteja sempre às voltas com perguntas e respostas, problemas que pedem soluções, soluções já dadas que se aplicam à elucidação de problemas. (FERRAZ, 2003, p. 40)

Conforme o nosso autor, o Direito se desenvolve conforme as perspectivas dos seguintes três modelos.

a) Modelo Analítico. O modelo analítico ensina Tércio Sampaio, encara a decidibilidade como uma relação hipotética entre conflito e decisões, buscando as possibilidades de decisões para um conflito. Isso porque a satisfação das diversas necessidades do ser humano (materiais e espirituais) gera conflitos que exigem fórmulas capazes de harmonizá-los ou resolvê-los. Nesse caso, reconhece o citado autor, "a Ciência do Direito aparece como uma sistematização de regras para a obtenção de decisões possíveis, o que lhe dá um caráter até certo ponto formalista". (FERRAZ, 1980, p. 48)

O modelo analítico nos permite compreender a composição estrutural do domínio normativo do Direito, isto é, a maneira em que normas e regras jurídicas se ligam dentro do sistema. É nesse empenho que diversos juristas, ao conceber as normas jurídicas como o centro, objeto ou núcleo teórico do tudo direito, observam na relação lógico-formal das mesmas, o caráter e a essência do Direito como um sistema.

Neste caso, Kelsen reconheceria a dependência de uma norma à outra. O jurista deve, assim, caminhar de norma em norma, até chegar a uma última, que é a primeira de todas, a norma fundamental, fechando-se assim o circuito. O Direito é assim, para ele, um imenso conjunto de normas, cujo significado sistemático cabe à Ciência Jurídica determinar. (FERRAZ, 1980, p. 101)

b) Modelo Hermenêutico. Este segundo modelo, diz Tércio Sampaio, vê a decidibilidade do ângulo da sua relevância significativa. Trata-se aqui, acentua o autor, de uma relação entre a hipótese de conflito e a hipótese de decisão, tendo em vista o seu sentido. A Ciência do Direito, neste caso, se assume como atividade interpretativa, constituindo-se como um sistema compreensivo do comportamento humano. (FERRAZ, 1980, p. 48)

A interpretação jurídica é vista como a essência do Direito, portanto, se afirma que o Direito é essencialmente uma ciência hermenêutica, onde o jurista busca o sentido, alcance e finalidade da norma nos textos legais. Então, o jurista já não só tem como atividade fundamental a configuração sistematicamente a ordem normativa, mas também determinar o sentido das normas colocadas nesse sistema. Destarte, da consideração do Direito como um sistema de normas, surgiu a ideia da necessidade de interpretá-lo a partir do conceito de sua unidade, assim sendo, interpretar o Direito era analisar a norma dentro um sistema.

A neutralidade da interpretação normativa é determinante para a obtenção das conclusões que possibilitem a aplicação do Direito. Assim sendo, se reconhece que "a função do cientista do Direito não é a mera transcrição da norma, já que estas não se agrupam em um todo ordenado, mas sim a descrição e a interpretação, que consistem, fundamentalmente, na determinação das consequências que derivam dessas normas". (DINIZ, 1998, p 9)

Vale aqui observar uma importante diferença entre o campo de ação da interpretação e da hermenêutica. A interpretação é um processo pelo qual se obtém o fim (determinação do sentido e alcance da norma). A hermenêutica é a teoria que serve de ferramenta para alcançar esse fim, pois os critérios hermenêuticos nos orientam na interpretação restritiva ou extensiva da norma.

Destarte, o modelo interpretativo possibilita compreender o porquê das normas jurídicas, ou melhor, por que as normas jurídicas devem ser concebidas dentro de um esquema sistemático, que como vimos no modelo anterior se respeita a questão de hierarquia do direito.

Do ponto de vista metodológico, pensamos, o modelo hermenêutico não tem como objetivo resolver as questões que geram a obscuridade normativa, porém, busca-se por meio dele estimular a interpretação a partir do estudo dos métodos com os quais o intérprete possa tirar conclusões sobre as deficiências normativas e se aprofundar nas questões das deficiências que limitam o entendimento do sentido, alcance, aplicação das normas e solução dos conflitos jurídicos.

Para alguns hermeneutas, interpretar uma lei implica desenvolver um processo a que se vinculam a razão, a sabedoria e a experiência ao conteúdo das relações jurídicas e das proposições prescritivas. Outros preferem afirmar que interpretar é atribuir o sentido à norma jurídica, observando a realidade ou fenômeno vinculado a ela, consistindo a atividade interpretativa na busca do sentido e significado das normas jurídicas, por meio dos textos ou signos de exteriorização. (DIEZ-PICAZO, 1995, p. 113)

Sobre a interpretação normativa tem-se formulado vários sistemas, conceitos e classificação que, devido a sua extensão não serão tratadas no presente estudo, no entanto podem ser vistas em noutros importantes trabalhos.[38]

[38] Vejam-se: FRANÇA, Limongi, R. *Hermenêutica Jurídica.* 7. ed. São Paulo: Saraiva, 1999; PAULA Baptista, Francisco de. *Compêndio de Hermenêutica Jurídica.*

No entanto, o que mais nos interessa da análise desses sistemas é destacar que, ainda que toda interpretação verse sobre uma norma jurídica, qualquer que seja a fonte de sua produção, o resultado obtido pelo intérprete dá lugar a uma interpretação declarativa, se o conteúdo da norma coincide com o que se desprende de seu texto; e a outra que, grosso modo, pode-se denominar modificativa quando introduz alguma correção. Como bem afirma Luiz Diez Picazo, o intérprete não pode corrigir o conteúdo da lei, mas pode estender ou restringir sua formulação literal, se resultar não-ajustada, para se ajustar a seu conteúdo substancial, à sua *ratio*. (DIEZ-PICAZO, 1995, p 120)

Entre os vários sistemas interpretativos da norma jurídica apresentam-se como mais importantes: o dogmático, o exegético (jurídico-tradicional); o histórico-evolutivo; o da livre pesquisa ou livre criação do Direito.

Para Tércio Sampaio dois textos são contraditórios se não podem ser afirmados, em qualquer situação, ao mesmo tempo, sob pena de falta de sentido, pois se excluem mutuamente. A contraditoriedade é um problema analítico no sentido da lógica formal (que não se confunde coma analítica jurídica), exigindo a constituição de um sistema formal, rigorosamente construído. (FERRAZ, 1980, p. 76)

7.9 Ronald Dworkin (1931-2013)

Importante jusfilósofo norte-americano, foi professor de Teoria Geral do Direito na University College London e na New York University School of Law.

7.9.1 Principais obras

Dworkin trabalhou como professor em várias universidades. Desempenhou-se na Universidade de Oxford sendo sucessor de H. L. A. Hart. Assumiu a cátedra Quain de Filosofia do Direito em Universty College London e logo em seguida a cátedra Bentham de Teoria do Direito, função que ainda desempenha.

Ronald Dworkin publicou diversas obras. As mais significativas, e que já foram traduzidas e comercializadas no Brasil são:

DWORKIN, Ronal. *Levando os direitos a sério.* Trad. Nelson Boeira. 2. ed. São Paulo: Martin Fontes, 2007.

________. *O império do direito.* Trad. Jefferson Luiz Camargo. São Paulo: Martins Fontes, 1999.

7.9.2 Postura: teorias, teses e argumentos

Destaca-se como contribuição fundamental a *Teoria do Direito como Integridade*. Diz-se de uma das principais visões contemporâneas sobre a natureza do Direito. Na sua obra "Levando os direitos a sério" Dworkin (2007) define e defende uma teoria liberal do Direito, chamada de teoria dominante do Direito que, dividida em duas partes, discute o que é o Direito (condições necessárias e suficientes para a verdade de uma proposição jurídica). Diz-se da teoria do positivismo jurídico, que sustenta que a verdade das proposições jurídica consiste em fatos a respeito das regras que foram adotadas por instituições sociais específicas e em nada mais do que isso. Já, na segunda parte discute o Direito como deve ser e sobre o modo como as instituições jurídicas que nãos são familiares deveriam comportar-se. Essa é a teoria do utilitarismo, que sustenta que o Direito e suas instituições deveriam estar a serviço do bem-estar geral e tão somente isso.

Dworkin sustentaria a tese de uma integridade hermenêutica para combater o decisionismo e a discricionariedade. Todavia, considera como preceitos chaves que chamou de o esqueleto do positivismo os seguintes (DWORKIN, 2007, p. 27-28):

a) O direito de uma comunidade é um conjunto de regras especiais utilizado direta ou indiretamente pela comunidade com o propósito de determinar qual comportamento será punido ou coagido pelo poder público.

b) O conjunto dessas regras jurídicas é coextensivo com "o direito", de modo que se o caso de alguma pessoa não estiver claramente coberto de uma regra dessas, então esse caso não pode ser decidido mediante "a aplicação do direito".

c) Dizer que alguém tem uma obrigação jurídica é dizer que seu caso se enquadra em uma regra jurídica válida que exige que ele faça ou se abstenha de fazer alguma coisa.

O nosso autor lança um ataque geral contra o positivismo usando a versão de H. L. A. Hart. Assim, e preocupa com a superação da discricionariedade e para isso destaca a importância dos princípios vigorantes em todo ordenamento. Assim, afirma:

> Os princípios possuem uma dimensão que as regras não têm – a dimensão do peso ou importância. [...] as regras não têm essa dimensão. As regras são funcionalmente importantes [...]. Se duas regras entram em conflito, uma delas não pode ser válida. A decisão de saber qual delas é válida e qual deve ser abandonada ou reformulada, deve ser tomada recorrendo-se a considerações que estão além da própria regra. [...] um sistema jurídico também pode preferir a regra que é sustentada polos princípios mais importantes. (DWORKIN, 2007, p. 42)

Dworkin identificou os princípios jurídicos como sendo tipos particulares de padrões, diferentes das regras jurídicas. Os princípios estão por toda a parte, à nossa volta. Os professores de Direito os ensinam, os livros e direito os citam e os historiadores do direito os celebra. Conforme o autor há casos difíceis quando o sistema de princípios e normas permite mais de uma solução. Eles, os princípios, parecem atuar de maneira mais vigorosa nas questões judiciais difíceis (DWORKIN, 2007, p. 46). Eis o que chamamos de dilemas jurídicos.

Para uma solução correta do dilema será fundamental a distinção entre princípios e regras. Vê-se aí uma das formas de negar o decisionismos ou discricionariedades na órbita jurisdicional no Estado Democrático de Direito. Sustentaria, assim, que os princípios, estão por detrás de todas as regras, e se dizem vigentes mesmo que não haja um nexo direto entre os fatos e a suposta conclusão jurídica àquele caso concreto.

Dworkin se preocuparia com a legitimidade do Poder Judiciário na realização e afirma que o Direito não simplesmente enuncia o que os cidadãos devem ou não devem fazer. Além disso, o Direito não aconselha os juízes sobre as decisões que devem tomar; determina que eles têm um dever de reconhecer e fazer vigorar certos padrões. (DWORKIN, 2007, p. 78)

7.9.3 Contribuição científico-metodológica

Dworkin tratou o poder discricionário como um conceito relativo. Assim, afirmaria, se um jurista pensa o Direito como um sistema de regras e ainda assim reconhece que os juízes mudam regras antigas e introduzem novas, ele chegará naturalmente à teoria do poder discricionário judicial no sentido forte do termo. Ora, juristas e juízes, ao debaterem e decidirem ações judiciais, invocam não somente essas regras em negrito, como também outros tipos de padrões que se denominam de princípios jurídicos, como por exemplo, o princípio de que nenhum homem e pode beneficiar-se de seus próprios delitos. (DWORKIN, 2007, p. 72)

Toma como referência importante a constituição do Estado Democrático de Direito, premissa que coloca em crise todo decisionismos (positivista). Nesse sentido afirma Dworkin (2007, p. 287) que,

> Em uma democracia, ou pelo menos em uma democracia que em princípio respeita os direitos individuais, todo cidadão tem um dever moral geral de obedecer a todas as leis, mesmo que ele queira que algumas delas sejam modificadas. Ele tem esse dever para com seus concidadãos que, para seu benefício, acatam leis de que não gostam. Mas este dever geral não pode ser um dever absoluto, porque mesmo uma sociedade em princípio justa pode produzir leis e políticas injustas, e um homem tem outros deveres além daqueles para com o Estado [...]. Contudo, se decidir que deve violar a lei, deve então submeter-se ao julgamento e à punição que o Estado impõe, em reconhecimento ao fato de que seu dever para com seus concidadãos foi suplantado, mas não eliminado, por suas obrigações morais ou religiosas.

Para Dworkin a concepção do Direito na sua integridade contribui para a necessidade de não **reinventar** a Justiça. Conforme o nosso autor, o positivismo jurídico fornece uma teoria dos casos difíceis. Quando uma ação judicial específica não pode ser submetida a uma regra de direito clara, o juiz tem o poder discricionário para decidir o caso de uma maneira ou de outra. Para Dworkin, mesmo nos casos difíceis o juiz continua tendo o dever de descobrir quais são os direitos das partes, e não reinventar novos direitos retroativamente. Os juízes devem aplicar o direito criado por outras instituições; não devem criar um novo direito. Isso é o ideal, mas por diversas razões não pode ser plenamente concretizado na prática. As leis e as regras do direito costumeiro são quais sempre vagas e devem ser interpretadas ante de se poder aplicá-la aos novos casos. Além disso, alguns desses casos colocam problemas tão novos que não podem ser decididos nem mesmo se ampliarmos os reinterpretarmos as regras existentes. Portanto, os juízes às vezes criam um novo direito. Seja essa criação dissimulada ou explícita. Os juízes não deveriam ser e não são legisladores delegados, e é enganoso o conhecido pressuposto de que eles estão legislando quando vão além de decisões políticas já tomadas por outras pessoas. (DWORKIN, 2007, p. 127-129)

Importa decidir com base na ideia de que direitos e deveres legais são de e para a comunidade, daí a necessidade de se procurar a justiça, a equidade, a igualdade, a responsabilidade etc. social. A perspectiva da democracia impõe a necessidade de uma atividade jurisdicional eficiente e responsável, especialmente no que se refere às decisões judiciais, para além das questões subjetivas.

As lições de Dworkin repercutem na atuação dos juízes os quais devem decidir em função da Justiça Social, da Cidadania e do Bem-estar. Para Dworkin, a moralidade convencional é de grande importância porque leva a um entendimento da conexão entre prática social e juízos normativos (DWORKIN, 2007, p. 91). Tais lições procuram superar a crise da Jurisdição, isto é, a crise dos fundamentos dogmáticos da modernidade jurídica.

O pensamento jurídico moderno desenvolve uma nova função social. Logo, a sociedade impõe ao jurista uma atuação coerente e integralista visando a assegurar a realização dos valores e princípios na sua perspectiva holística e humana, almejando, com isso a convivência social.

É justamente nesse aspecto que a jusfilosofia deixa de ser mera meta-filosofia para se tornar aplicada e prática, desenvolvendo um papel determinante na construção de argumentos e discursos jurídicos.

7.10 Robert Alexy (1945...)

Robert Alexy, jusfilósofo alemão, nascido em Oldenburg em 9 de setembro de 1945 é um dos mais influentes pensadores contemporâneos.

Alexy graduou-se em Direito e Filosofia, tendo recebido o título de PhD em 1976, com a dissertação *Uma Teoria da Argumentação Jurídica*, e a habilitação em 1984, com a *Teoria dos Direitos Fundamentais*. Tais obras são muito citadas pelos estudiosos da Filosofia e da Teoria do Direito.

7.10.1 Principais obras

ALEXY, Robert. *Teoria da Argumentação Jurídica: a teoria do discurso racional como teoria da fundamentação jurídica.* Trad. Zilda Hutchinson Schild Silva. 2. ed. São Paulo: Landy, 2005.

________. *Teoría de los Derechos Fundamentales*. Madrid: Centro de Estúdios Constitucionales, 1993.

7.10.2 Postura: teorias, teses e argumentos

Para construir uma definição de Direito Alexy utiliza recursos da teoria normativista que teve origem em Hans Kelsen e do jusnaturalismo de Gustav Radbruch. Alexy (2005) se empenha em evitar toda atitude discricionária possível no processo de interpretação jurídica. Para tanto, recorre aos princípios do Direito. Adota, assim, o principialismo jurídico, um esquema interpretativo que vigorou no período do pós-guerra, evitando-se, desta forma, o uso restrito da lei como único recurso para a aplicação do Direito. Diz-se de uma época onde os textos constitucionais passaram a serem pensados e construídos com base em princípios e não mais com base em regras.

Nesse sentido, afirma Lenio Streck (2007, p. 176), os princípios, ora considerados como premissas fundamentais para a construção do Direito "passariam a compor o novo perfil da sociedade contemporânea, enquanto resposta às insuficiências jurídico-políticas decorrentes das fases anteriores do Estado e do Direito".

Nesse contexto, a teoria de Alexy introduz a ponderação como o método aplicável, isto é, como um recurso importante que procura limitar os problemas que derivam do positivismo e da discricionariedade em face dos chamados casos difíceis.

Para Alexy, os princípios devem ser hierarquizados axiologicamente. É justamente por isso que o método da ponderação trabalha com uma atitude de sopesamento (escolha) do princípio a ser aplicado ao caso concreto. Diz-se de uma escolha que corresponde ao intérprete e conforme ao caso concreto. Consequentemente, se são os princípios hierarquizados axiologicamente, é justamente a atividade subjetiva do intérprete que irá definir qual princípio deve e qual não deve ser aplicado, atitude esta incontrolável a partir de uma racionalidade e incompatível com o próprio Estado Democrático de Direito.

Nesse particular, a teoria da argumentação jurídica de Alexy articula os princípios como mandados de otimização, ou seja, como "regras" destinadas à estruturação de outras regras que, além de atuarem em verdadeira abertura interpretativa, utilizam-se do princípio da proporcionalidade como o método fulcral de solução aos famigerados *casos difíceis*. Seguidores de Alexy, por exemplo, Humberto Ávila, afirmariam que a proporcionalidade, que deixaria de ser um princípio e passaria a ser uma metanorma, tem aplicabilidade "nos casos em que exista uma relação de causalidade entre um meio e um fim concretamente perceptível", onde a "exigência de realização de vários fins, todos constitucionalmente legitimados, implica a adoção de medidas adequadas, necessárias e proporcionais em sentido estrito". (ÁVILA, 2009, p. 112-123)

7.10.3 Contribuição científico-metodológica

Robert Alexy (2001, p. 26) nos ensina que podemos contemplar o discurso jurídico de modos bem diferentes. Ele pode ser contemplado do ponto de vista empírico, analítico ou normativo. Ele é *empírico*, quando descreve ou busca explicar a frequência relativa de dado tipo de argumentos, a correlação entre determinados grupos de oradores, situações de discurso etc. É *analítico*, quando trata da estrutura lógica encontrada de fato ou nos possíveis argumentos. Finalmente, é *normativo*, quando propõe e justifica os critérios para a racionalização do discurso jurídico.

Assim, para Alexy (2001, p. 19-20),

> Há casos em que a decisão de um caso isolado não segue logicamente quer de afirmações empíricas tomadas junto com normas pressupostas ou proposições estritamente fundamentadas de algum sistema de raciocínio [...]. A escolha da pessoa que decide é que determina qual proposição normativa singular deve ser afirmada (por exemplo, numa pesquisa científica de Direito) ou promulgada como um julgamento num caso. O conteúdo dessa proposição singular normativa é uma afirmação ou comprovação do que se exige, proíbe ou permite a determinado indivíduo.

Conforme explica Mônica Pimenta[39] o objetivo de Robert Alexy com sua teoria sobre direitos fundamentais não é alcançar exatamente uma homogeneização de cada ordem jurídica fundamental. Seu objetivo, na verdade, é o de descobrir as estruturas dogmáticas e revelar os princípios e valores que se escondem atrás das codificações e da jurisprudência. Isto porque, em qualquer lugar que existam direitos fundamentais, colocam-se problemas semelhantes como, por exemplo, as diferenças estruturais entre os direitos sociais e os políticos.

Neste caso, ele indaga: quem seria o titular desses direitos fundamentais? Poderiam ser restringidos? Qual deve ser a intensidade do controle da corte constitucional sobre o legislador?[40]

A teoria de Alexy (2001, p.112) procura dar resposta a essas indagações com pretensão de cientificidade. Para isso, defende que os direitos fundamentais possuem caráter de princípios e, nessa condição, eles eventualmente colidem, sendo assim necessária uma solução ponderada em favor de um deles. Para tanto, considera os princípios como um mundo de dever ser ideal, isto é, não diz como as coisas são, mas como se as deve pensar, com o objetivo de evitar contradições.

Esse entendimento assume papel decisivo em sua teoria já que os princípios são conceituados por ele como "mandados de otimização", sendo que mandados (proibição

---

[39] Disponível em: http://www.conjur.com.br/2007-mar-02/robert_alexy_teoria_principios_regras?pagina=3. Acesso em: 20 de abril de 2011.

[40] Veja-se igualmente: ALEXY, Robert. *Colisão e Ponderação Como Problema Fundamental da Dogmática dos Direitos Fundamentais*. Palestra proferida na casa Rui Barbosa, em 10.12.1998. Tradução de Gilmar Ferreira Mendes p.1.

e permissão) fazem parte da deontologia, ou seja, fazem parte do que é obrigatório. Desde logo se vê, portanto, que os princípios são tratados já como uma categoria deontológica, e não axiológica ou antropológica.[41]

Diante disso, podemos considerar que regras e princípios são normas, uma vez que ambos dizem o que *deve ser*. Os princípios, como as regras, são fundamentos para os casos concretos, mas com aplicações distintas. Assim, a distinção apontada pelo autor é a que se refere às regras como normas que podem ser cumpridas ou não, e aos princípios como normas que ordenam que algo seja realizado na maior medida possível dentro das possibilidades jurídicas e fáticas. Nessa mesma linha de raciocínio, as colisões de direitos fundamentais devem ser consideradas como uma colisão de princípios, sendo que o processo para a solução de ambas as colisões é a ponderação. (ALEXY, 2001, p.112)[42]

Alexy[43], em sua obra *Teoria de los Derechos Fundamentales*, apresenta a Lei de Colisão para solucionar a colisão de princípios utilizando um julgado do tribunal constitucional, que diz respeito a não realização da audiência oral tendo em vista a saúde delicada do acusado que sofre risco de infarto. Neste caso, há uma colisão entre o princípio da aplicação do Direito penal (P1 — que obriga a audiência oral) com o princípio de proteção do direito à vida e integridade do acusado (P2 — que proíbe a audiência oral).

Conforme explica Robert Alexy, "em um grande número de casos, a decisão jurídica que põe fim a uma disputa judicial, expressa em um enunciado normativo singular, não se segue logicamente das formulações das normas jurídicas vigentes" (ALEXY, 2001, p. 33). Significa dizer: a par das decisões que têm por fundamento claro dispositivo legal, verifica-se, não raramente, *decidendum* cuja *ratio* se encontra externa ao ordenamento jurídico.[44]

A primeira questão pontuada por Alexy diz respeito às valorações presentes na fundamentação da decisão jurídica. Quando os "cânones de interpretação" não são suficientes para que do ordenamento decorra logicamente a decisão, sua fundamentação conterá elementos valorativos. Cânones de interpretação são regras para compreensão e aplicação do Direito. Segundo a definição exegética, interpretar é explicar, esclarecer, dar o sentido de vocábulo, atitude ou gesto; reproduzir por outras palavras um pensamento exteriorizado; mostrar o sentido verdadeiro de uma expressão; extrair de frase, sentença ou norma tudo o que na mesma se contém. (MAXIMILIANO, 2007, p. 07)

---

[41] As categorias da deontológica são os mandados de proibição, permissão e obrigação. Por isso dizem o que deve ser. Em contrapartida, a axiologia é ligada ao valor, ou seja, o que é bom, seguro, econômico, democrático, liberal, próprio do Estado de Direito. Por último, a antropologia se refere aos interesses, necessidades, decisão e ação. Partindo dessas definições, Alexy relata que é possível constatar facilmente a diferença entre o conceito de princípio e valor: "Os princípios são mandados de um determinado tipo, é dizer, mandados de otimização. Mandados pertencem ao âmbito deontológico. Ao invés, os valores devem ser incluídos ao nível axiológico".

[42] "*Los principios son mandatos de optimización con respecto a las posibilidades jurídicas y de hechos. La máxima de la proporcionalidad en sentido estricto, es decir, el mandato de ponderación, se sigue de la relativización con respecto a las posibilidades jurídicas*".

[43] ALEXY, Robert. *Teoría de los Derechos Fundamentales*. Madrid: Centro de Estudios Políticos y Constitucionales, 2001, p. 54. "*No todo enunciado normativo es un enunciado deóntico, pero todo enunciado normativo puede ser transformado en un enunciado deóntico*".

[44] Disponível em http://jus.uol.com.br/revista/texto/17268/teoria-da-argumentacao-a-proposta-de-robert-alexy-para-a-fundamentacao-racional-da-decisao-juridica/2. Data de acesso em 22 de abril de 2011.

Logo, a repercussão da obra de Alexy radica na chamada para uma racionalidade "analítico-normativa", orientada pela lógica do discurso. Importa, assim, a construção de um discurso "racional", isto é, devidamente fundamentado. Conforme explica Cláudia Toledo[45], Alexy contribui com as seguintes regras para qualificação de um discurso jurídico como racional:

1. Qualquer um pode tomar parte no discurso, introduzir e problematizar qualquer asserção (uma das regras de razão de Alexy – chamada por Habermas de "princípio D", princípio da concreção);

2. Se o falante aplicar um predicado a determinado objeto, deve aplicá-lo também a qualquer outro objeto semelhante nos aspectos essenciais (uma das regras fundamentais de Alexy – chamada por Habermas de princípio U, princípio da universalidade – é regra expressa no Direito, tanto pelo princípio da isonomia, quanto pela analogia como método de integração do ordenamento jurídico);

3. O falante não pode se contradizer (princípio da não-contradição tanto da lógica formal – envolvendo então, o princípio da identidade e do terceiro excluído – quanto da lógica do discurso, determinando a não-contradição performativa);

4. O falante só pode afirmar aquilo em que ele mesmo acredita (pretensão de veracidade habermasiana);

5. O falante não pode usar a mesma expressão que outros falantes com significados diferentes (pretensão de inteligibilidade formulada por Habermas);

6. O falante deve fundamentar o que afirma se lhe for pedido (regra geral da fundamentação).

Conclui-se que toda decisão jurídica alberga um conteúdo axiológico, especialmente na solução de casos que envolvem os chamados "novos direitos", onde a Justiça se torna relativa.

7.11 Jürgen HABERMAS (1929-)

Jürgen Habermas (18 de junho de 1929) é um influente filósofo e sociólogo de origem alemã. Considerado o principal herdeiro das discussões da Escola de Frankfurt, uma das principais correntes do Marxismo cultural.

7.11.1 Principais obras

Principais obras traduzidas: Direito e Democracia: Entre Facticidade e Validade, Vol. I; Direito e Democracia: Entre Facticidade e Validade, Vol. II; Técnica e Ciência como "Ideologia", Lisboa, Edições 70; O Discurso Filosófico da Modernidade, Lisboa, Publicações Dom Quixote.

7.11.2 Postura: teorias, teses e argumentos

Habermas procurou superar o pessimismo, quanto às possibilidades de realização do projeto moderno, tal como formulado pelos iluministas. Profundamente marcados pelo desastre da Segunda Guerra Mundial.

Destacados filósofos, tais como, Adorno e Horkheimer consideravam que houvesse um vínculo primordial entre conhecimento racional e dominação, o que teria determinado a falência dos ideais modernos de emancipação social.

---

[45] TOLEDO, Cláudia. Teoria da argumentação jurídica. In: **Revista da Escola Superior Dom Helder Câmara – Veredas do Direito**. Vol. 2. N.º 3, jan. a dez. de 2005, p. 4.

Para tal emancipação, Habermas propõe o paradigma comunicacional: uma *ética comunicativa* por meio da qual se pretende a comunicação livre, racional e crítica, como caminhos para superar a lógica instrumental. Assim, Habermas se preocupa com o restabelecimento dos vínculos entre socialismo e democracia.

Seus estudos se voltaram para o conhecimento e a ética. Seus argumentos procuram justificar a necessidade da produção do conhecimento. Segundo Habermas, a falibilidade possibilita desenvolver capacidades mais complexas de conhecer a realidade, além de representar garantia contra regressões metafísicas, com possíveis desdobramentos autoritários. Evolui-se assim por meio dos erros, entendidos como falhas de coordenação de planos de ação.

Habermas defende também uma ética universalista, deontológica, formalista e cognitivista. Para ele, os princípios éticos não devem ter conteúdo, mas garantir a participação dos interessados nas decisões públicas por meio de discussões (discursos), em que se avaliam os conteúdos normativos demandados naturalmente pelo mundo da vida. Sobre sua teoria discursiva, aplicada também à filosofia jurídica, pode ser considerada em prol da integração social e, como consequência, da democracia e da cidadania. Tal teoria coloca a possibilidade de resolução dos conflitos vigentes na sociedade não com uma simples solução, mas a melhor solução - aquela que resulta do consenso de todos os concernidos.

Sua maior relevância está, indubitavelmente, em pretender o fim da arbitrariedade e da coerção nas questões que circundam toda a comunidade, propondo uma participação mais ativa e igualitária de todos os cidadãos nos litígios que os envolvem e, concomitantemente, obter a tão almejada justiça. Essa forma defendida por Habermas é o agir comunicativo que se ramifica no discurso.

Assim, como assinala Habermas, em contraposição às escolas realistas, alguns teóricos, como Hans Kelsen e H. L. A. Hart, preferem destacar o sentido normativo específico das proposições jurídicas e a estrutura sistemática de um sistema de regras, como é o Direito, que têm por fim possibilitar a consistência das decisões que observam tais regras e convertem o Direito em algo bem diferente da política. Em contraposição aos hermeneutas, acentuam a completude de um sistema jurídico fechado que seria impermeável a princípios extrajurídicos. De acordo com Habermas, o positivismo chega a uma falsa tese de autonomia, pois entende o Direito como um sistema fechado de regras predeterminadas e pensadas para uma aplicação específica, as quais, em caso de colisão, precisam da decisão do juiz. É, para o autor, uma concepção unidimensional do Direito como um sistema de regras isentas de princípios. (HABERMAS, 1998, p. 271,278, 279)

Evidentemente, como também afirma Jürgen Habermas (1998, p. 68, 134), o confronto entre as teses normativas, que sempre correm o risco de perder o contato com a realidade social e as objetivas que eliminam todos os aspectos normativos, pode servir de advertência para não privilegiar nenhuma orientação ligada a uma determinada disciplina, mas para estarmos abertos a distintos pontos de vistas metodológicos, a diversos objetivos teoréticos, às diversas perspectivas que abrem os distintos papéis sociais (juiz, político, legislador, cliente das burocracias estatais e cidadãos) e às distintas atitudes no que se refere à pragmática da pesquisa (hermenêutica, crítica, analítica etc.). Daí que, metodologicamente, as ordens legais podem ser analisadas tanto "desde cima" quanto "desde baixo"; sendo certo que uma sociologia que proceda em termos reconstrutivos tem de fazer justiça a ambas perspectivas. Dessa forma, o discurso sociológico acerca do Direito se pode conectar também com o discurso filosófico acerca da justiça e transcender também aos limites deste.

No entanto, para Habermas uma norma só pode "apreender" uma situação complexa do mundo da vida em termos seletivos, isto é, na perspectiva da relevância que a própria norma se encarrega de fixar previamente. O estado de coisas constituído pela norma nunca esgota o vago conteúdo semântico de uma norma geral. É uma descrição evidentemente circular que assinala um problema metodológico que toda teoria do Direito tem que esclarecer. Independentemente da relação circular existente entre as normas jurídicas e o estado de coisas, a valorações jurídicas parecem ser decisivas como variante de interpretação e referência aos fatos. De acordo com o autor, as normas e valores se distinguem, pois, primeiro, pela referência que, respectivamente, fazem à ação "deontológica", ou seja, à ação sujeita a obrigações, e à ação teleológica; segundo, pela codificação, binária e gradual de sua pretensão de validade; terceiro, pelo tipo de caráter vinculante, absoluto no caso das normas, e relativo no caso dos valores; e, quarto, pelos critérios que satisfazem aos sistemas de normas, por um lado, e aos sistemas de valores, por outro. Isso porque as normas e os valores se distinguem nas suas propriedades lógicas e de aplicação. Assim, os princípios ou normas de ordem superior, por meio dos quais podem-se justificar outras normas, têm um sentido deontológico. Já os valores têm um sentido teleológico.

Assim, Habermas (1998, p. 469), no Capítulo IX (Paradigmas do Direito) da sua obra *Facticidad e Validez*, afirmaria a existência de proposições normativas ao reconhecer que desde as grandes codificações do século XVIII o Direito vigente resulta primariamente apreensível na forma de textos: as proposições normativas contidas nos códigos informam as normas vigentes. Tais proposições normativas constituem a base da jurisprudência. E, a partir delas a dogmática jurídica se esforça por interpretar o Direito vigente. Já, a teoria do Direito e sua história o cultivam uma ulterior objetivação da compreensão de textos legais e sistemas de regras, se bem que em direções opostas.

Fica claro que os especialistas não só interpretam as distintas proposições normativas a partir do contexto que tais proposições têm no corpus do Direito considerado em conjunto, mas também a partir de uma pré-compreensão da sociedade contemporânea, a qual resulta regente do trabalho de interpretação.

Acerca da distinção entre norma e enunciado Jürgen Habermas (HABERMAS, 1996, p. 33, 206, 207), na sua obra *La lógica de las ciencias sociales*, também reconheceria que os enunciados por meio dos quais aceitamos ou rejeitamos, aprovamos ou reprovamos normas sociais são "proposições" que não podem ser empiricamente nem verdadeiras nem falsas. Tais juízos têm por base o conhecimento e ou a decisão. Ora, o sentido das normas sociais não depende das leis fáticas na natureza, o conteúdo normativo dos juízos de valor não pode deduzir-se do conteúdo descritivo das constatações de fatos, tampouco o conteúdo descritivo pode ser deduzido do normativo. Assim, concordando com Hare, Habermas reafirma que neste modelo, as esferas do *ser* e do *dever* estão estritamente separadas, as orações da linguagem descritiva não podem traduzir-se em uma linguagem prescritiva. Os juízos de valor, afirma o citado autor, não podem nunca legitimamente tomar a forma de enunciados teoréticos ou associar-se num complexo concluinte.

Habermas considera existir uma discussão crítica acerca da aceitação de proposições ou juízos, que inclui um tríplice uso da linguagem: o *descritivo*, para descrever estados de coisas; o *postulatório* para fixar regras de procedimento; e o *crítico* para justificar tais decisões. Estas formas de linguagem se pressupõem umas e outras logicamente. O uso descritivo não se restringe aqui a uma determinada classe de fatos; o uso postulatório compreende a fixação de normas, de critérios e de definições de todo tipo, quer regras práticas, lógicas ou metodológicas. O uso crítico utiliza argumentos para sopesar, valorar, julgar e justificar uma dada eleição. Desta forma, nenhum enunciado acerca do real é suscetível de exame racional sem que fique explícito um nexo entre argumentos e atitudes. De acordo com o autor, a linguagem universal tem uma estrutura atomística: toda proposição complexa pode se reduzir a proposições elementares. Assim, os valores de verdade das proposições dependem dos valores de verdade de seus argumentos.

Para Habermas, o valor descritivo das informações científicas, por exemplo, está fora de toda dúvida; mas não devemos entender tal valor como sendo um reflexo dos fatos e das relações entre fatos. O conteúdo descritivo só é válido por fazer referência a prognósticos. Daí todas as respostas que as ciências experimentais podem dar são relativas ao sentido metodológico de seu problema. A respeito da distinção entre proposições normativas e científicas o autor afirmaria que um comportamento governado por normas não é igual a um comportamento governado pelas leis da natureza. Uma norma pode ser quebrantada, uma lei da natureza não pode ser mudada em absoluto. Uma norma pode ser correta ou incorreta; uma suposta lei da natureza fica refutada quando seus prognósticos resultem incorretos. (HABERMAS, 1996, p. 55, 213)

Jürgen Habermas (1998, p. 74, 75, 78, 79, 94, 100, 269, 308, 328, 329) nos ensina que todo pensamento tem como conteúdo um determinado estado de coisas que pode expressar-se em uma oração enunciativa. Mas, esse conteúdo enunciativo exige uma ulterior determinação: caberia perguntar se é verdadeiro ou falso. Assim sendo, afirma o autor, quando tais pensamentos se convertem em objetos ideais, as relações entre os mundos, tanto a relação de exposição de fatos, como a relação de apreensão e valoração de pensamentos, designa árduos problemas ainda não resolvidos pela semântica formal.

Para nosso autor, na prática comunicativa contemporânea entram em jogo todas as funções que a linguagem, isto é, todas as relações que a linguagem guarda com o mundo, de sorte que a visão de validade se amplia junto às pretensões de verdade proposicional. Assim, a linguagem aparece como fonte primária de integração social.

Logo, o processo de produção de normas constitui o sistema jurídico e, portanto, o autêntico lugar da integração social, o que faz que, em princípio, todas as normas e valores fiquem expostos a um exame crítico. Habermas entende por sistema jurídico, em sentido lato, os sistemas de ação juridicamente regulamentados por meio de normas, nos quais um âmbito nuclear de geração privado-autônomo de atos jurídicos constitui, em termos de direito reflexivo, as normas jurídicas materiais.

7.11.3 Contribuição científico-metodológica

Uma das contribuições da obra do autor foi a consolidação do vínculo entre cidadania e nacionalidade.[46]

Jürgen Habermas ressalta o fato da democracia e do Estado nacional nascerem como "irmãos gêmeos" a partir da Revolução Francesa, isto é, de se encontrarem "à sombra do nacionalismo". O modelo francês de Estado territorial, administrado por um

---

46 Veja-se: Cidadania e Nacionalidade em Habermas: aportes conceituais. Disponível em http://srvapp2s.urisan.tche.br/seer/index.php/direitosculturais/article/viewFile/22/16. Acesso em 15 de abril de 2011.

poder central, é aquele que acaba por estruturar, a longo prazo, o sistema de Estados europeus. Se no início ele toma a forma de reinos, a "democratização provocada" por este modelo foi produzida na medida em que ele se configura como Estado nacional.[47]

Os temas da Cidadania e das Constituições democráticas na obra de Jürgen Habermas constituem-se em uma contribuição teórica que propugnam a abolição do conceito de cidadania que deve ser analisada no contexto da crítica jurídica. Aqui merece destaque a argumentação desenvolvida por Luigi Ferrajoli que prega a superação desta noção, por considerá-la inadequada do ponto de vista da teoria jurídica além de responsável por práticas políticas indesejáveis, pois ao se substituir esta noção por outra, a nova tomaria para si a tarefa das novas exigências de titularidade e conteúdo.[48]

Hodiernamente, tornou-se visível a importância da obra de Jürgen Habermas, num mundo onde os problemas migratórios se agravam, como consequência da diferencias regionais. Tais diferenças negam a cidadania e o Bem-Estar Social.

[47] Esse Estado "[...] configurou a infraestrutura para uma administração disciplinada pelo Direito, além de oferecer a garantia para um espaço de ação coletiva, livre do Estado. [...] criou a base para a homogeneidade cultural e étnica que permitiu, desde o final do século XVIII, a democratização do aparelho do Estado – mesmo que à custa da opressão e da exclusão das minorias nacionais". (HABERMAS, 1997, p. 281)

[48] Sobre a posição de Luigi Ferrajoli ver também CADEMARTORI, Daniela M. L. de; CADEMARTORI, Sergio U. Mutações da cidadania: da comunidade ao Estado Liberal. Revista Sequência, Curso de Pós-Graduação em Direito da UFSC, Florianópolis, v. XXVII, n. 55, p. 65-94, dez. 2007.

Capítulo 8
Perspectiva da Jusfilosofia Pós-moderna

Até aqui estudamos os conceitos, escolas e modelo que orientam o pensamento jurídico histórico e contemporâneo. Neste último capítulo discutiremos as tendências da Jusfilosofia Pós-moderna, trazendo o caminho imaginário que nos permite idealizar uma nova perspectiva do Direito no contexto crítico e humanista, em face da convivência, da paz e da justiça social.

8.1 Estruturalismo *versus* Funcionalismo jurídico

Como vimos em temas anteriores, a Filosofia e, especificamente a Teoria do Direito se ocupou durante muitas décadas pelo estudo das concepções estruturalistas do Direito. Pouco se falou do funcionalismo jurídico que passou a ser considerado no domínio da compreensão moderna e pós-moderna do Direito como o caminho para um Direito aplicado: um Direito para a solução de problemas humanos concretos.

Conforme explica Norberto Bobbio (2007, p. 53-54), observando a distinção entre a abordagem estruturalista e funcionalista do Direito, não resta dúvida de que no estudo do Direito em geral, nesses últimos cinquenta anos, a primeira abordagem prevaleceu sobre a segunda. Sabe-se que no seu desenvolvimento posterior à guinada kelseniana, a teoria do Direito tenha obedecido muito mais a sugestões estruturalistas do que funcionalistas. Em poucas palavras, aqueles que se dedicaram à teoria geral do Direito se preocuparam muito mais em saber "como o Direito é feito" do que "para que o Direito serve". A consequência disso foi que a análise estrutural foi levada muito mais a fundo do que a análise funcional.

Vimos como nas diferentes obras de importantes doutrinadores, a saber, Kelsen, Hart etc. a preocupação principal seria a caracterização da realidade sobre a qual os juristas teóricos e práticos deveriam desenvolver seus estudos. Daí a necessidade de significar e definir o Direito e seus problemas, partindo da análise dos seus domínios.

Na obra de Kelsem, aponta, Bobbio, não somente as análises funcional e estrutural estão declaradamente separadas, como esta separação é a base teórica sobre a qual ele funda a exclusão da primeira em favor da segunda. Para o fundador da teoria pura do Direito, uma teoria científica do Direito não deve se ocupar da função do Direito, mas tão-somente dos seus elementos estruturais. A análise funcional é confiada aos sociólogos e, talvez, aos filósofos. Em verdade, o estudo da estrutura do ordenamento jurídico foi dividido entre os juristas que observam o direito a partir de seu interior e sociólogos que observam o direito a partir do seu exterior. (BOBBIO, 2007, p. 54)

Logo, vemos um estudado a partir de duas perspectivas: a) estruturalista (estudo dos elementos constitutivos da realidade jurídica) e; b) funcionalista (estudo da teleologia da ciência). A primeira ocupando-se, por exemplo, do estudo e da definição do conceito de norma jurídica e a determinação das relações entre normas, da relação entre norma, fato e valor; a segunda preocupada com os objetivos ou a finalidade do Direito.

O estruturalismo jurídico voltado exclusivamente para a análise dos elementos estruturais do universo jurídico serve apenas para salvaguardar a teoria do Direito das contaminações ideológicas, permitindo desmascarar tomadas de posição política que se alojam nos conceitos tradicionais aparentemente neutros da ciência do Direito. (BOBBIO, 2007, p. 56)

8.2 Bases para uma concepção funcionalista do Direito

O funcionalismo jurídico atualmente se distingue da concepção instrumental do Direito. Eis que o Direito, visto como um mero instrumento de poder passou a ser utilizado em favor dos interesses das classes dominantes.

Ora, a função do Direito na sociedade não é mais servir a um determinado fim (aonde a abordagem funcionalista do direito resume-se, em geral, a individualizar qual é o fim específico do Direito), mas a de ser um instrumento útil para atingir os mais valiosos fins. (BOBBIO, 2007, p. 57)

Em verdade, o Direito não deve ser pensado como simples estrutura, tampouco objetivando fins particulares de grupos ou classes, pois seus institutos objetivam algo mais que uma mera ordem: uma finalidade funcional uma eficiência (funcionalismo jurídico).

Com efeito, o Direito, visto como conjunto de teorias e práticas deve atingir a satisfação dos diversos interesses sociais: a paz, a segurança, desenvolvimento, consciência social etc. Logo, a ideia do Direito como conjunto de normas criadas para responder aos interesses das classes dominantes ficou superada por uma nova concepção de Justiça Social. Daí a importância do cientificismo jurídico, isto é, do estudo dos métodos de abordagem e de resolução dos problemas jurídicos, quer teóricos quer práticos.

8.2.1 Perspectivas científica e discursiva do Direito

As perspectivas científica e discursiva do Direito são, em verdade, as bases para o funcionalismo jurídico: concretizando a função social do Direito. São duas perspectivas esquecidas do Direito: elo principal na conexão e passagem do estruturalismo ao funcionalismo jurídico.

Trata-se de uma Ciência Jurídica que se orienta principalmente pela lei (ou, se se preferir, pala "proposição jurídica") e não pelos casos já decididos. Afirmando-se que o Direito é a ciência que se confronta com a solução de questões jurídicas no contexto e com base em um ordenamento jurídico determinado, historicamente constituído. (LARENZ, 1983, p. 1)

Assim, não concordamos com a perspectiva que limita a Ciência do Direito ao estudo normativo da experiência jurídica (estudo científico positivo), - Miguel Reale[49] nem com aquela que considera ser o Direito objeto de três ciências distintas, - Norberto Bobbio. (2001, p. 13).

De acordo com essa acepção, para alguns autores, as Ciências Jurídicas podem ser classificadas da seguinte maneira: *gerais* e *especiais*; as primeiras estudam o fenômeno jurídico em seu conjunto (Teoria do Direito, História do Direito, Sociologia

[49] Veja-se, igualmente, REALE, Miguel. *Variações sobre a estrutura do Direito*. http://www.miguelreale.com.br/artigos/varestdir.htm. Acesso em 24, 05, 2010.

do Direito, Ciência do Direito Comparado etc.), sem se preocupar pela análise de seus ramos particulares, mas tomando o Direito como um fenômeno universal; as segundas (especiais) estudam os diferentes ramos em que se divide o sistema de Direito (Direito Penal, Direito Processual, Direito Constitucional, Direito Administrativo, Direito Internacional, Direito Trabalhista, Direitos Difusos e Coletivos: Direito do Consumidor e Direito Ambiental etc.). Já outros autores preferem adotar a seguinte classificação: a) ciências históricas que investigam o passado jurídico, isto é, o desenvolvimento do Direito num tempo e lugar determinado; b) ciências que investigam e resolvem questões fundamentais tais como: o conceito, natureza, função, características do Direito, o conceito de lei, de instituição, de ramos do Direito etc. todo o que constitui a teoria legal, da qual se ocupam as Ciências Jurídicas Teóricas, que também podem ser gerais e especiais. Outra classificação é a de Ciências Jurídicas Aplicadas por meio da qual se concebe o Direito, ou ao menos a uma parte dele, ex.: Criminologia, como um conjunto de conhecimentos científico-técnicos fundamentais para o estudo e aplicação da Ciência do Direito Penal.

Indo ainda mais longe é comum encontrar a ideia de que existe uma ciência "prática" e uma ciência "teorética", fato que aumenta a discussão sobre o lugar que ocupa a dogmática jurídica.

8.3 O funcionalismo contemporâneo

Contrariamente à postura positivista, atualmente, considera-se que o sistema jurídico deve ser concebido como um sistema aberto, uma ordem axiológica de princípios gerais de Direito. Daí resulta evidente a insuficiência da visão positivista, dos que veem o Direito, por isso existe a necessidade da *construção de uma doutrina efetiva do Direito*, fundada na observação das funções do Direito da sociedade. (GRAU, 2004, p. 40, 44)

A lei, para o Filósofo do Direito, não é uma proposição solta, e não é, apenas, o que se lê em seu texto. Ela é, também, aquilo que pretende, como elemento da ordem geral. A verdade é que a lei, para o jurista, não se esgota em sua letra. Ela se acha, também, no seu *pensamento* e na sua intenção. Nem sempre o espírito da lei se exprime em sua letra. Pode a esta estar mal redigida, mal expressa. Mas, o que é certo é que a lei, seja qual for a sua letra, não deve ser aplicada contra o seu espírito. (TELLES, 2004, p. 27)

Conforme explica Simmonds (2002, p. 389) "para a maioria de nós, na maior parte do tempo, o Direito não parece ser mais do que um conjunto de disposições governamentais pelo qual se regulam as transações e se desencorajam formas indesejáveis de conduta. Por que isso deveria suscitar problemas filosóficos? [...]". Uma resposta convincente a essa questão exigirá que esbocemos diversas características problemáticas do fenômeno do Direito.

Kant, por exemplo, "sustentou na Metafísica dos costumes que, mesmo em um sistema de leis inteiramente postuladas, ainda seria possível reclamar uma lei natural básica que estabelecesse a autoridade moral do legislador". (SIMMONDS, 2002, p. 391)

Conforme Miguel Reale escreveu: "*uma norma é a sua interpretação*". (REALE, *apud*, TELLES, 2004, p. 28)

8.3.1 Pós-positivismo jurídico

O positivismo jurídico, em suas diferentes variações, perdeu sua utilidade perante a atual concepção de Estado constitucional.

Em verdade, o positivismo jurídico, em suas distintas variantes - excludente inclusivo e axiológico é incapaz de servir como ferramenta para satisfazer e operar dentro da nova realidade do Estado constitucional, independentemente das suas contribuições para renovar as áreas da Filosofia Jurídica e da dogmática jurídica. Eis um aspecto negativo que deriva da sua pretensão em dar à Teoria do Direito um caráter meramente descritivo, o que implica a exclusão do domínio valorativo das normas jurídicas, além da sua incapacidade para dar conta de outros aspectos relevantes do raciocínio jurídico. Todavia, a excessiva ênfase no caráter prescritivo da norma jurídica deixa de fora o domínio valorativo e obstaculiza a consideração de uma ordem jurídica constitucional. Tais características inabilitam o positivismo para participar de alguns debates centrais hodiernos. Conclui-se, assim, que o positivismo jurídico esgotou o seu ciclo histórico, ao não reconhecer o Direito como uma prática social complexa.[50]

A contribuição positivista é de importância histórica, porém ficou superado com a renovação das perspectivas de uma jusfilosofia e de uma ciência do Direito com caráter teleológico. O positivismo tradicional (ou tradicionalista) se tornou falho devido a sua incapacidade de observar o raciocínio jurídico como um aspecto relevante, sucumbe na tentativa em atribuir ao Direito um caráter nacional e não universal, um caráter meramente prescritivo, e excluindo o domínio valorativo do normativo.

A escola positivista apresenta o Direito como um conjunto de normas que, relacionadas, forma uma ordem jurídica privilegiando em excesso o caráter prescritivo e desconsiderou o caráter valorativo, questão que obstaculizou a consideração de una ordem jurídica constitucional. Disto derivaram sua inconsistência e o empecilho de serem discutidos alguns temas relevantes e atuais.

O positivismo, nas últimas décadas, serviu de escudo à ditadura, ao socialismo e ao liberalismo, por coincidir plenamente com o estatalismo jurídico (teoria estatal do Direito), com a teoria da coatividade do Direito e com a teoria imperativa da norma. Todavia, o positivismo em análise destacaria a lei como fonte principal do Direito, a unidade e a coerência normativa como característica essencial da ordem jurídica e a lógica como método da Ciência Jurídica e da interpretação do Direito. O Direito positivado seria um Direito necessário e válido mesmo sem ser justo, pois ele existe independentemente do valor moral de suas regras.

Assim, a crise do positivismo falido radica em não reconhecer o Direito como um conjunto de teorias e práticas complexas. O Direito não é unicamente norma, a norma é uma das diversas formas de se expressá-lo. O Direito também se expressa em teorias e práticas sujeitas à interpretações, atividades em que os valores desempenham um papel importante. Há, portanto, uma conexão evidente entre Direito e Moral.

8.4 Para uma concepção pós-moderna do Direito

A versão positivista superada indicava a adesão à lei como um procedimento essencial para o trabalho do juiz: a lei seria o recurso principal da prática judicial.

---

[50] ATIENZA, Manuel; RUIZ Manero, Juan. *Dejemos atrás el Positivismo Jurídico*. Disponível em: http://www.cervantesvirtual.com/portal/DOXA/cuadernos.shtml Acesso em: 10,10,2010.

Já, o chamado neoconstitucionalismo moderno coloca a legislação subordinada à Constituição, sendo certo que, ao incorporar a Constituição os princípios morais, o juiz tem que fazer uso da ponderação. Vê-se aí a irrelevância do positivismo que, nos tempos modernos se torna um obstáculo para a adoção de posturas consequentes com o chamado Estado constitucional.

Contudo, o neoconstitucionalismo moderno não pode ser visto como o coveiro do positivismo. O neoconstitucionalismo demarca o limite na evolução do pensamento jurídico: base para uma compreensão moderna do Direito. Por conseguinte, o Direito deve começar a ser considerado como um conjunto de teorias e práticas que objetivam fins universais: uma convivência social.

Hoje se fala do Direito como uma ciência, como um fenômeno universal que supera os limites estabelecidos pelas fronteiras nacionais e que, pela sua expressão prática e aplicada objetiva a paz, a convivência internacional, por meio da sua perspectiva ecológica e humanista.

Como ciência, o Direito não deve ser mais considerado um conjunto de dispositivos ou proposições prescritivas, mas como um conjunto de conhecimentos e práticas que permitem concomitantemente a criação das normas, a justificação das decisões e a resolução justa (justiça social) dos casos ou problemas sociais.

O Direito não é simplesmente um conjunto de disposições dadas de antemão pelo legislador, realidade que o jurista deve descrever ou sistematizar, mas fundamentalmente um conjunto de discursos e práticas na qual participa tanto o jurista teórico como o jurista prático.

8.5 Por uma nova Ciência do Direito

As posturas reducionistas engendram uma problemática difusa que, como acentua Karl Larenz (1983, p. 4), gravita em torno de conceitos, tais como: validade, positividade, normatividade, determinação ontológica, que incidem na atividade legislativa, na jurisprudência, na doutrina e na conformação da ciência do Direito.

Aceitar uma ou outra acepção do Direito, já vimos, implicaria reduzir a realidade jurídica a um dos seus domínios. Assim, apoiando-nos nos ensinamentos de Fernando Aguillar (2003, p. 130), também reconhecemos que o positivismo normativista, por exemplo, ao admitir que o jurídico não é senão a norma posta pelo Estado, não estuda o fenômeno jurídico inteiramente. Os realistas, ao contrário, pretendendo estudar o Direito tal como é de fato (e nesse sentido eles se proclamam antiformalista), se propõem estudá-lo sociológica e historicamente. Mas eles incorrem na mesma crítica.

É mister reconhecer o mérito de alguns autores que muito têm feito pela orientação do conhecimento jurídico em uma só direção. Nesse empenho, destacamos o valor do brilhante trabalho de Miguel Reale que, com uma interessante visão tridimensional do objeto do Direito, conciliou e superou as intermináveis disputas de jusnaturalistas, historicistas, sociologistas e normativistas, surgidas devido à consideração monística e unilateral do Direito. (DINIZ, 2009, p 142)

Hoje se deve estudar o Direito na totalidade de suas formas e expressões: factual, valorativa, normativa, científica e discursiva. Está aí a premissa principal da moderna perspectiva do Direito. Acreditamos que a complexidade do mundo jurídico foi, de fato, motivo da diversidade de teorias e acepções que tentaram definir o direito e dar solução aos diversos problemas jurídicos.

É perante tal diversidade que entendemos oportuna uma nova concepção do Direito correlacionado aos discursos e às práticas. Portanto, aceitamos como necessária uma nova leitura da realidade jurídica que nos permita agir com base num raciocínio fundamentado no conhecimento jurídico.

A jusfilosofia moderna torna-se fundamental na definição estrutural e funcional do Direito. Nesse sentido, estruturalismo e funcionalismo jurídico, paralelamente, devem ser vistos como as duas caras da mesma moeda. Assim, o "objeto" da ciência do Direito é tudo que é apreendido pelo intelecto, isto é, tudo que pode ser "cientificamente estudado ou conhecido": observado, analisado, sintetizado, caracterizado, confrontado, definido, explicado e tutelado juridicamente.

Se a realidade jurídica se nos apresenta em forma de proposições, por meio das quais descrevemos, valoramos e prescrevemos, vale atribuir importância à cientificidade e aos discursos. Logo, o Direito assentado nessa base epistemológica se erige em ciência de discursos e práticas.

Assim, por exemplo, quando estudamos as normas, analisamos nada mais e nada menos que uma forma de se expressar o Direito, por meio de proposições prescritivas. A valoração da norma ou da conduta humana (juízo valorativo) é também uma forma de se expressar o Direito em face de uma qualificação ou crítica: é bom, é oportuno, é justo etc. Todavia, a descrição (definições) jurídica dos fatos e suas definições doutrinárias se de dão por meio de proposições descritivas (explicativas) que expressam um setor natural (fatos), socioeconômico (atos) que o Direito considera relevante. A forma em que ligamos tais proposições se traduz em discurso.

Conceber o Direito conforme a sua função significa afirmar que ele, o Direito, não consiste unicamente em descrever o significado previamente existente dos dispositivos (expressão científica do Direito), tampouco é unicamente experiência ou forma de positivar essa experiência. O Direito não se resume unicamente a sua interpretação.

Em suma, a "realidade do Direito não está em nenhuma parte senão no todo e em sua unidade. Para ver o Direito vivo há que subir o mais alto possível, onde o olho possa abarcar, quanto caiba, sua imensa realidade [...] há que se compadecer do cientista que, tendo sobre sua mesa um fragmento cortado do corpo do Direito para fazer sua análise, se ilude acreditando que aquele fragmento forma um Direito inteiro". (CARNELUTTI, 2002, p. 51)

8.6 Diversidade moral e a intolerância

O fracasso do moderno projeto filosófico em descobrir uma moralidade constitui a catástrofe fundamental da cultura secular contemporânea e enquadra o contexto da bioética hoje. O indivíduo encontra estranhos morais com os quais não comunga em suficientes princípios morais ou numa visão moral comum que baste para permitir a resolução de controvérsias morais por meio de argumentos racionais sadios ou um apelo à autoridade moral. Quando o indivíduo procura resolver racionalmente essas controvérsias, as discussões se prolongam sem conclusão final. (ENGELHARDT, 1998, p. 34)

A diversidade teórica de modelos, de princípios e de normas morais legítimas afirma que, em verdade, existem várias morais. Logo, cada grupo humano defende ou observa uma moral nele dominante. Eis um problema que incide na falta de "verdade" ou certeza dos juízos morais. Na sociedade moderna há uma grande variedade de princípios morais que alguns utilizam para sua própria conveniência. Existem também padrões morais que a maioria coloca para além da tolerância e que impõe aos que discordam. (DWORKIN, 2007, p. 376)

Contudo, as perspectivas, posturas e conclusões jusfilosóficas (éticas e bioéticas) não são unívocas, pois pela variedade e complexidade dos questionamentos, não existe uma verdade, ou melhor, não existem verdades. Importa, assim, alertar acerca das consequências negativas do uso inconsequente do avanço científico e tecnológico. Todavia, as liberdades colocam em risco os valores sociais, assim, a liberdade sem limites é estimula a desconstrução da moral e do Direito.

8.7 Duas soluções possíveis

Perante as diversidades de problemas que a humanidade enfrenta, observamos três soluções possíveis.

Primeira: submeter a moral e o Direito às novas situações sociais e econômicas. Aqui, o alargamento dos conceitos e a crucificação da dogmática jurídica tornam-se mecanismos para a resolução de novos problemas, tomem-se como exemplo, os conceitos contrato, casamento e família. Trata-se de uma solução imediatista que já vem acontecendo e que se torna evidente nas diversas decisões dos magistrados (ex. o reconhecimento do casamento entre pessoas do mesmo sexo).

Segunda: penalizar a imoralidade. Neste caso a "lei penal pode ser utilizada para punir a imoralidade: moralidade legal. Uso da sanção como meio de reprimir qualquer forma de imoralidade" (HART, 1987, p. 35). Neste caso, deve ser demonstrado que essas atitudes ameaçam a sociedade com algum dano de logo prazo de tipo padrão, como o aumento da criminalidade, o desemprego, o não desenvolvimento, das desigualdades etc. (DWORKIN, 2007, p. 372)

Uma sociedade não pode sobreviver a menos que alguns padrões sejam colocados acima dos interesses ou conveniências individuais, uma vez que, para a sua existência, uma certa conformidade moral é essencial. Toda sociedade tem o direito de preservar sua própria existência e, por consequência, o direito de insistir na manutenção de tal conformidade. Se a sociedade tem tal direito, tem também o de utilizar as instituições e as sanções de seu direito penal para fazer cumprir tal direito. A sociedade pode utilizar o Direito para fazer cumprir a moral da mesma maneira que o utiliza para salvaguardar qualquer outra coisa. Mas, o direito da sociedade de punir a imoralidade por meio da lei não deve ser exercido contra todo tipo e toda ocorrência de imoralidade – deve-se reconhecer o impacto e a importância de alguns princípios restritivos. (DWORKIN, 2007, p. 372)

Terceiro: edificar a consciência, isto é, idealizar um modelo para a edificação da Consciência social: jurídica e moral, fundamentalmente nas crianças e adolescentes. Trabalhar a consciência para aperfeiçoar a conduta, moldando o conhecimento e disseminando valores: isto é possível por meio de uma educação integral e transformadora.

8.8 A Convivência Condicionada como perspectiva Jusfilosófica

O jurista moderno tem como desafio desenvolver novos métodos e teorias para novos problemas em face da sua função social do Direito e da Moral, pois a própria sociedade nos impõe uma atuação coerente e integralista visando assegurar a realização dos valores e princípios, almejando, com isso a Convivência Social.

Certamente, explica Hart (1987, p. 17),

> durante a última metade de nosso século, a barbárie do homem contra o homem tem sido tanta que as liberdades e garantias mais essenciais e elementares foram negadas a um sem número de homens e mulheres culpados, se é que foram culpados de alguma coisa, somente por reclamar essas liberdades e garantias, tanto para eles, como para outros, negando-selhes, algumas vezes, estas pretensões, com a argúcia de uma justificativa em função do bem-estar geral da sociedade.

Mas, também é bom considerar que a liberdade (autonomia) sem limite fere os valores sociais. Fala-se, por exemplo, em "limitar a liberdade de alguém de mentir, enganar ou dirigir perigosamente" (DWORKIN, 2007, p. 372). Todo ser humano, por exemplo, tem a liberdade de escolher fumar ou não fumar, beber ou não beber, mas tem o limite de seus atos em face da convivência: no fumar em determinados lugares, não dirigir em estado de embriaguez são prescrições imposta em função do interesse público, da saúde e da segurança.

Um plano superior deve ser definido para o abuso da liberdade: a "Convivência Social" é o seu limite. Caso contrário a moralidade e o Direito tornam-se subjetivos e inoperantes. Eis que: "todo o domínio do moral e também do imoral se funda na subjetividade da vontade" (HEGEL, 1997, p. 114). Acerca da moralidade subjetiva, ensina o citado autor, ela representa o lado real do conceito da liberdade,

> Aqui, o progresso consiste em ultrapassar a vontade que só existe para si e que começa por só em si ser idêntica com a essência da **vontade universal**. Suprimindo esta diferença que a mergulha na sua particularidade, a vontade torna-se para si idêntica à vontade que existe em si. Este movimento constitui uma organização deste novo domínio da liberdade, em que a subjetividade, inicialmente abstrata ou distinta do conceito, se lhe torna adequada e a ideia encontra a sua verdadeira realização, pois a vontade subjetiva alcança determinações que também são objetivas e, portanto, verdadeiramente concretas. (HEGEL, 1997, p. 113) (Grifo nosso)

É justamente nesse aspecto que a jusfilosofia deixa de ser mero capítulo da Filosofia para se tornar aplicada e prática, desenvolvendo um papel determinante na construção de argumentos e discursos jurídicos. "É tarefa da filosofia moral, fornecer uma estrutura de princípio que sustente essas convicções intuitivas sobre as quais estamos mais ou menos certos". A ciência não é capaz de dar uma resposta e o legislador não pode mais para a religião organizada. Contudo, se a grande maioria da comunidade concordar acerca de uma resposta, mesmo que uma pequena minoria de pessoas cultas discorde, o legislador tem o dever de agir com base no consenso. Ele tem este dever por duas razoes estritamente relacionadas: a democracia e a fé moral da comunidade (convivência). (DWORKIN, 2007, p. 243, 382)

A construção de tal metodologia, conforme a nossa proposta é finalmente o objetivo deste estudo, por meio do qual sustentamos ser possível elaborar um modelo que permita superar os limites que o positivismo jurídico impõe à teoria e à prática jurídica.

Visto que a lei escrita não é necessariamente injusta, pois injustos são os atos de quem a cria, a interpreta e a aplica, cumpre a função de resolver os dilemas jurídicos e bioéticos a partir do modelo da "Convivência Condicionada", capaz de preencher as lacunas e imperfeições próprias do Direito positivado.

Por conseguinte, a Convivência Social seria, assim, uma espécie de lei universal de direito que, usando as palavras de Kant (KANT, 1993, p. 46):

> age exteriormente de modo que o livre uso de teu arbítrio possa se conciliar com a liberdade de todos [...] unicamente a razão diz que esse é o limite

> atribuído à liberdade por sua ideia e que, de fato, pode ser encerrada nele por outro, isto é o que a razão proclama como um postulado, que não é suscetível de prova ulterior, funciona, assim, como uma lei que nos impõe uma obrigação.

A Convivência Social se sabe condicionada às normas sociais: jurídicas e morais, normas que hão de servir de referência para o trabalho do jurista *teórico* e *prático*, especialmente no que se refere aos argumentos e às decisões judiciais, para além das questões formais, individualistas, grupais e classistas e em face da realização da Justiça e do Bem-estar social: estado de perfeita satisfação física ou moral.

"Nenhum homem é uma ilha", afirma Hart (1987, p. 34) que "numa sociedade organizada é impossível identificar categorias de ações que não prejudiquem a quem quer que seja [...] é, naturalmente, possível admitir-se a coerção legal, pela sociedade, da moral aceita, independentemente de argumentos de justificação".

> Contudo, uma conclusão suficientemente clara não foi alcançada e, por isso, deixa de revelar se, de fato, em qualquer sociedade – a nossa ou a de outros – houve a preocupação em se considerar como moralmente certa e adequada a coerção exercida pelo meio legal, visando a subordinação de todos à moralidade aceita. (HART, 1987, p. 44)

Importa, assim, um equilíbrio entre os interesses individuais (as liberdades individuais) e coletivos (a convivência). Nesse sentido, "um ato é correto se a aceitação geral de uma regra que exige esse ato puder melhorar o bem-estar médio dos membros da comunidade". (DWORKIN, 2007, p. 149)

A noção da convivência como modelo jusfilosófico possibilita superar os limites impostos pelos fundamentos dogmáticos para resolver os dilemas que a complexidade da sociedade global nos impõe.

Com efeito, o conflito entre normas, regras e princípio impõe um processo de ponderação. Essa ponderação pressupõe que o referido conflito seja superado, da forma direta (imediata), por meio da invocação dos *valores* últimos e finais e, de forma indireta (mediata) por meio da invocação da *convivência* (o que é melhor para a Convivência Social). Atualmente já não basta unicamente observar a correlação entre norma e interesses individuais, em que uma regra elimina outra regra, como resultado deste procedimento. Todavia, na colisão entre princípios, há de ser superada pela concepção holística da convivência social que se sabe condicionada.

Bibliografia

ALEXY, Robert. *Teoria da Argumentação jurídica: a teoria do discurso racional como teoria da fundamentação jurídica*. Tradução de Zilda Hutchinson Schild Silva. São Paulo: Landy Editora, 2005.

_______. *Teoría de los Derechos Fundamentales*. Madrid: Centro de Estúdios Constitucionales, 1993.

_______. *Colisão e Ponderação Como Problema Fundamental da Dogmática dos Direitos Fundamentais*. Palestra proferida na casa Rui Barbosa, em 10.12.1998. Tradução de Gilmar Ferreira Mendes p.1.

_______. *Conceito e validade do direito*. Organização Ernesto Grarzón [et al]; trad. Gecélia Batista de Oliveira Mendes. São Paulo: Martins Fontes, 2009.

_______. *La Naturaleza de la Filosofía del Derecho*. Texto publicado en Associations 7 (1), 2003, p. 63-75. Disponível em: www.cervantesvirtual.com/ Acesso em 11,11,2011.

AGUILÓ, Josep. *Sobre la Derogación*. Ensayo de Dinámica Jurídica. Distribuciones Fontamara, S.A, México, D.F, [s.d].

ALCHOURRÓN, Carlos E. y Bulygin, Eugenio. *Análisis lógico y Derecho*. Madrid: Centro de Estudios Constitucionales, 1991.

ALVES, Alaôr Caffé. *Lógica: pensamento formal e argumentação: elementos para o discurso jurídico*. 4. ed. São Paulo: Quartier Latin, 2005.

ATIENZA, Manuel. *As razões do Direito. Teorias da Argumentação Jurídica*. São Paulo: Landy, 2002.

_______. *Tras la justicia*. Una introducción al Derecho y al razonamiento jurídico. Bracelona: Ariel, 1993.

ATIENZA, Manuel; RUIZ Manero, Juan. *Dejemos atrás el Positivismo Jurídico*. Disponível em: http://www.cervantesvirtual.com/portal/DOXA/cuadernos.shtml Acesso em: 10,10,2010.

ARISTÓTELES. *Ética a Nicômacos*. 2. ed. Trad. de Mário da Gama Kury. Brasília: Editora Universidade de Brasília, c 1985, 1992. p. 91-92.

_______. *Poética, Organon, Política e Constituição de Atena*. In Os Pensadores. São Paulo: Nova Cultura, 1999.

_______, 384-322 A.C. *Tópicos; Dos argumentos sofísticos*. Seleção de textos de José Américo Motta Pessanha; tradução de Leonel Vallandro e Gerd Bornheim da versão inglesa de W.A. Pickard. São Paulo: Nova Cultural, 1987 [Livro I].

ARENDT, Hannah. *A Condição Humana*. Tradução de Roberto Raposo. 10. ed. Rio de Janeiro: Forense Universitária, 2005.

ARRUDA, Maria Cecília Coutinho de, e outros. *Fundamentos de ética empresarial e econômica*. 2. ed. São Paulo: Atlas, 2003.

ÁVILA, Humberto. *Teoria dos Princípios*: da definição à aplicação dos princípios jurídicos. 9. ed. São Paulo: Malheiros, 2009.

BITTAR, Eduardo Carlos Bianca. *O que é a filosofia do direito?* Barueri, SP: Manole, 2004.

________. *Curso de Filosofia do Direito*. 7. ed. São Paulo: Atlas, 2009.

BEAUCHAMP TL, Childress JF. *Princípios de ética*. São Paulo: Loyola, 2002.

BOBBIO, Norberto. *A era dos direitos*. Trad. De Carlos Nelson Coutinho. Rio de Janeiro: Elsevier, 2004.

________. *O Positivismo Jurídico:* Lições de filosofia do direito. Trad. E notas Márcio Pugliesi, Edson Bini, Carlos E. Rodrigues. São Paulo: Ícone, 1995.

________. *Direito e poder*. Trad. Nilson Moulin. São Paulo: Editora UNESP, 2008.

________. *Teoría General del Derecho*. Bogotá, Colombia: Temis, 1987.

________. *Teoria da Norma Jurídica*. Trad. Fernando Pavan Baptista e Ariani Bueno Sudatti. Bauru, São Paulo: EDIPRO, 2001.

________. *Teoria do ordenamento jurídico*. 10. ed. Trad. Maria Celeste C. J. Santos. Apresentação Tércio Sampaio Ferraz Júnior. Brasília: Universidade de Brasília, 1999.

________. *Da estrutura à Função:* novos estudos de teoria do direito. Trad. Daniela Beccaccia Versiani; ver. Orlando Seixas Bechara, Renata Nagamine. Barueri, SP: Manole, 2007.

BORNHEIM, Gerd A. (organizador). *Os Filósofos Pré-socráticos*. São Paulo: CULTRIX, 1997.

BRASIL. Constituição (1988). *Constituição da República Federativa do Brasil*. Disponível em http://www.planalto.gov.br/ccivil_03/constituicao/constitui%C3%A7ao.htm. Acesso em: 01 jul. 2011.

BRASIL. Lei de Introdução às normas do Direito Brasileiro. (Redação dada pela Lei n. 12.376, de 2010). Disponível em http://www.planalto.gov.br/ccivil_03/decreto-lei/Del4657compilado.htm. Acesso em: 30 de outubro de 2011.

BRASIL. *Código Civil*. Disponível em: Acesso em: http://www.planalto.gov.br/ccivil_03/leis/2002/L10406.htm Acesso em: 30 de outubro de 2011.

BRASIL. *Lei de Biossegurança*. Lei n. 11.105, de 24 de março de 2005. Disponível em: http://www.planalto.gov.br/ccivil_03/_Ato2004-2006/2005/lei/L11105.htm. Acesso em: Acesso em: 30 de outubro de 2011.

BRASIL. *Código de Ética Médica*. Disponível em http://www.cfm.org.br. Acesso em: 30 de outubro de 2011.

BRASIL. *Resolução 219/04 da Agência Nacional de Vigilância Sanitária*. Disponível em: http://www.anvisa,gov.br, 2004. Acesso em: 30 de outubro de 2011.

BRASIL. Resoluções 196/96, 251/97, 292/99, 303/00 e 304/00 do Conselho Nacional de Saúde. Disponível em: http: conselho.saúde.gov.br Acesso em: 10 de agosto de 2011.

BUNGE, Mario. *Epistemologia: curso de atualização*. Trad. de Cláudio Navarra. São Paulo: T. A Queiroz, Ed. Universidade de São Paulo, 1980.

________. *Ciência e desenvolvimento*. São Paulo: Itatiaia, Universidade de São Paulo, 1989.

________. *Tratado de Filosofia Básica. Semântica I: Sentido e Referência*. Trad. de Leônidas Hegenberg e Octanny S. da Mota. São Paulo: E.P.U Ed. da Universidade de São Paulo, 1976.

CADEMARTORI, Sergio U. Mutações da cidadania: da comunidade ao Estado Liberal. Revista Seqüência, Curso de Pós-Graduação em Direito da UFSC, Florianópolis, v. XXVII, n. 55, p. 65-94, dez. 2007.

CAFFÉ ALVES, Alaôr. As raízes sociais da Filosofia do Direito: uma visão crítica. In, *O que é a filosofia do direito?* Barueri, SP: Manole, 2004.

CARNELUTTI, F. *Teoria geral do direito*. São Paulo: Lejus, 1999.

________. *Metodologia do direito*. Trad. Frederico A. Paschoal. Campinas: Bookseller, 2002.

CHAUÍ, Marilena. *Convite à Filosofia*. São Paulo: Ática, 1999.

COMPARATO, Fábio Konder. O Direito como parte da Ética. In, *O que é a filosofia do direito?* Barueri, SP: Manole, 2004.

COMTE-SPONVILLE, André. *Pequeno Tratado das Grandes Virtudes*. São Paulo: Martins Fontes, 1997.

CRETELLA JUNIOR, J. *Curso de Direito Romano*. 14. ed. revista e aumentada. Rio de Janeiro, 1991.

CRUZ José Rogério Tucci; AZEVEDO, Luiz Carlos. *Lições de história do processo civil romano*. São Paulo: Rt, 1996.

COSSIO, Carlos. *Teoria egológica*, p. 63, *apud*, Maria Helena Diniz. *Compêndio de Introdução à ciência do Direito*. 11. ed. atualizada. São Paulo: Saraiva, 1999.

CUSTÓDIO da Piedade Ubaldino Miranda. *Interpretação e integração dos negócios jurídicos*. São Paulo: Rt, 1989.

DALL' Agnol, Darlei. *Bioética*. Rio de Janeiro: Jorge Zahar Ed., 2005.

DEMO, Pedro. *Introdução à Metodologia da Ciência*. São Paulo: Atlas, 1985.

DIEGO Cañizares, Fernando. *Teoria do* Estado. La Habana: Pueblo y Educación, 1979.

DIEZ-PECAZO, Luis y Antonio Gullón. *Instituciones de Derecho Civil*. Madrid: Tecnos, v.1, 1995.

________. *Experiencias jurídicas y teoría del derecho*. 3. ed. Corregida y puesta al día. España, Barcelona: Ariel, 1999.

DINIZ, Maria Helena. *Conceito de norma jurídica como problema de essência*. 2. ed. aum. São Paulo: Saraiva, 1996.

________. *Conflito de normas*. São Paulo: Saraiva, 1998.

________. *Compêndio de introdução à ciência do direito*. 20. ed. ver. e atual. São Paulo: Saraiva, 2009.

DUGUIT, Léon. *Fundamentos do direito*. Trad. Márcio Pugliesi. São Paulo: Ícone, 2006.

DWORKIN, Ronald. *Levando os direitos a sério*. Trad. Nelson Boeira. 2. ed. São Paulo: Martin Fontes, 2007.

________. *O império do direito.* Trad. Jefferson Luiz Camargo. São Paulo: Martins Fontes, 1999.

ENGELHARDT JR, H. Tristram. *Fundamentos da Bioética.* Trad. José A. Ceschin. São Paulo: Loyola, 1998.

FERRAZ JÚNIOR, Tércio Sampaio. *A ciência do direito.* 2. ed. São Paulo: Atlas. 1980,

________. *Introdução ao Estudo do Direito.* 4. ed. São Paulo: Atlas, 2003.

________. *Estudos de Filosofia do Direito, reflexões sobre o Poder, a Liberdade, a Justiça e o Direito.* São Paulo: Atlas, 2002.

________. *Introdução ao Estudo do Direito: Técnica, Decisão, Dominação.* 4. ed. São Paulo: Atlas, 2003.

FERRAZ, Sérgio. *Manipulações biológicas e princípios constitucionais*: uma introdução. Porto Alegre: Fabris, 1991.

FERREIRA, Aurélio Buarque de Holanda. Novo Dicionário Aurélio da língua portuguesa. 3. ed. Curitiba: Positivo, 2004.

FERREIRA, Fernando Galvão de Andréa. O discurso jurídico como discurso prático: aspectos do debate entre Robert Alexy e Jürgen Habermas. Disponível em: <http://www.fdc.br/Arquivos/Mestrado/Revistas/Revista09/Artigos/FernandoGalvao.pdf> Acesso em: 01 jul. 2010.

FRANÇA, Limongi, R. *Hermenêutica Jurídica.* 7. ed. São Paulo: Saraiva, 1999.

________. *Brocardos Jurídicos. As regras de Justiniano.* 2. ed. São Paulo: Rt, 1969.

GONZÁLEZ, Antonio José Muñoz. Abogado. *Webmaster* de la *Web Jurídica Iuris Tantum* (España). Revista Telemática de Filosofía del Derecho, nº 3, 1999/2000.

GONZÁLEZ Daniel. *Acción y Norma en G.H. Von Wright.* Centro de Estudios Constitucionales. Madrid, 1995.

GOODE William J., HATT, Paul K. *Métodos de investigación social.* La Habana: Ciencias Sociales. Instituto cubano do livro, 1971.

GRANDA Da Silva Martins, Ives. *O estado do futuro.* São Paulo: Pioneira, 1998.

GRAU, Eros Roberto. O Direito posto, o Direito pressuposto e a doutrina efetiva do Dreito. In, *O que é a filosofia do direito?* Barueri, SP: Manole, 2004.

GRAYLING, A. C. *Epistemologia.* In *Compêndio de Filosofia.* BUNNIN, Nicholas e E. P. Tsui-James (orgs.) São Paulo: Loyola, 2000.

GUERRA FILHO, Willis Santiago. *Autopoiese do Direito na Sociedade Pós-Moderna: Introdução a uma Teoria Social Sistêmica.* Porto Alegre: Livraria do Advogado, 1997.

HABERMAS, Jürgen. *Crise do Estado e compreensão procedimentalista do direito.* In *Direito e Democracia.* Rio de Janeiro: Tempo Brasileiro, 1997, Vol. II, pp. 170-190

________. Cidadania e identidade nacional (1990). In: _____. Direito e democracia: entre facticidade e validade. Trad. Flávio B. Siebeneichler. Rio de Janeiro: Tempo Brasileiro, 1997. v. II, p. 299 305

________. *Facticidad y validez.* Madri: Trotta, 1998.

________. *La lógica de las ciencias sociales.* Trad. Manuel Jiménez Redondo. Madri: Tecnos, 1996.

________ & RAWLS, John. *Debate sobre o liberalismo político*. Barcelona: Paidos Ibérica, 1998.

HALDANE, John. *Ética aplicada*, in BUNNIN, Nicholas e E.P. Tsui-James (orgs). “Compêndio de Filosofia”. São Paulo: Loyola, 2002, p. 723.

HARE, R.M. *A linguagem da moral*. Trad. Eduardo Pereira e Ferreira. São Paulo: Martins Fontes, 1996.

HART, H. L. A. *O conceito do direito*. Pós-escrito organizado por Penélope A. Bulloch e Joseph Raz; trad. de Antônio de Oliveira Sette-Câmara; revisão de tradução Marcelo Brandão Cipolla; revisão técnica Luiz Vergílio Dalla-Rosa. São Paulo: WMF Martins Fontes, 2009.

________. *Direito, liberdade, moralidade*. Tradução de Gérson Pereira dos Santos. Porto Alegre: Fabris, 1987.

HEGEL, Georg Wilhelm Friedrich. *Princípios da Filosofia do direito*. Trad. Orlando Vitorino, São Paulo: Martins Fontes, 2003.

________. *Princípios da Filosofia do Direito*. Tradução Norberto de Paula Lima. São Paulo: Ícone, 1997.

HEIDDEGGER, Martin. *Ser e Tempo*. Trad. Maria Sá Cavalcante Schuback, Petrópolis: Vozes, 2005.

HENRIQUES Antonio; BOSCO Medeiros, João. *Monografia no curso de Direito*. 2. ed. São Paulo: Atlas, 1999.

HERREN Aguillar, Fernando. *Metodologia da Ciência do Direito*. 3. ed. São Paulo: Max Limonad, 2003.

HOBBES, Thomas. *Leviatã: ou a matéria, forma e poder de um estado eclesiástico e civil*. São Paulo: Ícone, 2000.

________. *Do Cidadão*. São Paulo: Martins Fontes, 2002.

HUSSERL, Edmund. *Meditações cartesianas*. Introdução à Fenomenologia. Trad. Frank de Oliveira. São Paulo: Madras, 2001.

IGLESIA Ferreiros, Aquilino. *La creación del Derecho. Una historia de la formación de un derecho estatal español*. Manual I. España: Signo, 1992.

IHERING, Rudolf von. *É o direito uma ciência?* Trad. Hiltomar Martins Oliveira. São Paulo: Rideel, 2005.

________. *A luta pelo Direito*. 16. ed. Tradução de João Vasconcelos. Rio de Janeiro: Forense, 1996.

JIMÉNEZ Serrano, Pablo. *Filosofia do Direito*. Campinas, SP: Alínea, 2014.

________. *Epistemologia do Direito: para uma melhor compreensão da ciência do direito*. Campinas, SP: Alínea, 2007.

________. *Como Estudar Direito: para melhor apreender o saber jurídico*. Campinas, SP: Alínea, 2007.

________. *Compêndio de Metodologia da Ciência do Direito*. Primeira e Segunda Parte. São Paulo: Catálise, 2004.

________. *Como Utilizar o Direito Comparado na Elaboração de Teses Científica*. Rio de Janeiro: Forense, 2006.

________; CASEIRO Neto, Francisco. *Direito Romano*. São Paulo: Desafio Cultural, 2002.

JOHN FINNIS (1940 - Oxford University & University of Notre Dame). Disponível em: http://pt.wikipedia.org/wiki/John_Finnis. Acesso em: 20 de jul. de 2010.

KANT, Emmanuel. *Doutrina do direito*. Trad. Edson Bini. São Paulo: Ícone, 1993.

________. *Fundamentação da Metafísica dos Costumes*. Lisboa: Edições 70, 2000.

________. *Crítica da Razão Pura*. Trad. J. Rodrigues de Mereje. Rio de Janeiro: Tecnoprint. (s/d), p. 182.

KELSEN, Hans. *Teoria pura do direito*. Trad. João Baptista Machado. 6. ed. São Paulo: Martins Fontes, 1998.

________. *Teoria geral do direito e do estado*. Tradução de Luís Carlos Borges. São Paulo: Martins Fontes, 2000.

________. *Teoria Geral das Normas*. Porto Alegre: Sérgio Antonio Fabris, 1986.

________. *A Justiça e o Direito Natural*. Coimbra: Armênio Amado, 1979.

________. *A Democracia*. Tradução de Ivone Castilho Benedetti, Jefferson Luiz Camargo e Vera Barkow. São Paulo: Martins Fontes, 1993.

________ & COSSIO, Carlos. *Problemas Escogidos de la Teoría Pura del Derecho (Teoría Egológica y Teoria Pura)*. Buenos Aires, 1952.

________ – KLUG. *Normas Jurídicas e Análise Lógica. Correspondência 1959-1965*. Trad. Paulo Bonavides. Rio de Janeiro: Forense, 1984.

KRINGS Hermann, Hans Michael Baumgarther, Christoph Wild at el. *Conceptos Fundamentales de Filosofía*. Barcelona: Herder, 1978, vol. 2, p. 218.

KONSTANTIVOV, F. at el. *Fundamentos de filosofia marxista-lenista. Materialismo dialético*. La Habana: Ciencias sociales, 1976.

LAFER, Celso. Filosofia do Direito e Princípios Gerais: considerações sobre a pergunta “O que é a Filosofia do Direito”. In, *O que é a filosofia do direito?* Barueri, SP: Manole, 2004.

LAKATOS, Eva Maria e Marina de Andrade Marconi. *Metodologia Científica*. 3. ed. São Paulo: Atlas, 2000.

LARENZ, Karl. *Metodologia da Ciência do Direito*. 2. ed. Trad. de José Lamego. Rev. de Ana de Freitas. Lisboa: Fundação Calouste Gulbenkian. 1983.

LEIBNIZ Gottfried, Wilhelm. *Novos Ensaios Sobre o Entendimento Humano*. Os pensadores. São Paulo: Nova Cultura. 1996.

MACCORMICK, Neil. H.L.A. Hart. São Paulo: Elsevier, 2009.

MARQUES, Paulo. *Sofismas nucleares: O Jogo das Trapaças na Política Nuclear do País*. São Paulo: HUCITEC, 1992.

MARTINS, Sergio Pinto. *Direito do Trabalho*. 25. ed. São Paulo: Atlas, 2009.

MATALLO Marchesini de Pádua, Elisabete. *Metodologia da Pesquisa. Abordagem teórico-prática*. 2. Ed. Campinas: Papirus, 1997.

MAXIMILIANO, Carlos. *Hermenêutica e Aplicação do Direito*. 16. ed. Rio de Janeiro: Forense, 1996.

________. *Hermenêutica e Aplicação do Direito*. 19. ed. Rio de Janeiro: Forense, 2007.

MILL, J. S. *Utilitarismo*. Porto: Porto Editora, 2005.

MIRANDA, Pontes de. *Sistema de Ciência Positiva do Direito*. 2. ed. Rio de Janeiro: Borsoi, t. IV, 1972.

MIRANDA ROSA, Felippe Augusto de. *Sociologia do Direito*. O Fenômeno Jurídico como Fato Social. 5. ed. Rio de Janeiro: Zahar Editores, 1977.

MORESO, José Juan. DOXA. Cuadernos de Filosofía del Derecho, 27 (2004).

NADER, Paulo. *Filosofia do Direito*. Rio de Janeiro: Forense, 2003.

NALINI, José Renato. *Ética geral e profissional*. 4. ed. rev. e atual. São Paulo: Rt, 2004.

OLIVECRONA, Karl. *Linguagem Jurídica e Realidade*. Trad. Edson Bini – Apresentação: Alaôr Caffé Alves. São Paulo: Quartier Latin, 2005.

PARDIÑAS, Felipe. *Metodología y técnicas de investigación en ciencias sociales*. 3. ed. La Habana: Instituto cubano del Libro, 1971.

PAULA Baptista, Francisco de. *Compêndio de Hermenêutica Jurídica*. São Paulo: Saraiva, 1984.

PERELMAN, Chaïm. *Ética e Direito*. Tradução Maria Ermantina Galvão. 2. ed. rev. atual. ampl. São Paulo Martins Fontes, 1999.

________. *Lógica jurídica: nova retórica*. Tradução Vergínia K. Pupi; revisão de tradução Maria Ermantina de Almeida Prado Galvão; revisão técnica Gildo Sá Leitão Rios. 2. ed. São Paulo: Martins Fontes, 2004.

PLATÃO. *A República* (Πολιτεία), livro 7. São Paulo: Martins Editora, 2009.

________. *Fédon*. Trad. Miguel Ruas. 4. ed. São Paulo: Atena, 1960.

POPPER, Karl Raimund. *Conhecimento objetivo: uma abordagem evolucionária*. Tradução de Milton Amado. Belo Horizonte: Itatiaia, 1999.

________. *Lógica da Pesquisa Científica*. 9. ed., São Paulo: Editora Cultrix., 1993.

RADBRUCH, Gustav. *Filosofia do direito*. Trad. Marlene Holzhausen; Rev. Sérgio Sérvulo da Cunha. 2. ed. São Paulo: WMF Martins Fontes, 2010.

RAWLS, John. *Justiça como equidade. Uma reformulação*. Trad. Claudia Berlinder. São Paulo: Martins Fontes, 2003.

__________. *Uma teoria da justiça*. Trad. Almiro Pisetta & Lenita Maria Rímoli Esteves. São Paulo: Martins Fontes, 2002.

__________. *Direito dos povos*. Trad. Luís Carlos Borges. São Paulo: Martins Fontes, 2004.

__________. *Justiça e Democracia*. Trad. Irene A Paternot. São Paulo: Martins Fontes, 2002.

__________. *História da filosofia moral*. Trad. Ana Aguiar Cotrim. São Paulo: Martins Fontes, 2005.

__________. *Political liberalism*. Columbia: Columbia University, 2005b.

REALE, Miguel. *Filosofia do Direito*. 20. ed. São Paulo: Saraiva, 2002.

________. *Filosofia do Direito*. 5. ed. Revista e aumentada. São Paulo: Saraiva 1969.

________. *Variações 2*. Rio de Janeiro: Academia Brasileira de Letras, 2003.

________. *Teoria Tridimensional do Direito*, 5. ed. São Paulo: Saraiva, 2003.

________. *O Direito como Experiência*. 2. ed. São Paulo: Saraiva, 1999.

________. *Fontes e Modelos do Direito*. São Paulo: Saraiva, 1994.

________. *Direito Natural/Direito Positivo*. São Paulo: Saraiva, 1984.

________. *O Direito como Experiência*. 2. ed. São Paulo: Saraiva, 1999, p. XV.

________. *Variações sobre a estrutura do Direito*. http://www.miguelreale.com.br/artigos/varestdir.htm. Acesso em 24, 05, 2010.

RICO LARA, Manuel. *La Teoría Egológica del Derecho* (I). España: Sevilla, Boletín núm. 1578.

RICOEUR, Paul. *Teoria da Interpretação*: *o discurso e o excesso de significação*. Lisboa: Edições 70, 1976.

ROBLES, Gregorio. *O direito como texto: quatro estudos de teoria comunicacional do direito*. Trad. de Roberto Barbosa Alves. Barueri, SP: Manole, 2005.

ROSS, Alf. *Direito e Justiça*. Trad. Edson Bini. Bauru, S P: EDIPRO, 2000.

RUSSELL, Bertrand. *Análise da Matéria*. Trd. Nathanael C. Caixeiro. Rio de Janeiro: ZAHAR, 1978.

SABADELL, Ana Lucia. *Manual de Sociologia Jurídica: Introdução a uma leitura externa do Direito*. São Paulo: Rt. 2000.

SANTO AGOSTINHO. *Confissões*. In *Os pensadores*. São Paulo: Nova Cultura. 1996.

SANTOS, Boaventura de Sousa. *Para um novo senso comum: a ciência, o direito e a política na transição paradigmática*. 3. ed. São Paulo: Cortez, 2001.

SARLET, Ingo Wolfgang. *A eficácia dos direitos fundamentais*. 3. ed. ver. atual. e ampl. Porto Alegre: Livraria do Advogado, 2003.

SEARLE, John R. "Filosofia contemporânea nos Estados Unidos", in BUNNIN, Nicholas e E.P. Tsui-James (orgs). "Compendio de Filosofia". São Paulo: Loyola, 2002.

SICHES, Luis Ricasens. *Introducción al Estudio del Derecho*. 2. ed., México, Porrua, 1970.

SILVEIRA, Alípio. *Hermenêutica no Direito Brasileiro*. São Paulo: Rt, 1968.

SIMMONDS, N. E. "Filosofia do Direito", in BUNNIN, Nicholas e E.P. Tsui-James (orgs). "Compendio de Filosofia". São Paulo: Loyola, 2002, p. 389.

SINGER, Paul. A cidadania é para todos. In: PINSKY, J.; PINSKY, C. B. (orgs.) História da cidadania. São Paulo: Contexto, 2003. p. 191-263

SKORUPSKI, John. *Ética*, in BUNNIN, Nicholas e E.P. Tsui-James (orgs). "Compêndio de Filosofia". São Paulo: Loyola, 2002, p. 207.

SROUR, Robert Henry. *Ética empresarial*. Rio de Janeiro: Campus, 2000.

STRECK, Lenio Luiz. *Verdade e Consenso. Constituição, Hermenêutica e Teorias Discursivas: da possibilidade à necessidade de respostas corretas em direito.* 2. ed. Rio de Janeiro: Ed. Lúmen Iuris, 2007.

TELLES JUNIOR, Goffredo da Silva. Duas Palavras. In, *O que é a filosofia do direito?* Barueri, SP: Manole, 2004, p. 16.

TOLEDO, Cláudia. Teoria da argumentação jurídica. In: Revista da Escola Superior Dom Helder Câmara – Veredas do Direito. Vol. 2. N.º 3, jan. a dez. de 2005, p. 4.

VIEHWEG, Theodor. *Tópica e Jurisprudência: Uma Contribuição à Investigação dos Fundamentos Jurídico-Científicos*. Fabris, 2008.

VILANOVA, Lourival. *Causalidade e relação no direito.* 4. ed. rev. atual. e ampl. São Paulo: Rt, 2000.

WILLIAMS, Bernard. *Moral: uma introdução à ética.* Trad. Remo Mannarino Filho; revisão da tradução Maarcelo Brandão Cipolla. São Paulo: Martins Fontes, 2005.

WEBER, Max. *O direito na economia e na sociedade.* Trad. Marsely de Marco Martins Dantas. São Paulo: Ícone, 2011.

WOLKMER, Antonio Carlos. Introdução ao pensamento jurídico crítico. 7. ed. São Paulo: Saraiva, 2009.

Printed in Dunstable, United Kingdom

91342462R00107